우리는 모두
상처받은
아이였다

Qué nos pasó cuando fuimos niños y qué hicimos con eso

By Laura Gutman

진짜 나를 찾아 비로소 어른이 되는 방법

우리는 모두
상처받은
아이였다

Laura Gutman : Qué nos pasó cuando fuimos niños y qué hicimos con eso

라우라 구트만 지음＊김유경 옮김

르네상스

일러두기

- 본문의 모든 주석은 옮긴이의 것입니다.

- 원서에서 이탤릭체(기울어진 서체)로 된 부분은 고딕체로 옮겼습니다.

- 책 제목은 『　』로 묶었습니다.

- 본문에서 언급되는 책 제목은 국내에 소개된 경우 해당 제목으로, 그렇지 않은 경우 최대한 원제에 가깝게 번역한 제목으로 표기하였습니다.

- 모든 책의 원제와 출간 연도는 이 책의 맨 끝에 별도로 정리하였습니다.

이 책을 나의 아이들 미카엘, 마이아라, 가이아에게 바친다.

차 례

어렸을 때의 관점으로 이 책을 읽으려면

먼저 내가 아는 가장 명백한 사실 하나를 이야기하고 싶다. 우리는 모두 유년기와 사춘기를 지나 스스로 자신을 돌볼 수 있을 때까지 엄마 또는 엄마 역할을 하는 누군가의 돌봄과 사랑이 필요하다. 그러나 우리 문명은 정반대 길을 가고 있다. 대부분 엄마는 우리를 잘 돌보고 싶어도 그 방법을 몰랐거나 보호할 능력이 없었다. 우리 생각에 공감하지 못했으며, 우리에게 무슨 어려움이 있는지조차 몰랐고, 우리가 본모습을 찾으려고 하는 일에 함께하지도 못했다. 그 이유가 무엇일까? 그녀들도 수 세대를 거쳐 내려온 억압 속에 갇힌 채 자라면서 진짜 자기 내면세계와 멀어졌기 때문이다. 따라서 우리가 사랑이 많은 사람이 되는 데는 엄청난 노력이 필요하다.

나도 자녀들을 사랑하는 방법을 찾기 위해 늘 고민한다. 그들을 사랑하려면 먼저 우리가 어렸을 때 무슨 일이 있었는지 알아야 한다. 우리가 겪었던 정서적 현실과 결핍, 충족되지 못한 욕구와 두려움을

제대로 살펴보지 않고서는 다른 사람의 진짜 욕구를 중요하게 여길
수 없기 때문이다.

얼핏 보면 간단한 제안 같지만, 그렇지 않다. 모든 어른은 나이가
많든 적든 다 상처 입은 아이였기 때문이다. 우리가 이 사실을 모르
면, 고통을 마주할 때마다 자기도 모르게 상처를 받을 수밖에 없다.
이것이 우리 잘못일까? 아니다. 그렇다면 우리에게 책임이 있을까?
책임은 있다.

이것이 바로 어른과 아이의 차이이다. 아이는 자기 반응에 책임지
지 않는다. 어른이 돌봐주어야 하는 존재이기 때문이다. 반대로 어
른은 (아무리 어렵고 힘든 삶을 살았어도) 이미 자율적이고 스스로 선택
할 수 있는 존재이다. 따라서 어른인 우리는 행동에 책임이 있다. 하
지만 책임을 지겠다고 무턱대고 '좋은 엄마가 되는 법'부터 알아보는
것은 전혀 도움이 되지 않는다. 그러기 전에 먼저 우리가 어렸을 때
무슨 일이 있었는지부터 살펴봐야 한다.

지금까지 전 세계 수많은 스승이 그 일에 도움이 될 만한 다양한
방법을 제시했지만, 나도 나만의 방법을 하나 만들었다. 나는 그것을
'휴먼 바이오그래피'라고 부른다. 이 방법에 대해서는 이전에 출간한
『휴먼 바이오그래피』,『엄마가 한 말이 모두 사실일까』,『사랑인가,
지배인가: 가부장제의 폐해』에서도 다루었다. 나는 수년간 많은 전
문가와 이 일을 해왔지만 아직도 그 조각을 다 맞추지는 못했다. 하

지만 우리 기관 소속 여러 전문가팀과 계속 토론하고 가설을 바꾸어 보면서 조금씩 확신이 생겼다. 나는 사랑을 쟁취하려고 싸우는 데 신물이 나고 어머니의 인정을 받으려다가 지쳐 절망하고, 결국은 그 고통에서 벗어나기로 결단한 한 청년의 정신 속에 어떻게 광기*가 생겨났는지 그 증거를 확인했다. 그리고 내가 생각했던 것보다 더 자주 그가 사용하는 방법들도 알게 되었다. 현실을 날조, 왜곡하거나, 상상 속에 빠지거나, 안락한 현실에 안주하는 것은 지능적이고 효과적인 방법들이었다.

내가 볼 때 광기는 확실하고 분명한 생각과 불확실하고 비상식적이며 이치에 안 맞는 생각의 차이 때문에 생긴다. 앞으로 자세히 설명하겠지만, 광기는 어렸을 때 너무 고통스러웠고, 그 고통 속에서 뭔가 다른 방법을 찾을 수 없어서 실제 현실과 관계를 끊어버린 결과이다.

나는 신문을 읽거나 텔레비전을 보거나, 친구들의 대화를 듣거나 우리 기관 상담사들이 작성한 보고서를 보면서 집단적 광기를 감지했다. 또, 집단생활뿐만 아니라 개인생활에서도 생각보다 훨씬 더 많은 현실 왜곡이 일어난다는 것을 알게 되었다. 그래서 관련 자료가 많지 않은 데다 별로 말하기 즐거운 주제도 아니지만, 지금까지 내가

---

* 특정 사회 규범에서 벗어난 행동이나 정신을 보이는 심한 정신질환으로, 왜곡된 현실 인식이 특징이다.

이해한 모든 것을 정리해서 쓰기로 마음먹었다.

심리학 및 정신의학에서 제시하는 방법들과 내 방법을 구별하기 위해 먼저 나는 기존의 전통적인 정신병 진단에는 관심이 없음을 다시 한번 분명히 짚고 넘어가고 싶다. 이것은 앞으로 설명해나갈 것이다.

그런데 내가 왜 이렇게 복잡한 일에 끼어들었을까? 나는 시간이 흐르면서 이 분야의 경험을 쌓았고, 정신적으로 건강하게 태어난 사람이 어떻게 정서적으로 불균형해지는지도 보았다. 그리고 평범한 사람이 미쳐가는 과정을 분명히 지켜보면서, 다양한 진단이 내려진 여러 단계의 광기가 생각보다 훨씬 더 흔하고 많은 사람에게 공통으로 나타난다는 사실을 알았다. 나로서는 다른 선택을 할 여지가 없었다. 앞으로도 이와 관련된 일을 계속하고 싶다면, 내가 아는 사실을 모든 사람과 나누는 일이야말로 내 의무라고 생각했다.

그러나 이 일이 수년 전부터 내려온 전통적 사고의 안전지대에서 벗어나는 일이기에 심적인 부담도 있다. 나는 내면 가장 깊은 곳과 일치하지 않으면, 특히 현실과 일치하지 않는다고 느끼면, 어떤 이론도 고수하지 않는다. 광기에 관해 말하는 것과 우리의 개인적 책임(특히 깊은 고민 없이 과거에 얻은 의견이나 명령을 자녀에게 그대로 전하는 일에 대한 책임)을 검토하는 일이 모험이라는 것을 나도 잘 안다. 그러나 이 일은 너무 강력해서 거부할 수가 없다. 나는 사람들에게 인기를 끌려고 이 일을 하는 게 아니다. 이 일은 내 삶의 목적이다. 내가 생각하는 진실을 사람들에게 전하고 싶다.

아이들은 선하고, 사랑스럽고 완벽하며 사랑할 준비가 된 채로 태어난다. 어른인 우리는 자녀를 섬겨야 하고, 아이들의 반대편이 되어서는 안 된다. 이것은 아이들을 고치거나 교육하는 데 필요한 내용이 아니다. 오히려 정반대이다. 어른들이 아이들의 지도를 받아야 한다. 그런데 어른들은 반대로 생각한다. 일상생활은 어른이 아이의 필요에 따라 뭔가를 결정하는 대신, 아이가 어른의 필요에 적응해야 하는 구조이다. 여기에서 바로 문명의 약탈자와 보이지 않는 고통이 생긴다. 가부장제에서는 잔혹하고 탐욕스러운 전사로 키울 배고프고 분노한 아이들이 필요하다. 하지만 우리가 그와 반대되는 일을 하고 싶다면, 즉 연대적이고 생태적인 문명을 만들기를 원한다면, 아이들을 사랑해야 한다.

나는 어떤 과정을 거쳤을까? 광기의 혼돈처럼 이해 안 가고 혼란스러운 여성의 고통스러운 산욕기*를 어떻게 지나왔을까?

나는 이전에 쓴 책들에서 **휴먼 바이오그래피** 작성 과정을 훈련받은 훌륭한 전문가팀에 관해 말한 적이 있다. 여전히 나는 그 전문가를 표현할 만한 더 좋은 이름을 찾지 못했다. 그래서 나는 그들을 친

---

* 분만 직후부터 분만 후 6주까지의 기간.

근하게 **베아체아도레스**[*]라고 즐겨 부른다. 우리의 사랑스러운 친구이자 휴먼 바이오그래피를 사용하는 사람들이기 때문이다. 사실 아직도 정확히 뭐라고 불러야 할지 잘 모르겠다. 이 팀은 내 책을 읽어봤거나 이런 개인 탐구 방법을 시도해보기를 원하는 모든 이들에게 문을 열고 있다. 수년 전부터 전 세계 사람들과 이 일을 함께하고 있다(대부분 스카이프를 통해서 상담을 진행한다). 덕분에 우리는 온갖 다양한 폭력이 존재했던 유년 시절들을 볼 수 있었다.

나는 독자들이 내게 원하는 것이 자녀의 일상 문제에 관한 답변임을 잘 안다. 독자들은 아침에 학교에 안 간다고 떼쓰는 아이와 벌이는 실랑이를 비롯해 아이의 기관지 경련, 행동 장애, 공황 발작, 과자 중독과 밤새 우는 아이 같은 지금 걱정하고 있는 모든 문제에 답을 주길 바랄 것이다. 물론 그런 주제로 글을 쓰는 것도 중요하지만, 나는 갈수록 우리가 어떻게 자랐는지 온전하게 이해하는 게 더 시급한 문제라고 확신한다. 이것이 바로 우리가 가장 먼저 내디뎌야 하는 걸음이다. 종종 어떤 이들은 그 과정을 건너뛰고 싶어 하지만, 그렇게 하면 절대 원하는 결과를 얻지 못한다.

내가 왜 계속 어린 시절이 우리가 기억하는 것보다 훨씬 더 끔찍했다고 주장할까? 왜냐하면, 결과적으로 이 세상이 점점 나빠졌기

---

* *Beacheadores*. 스페인어로 휴먼 바이오그래피 *Biografía Humana*의 약자인 [BH]에 '−하는 사람들'을 뜻하는 접미사 '*adores*'를 붙여서 만든 단어이다.

때문이다. 실제로 집단 사례(전쟁과 대량 이민, 감옥마다 넘치는 범죄자)와 개인 사례(살인과 성폭력, 질병, 따돌림, 강도, 가정 학대)가 만연해 있다. 나는 개인이 바뀌고, 무엇보다도 사랑하는 능력이 회복되면 이런 세상이 변할 거라 확신한다. 이런 가장 중요한 능력을 회복하기 위해서는 먼저 우리가 어렸을 때 무슨 일이 일어났는지 분명하게 이해하고, 그 일 때문에 지금 무의식적으로 어떻게 행동하는지도 알아야 한다. 현실감 상실 정도와 왜곡, 다양한 광기는 우리가 이헤해야 할 생존 메커니즘이다.

어떤 이에게는 지금 말하는 내용이 무미건조하고 재미없게 들릴 수도 있다. 하지만 나는 사랑과 이해의 마음으로 모든 사람을 섬기기 위해 노력할 것이다. 우리가 고립무원 상태에서 살아남기 위해 사용하는 방법은 많다. 나는 모든 형태의 광기가 의식의 지능적 메커니즘이라는 결론을 얻었다. 그래서 현실을 잘 견디기 위해 있는 사실을 왜곡하고, 그 결과 병이라는 진단을 받아 평생 정신과 약을 먹으며 바보가 되거나 갇혀 사는 모든 사람을 싸잡아서 이상하다고 비난하는 것을 보면 정말 안타깝다. 나는 두려움의 희생자인 그들을 비난하는 대신 그들을 그렇게 만든 악의 근원을 찾아야 하는 이유를 증명할 것이다. 이것은 인간의 양심에 따른 노력이자 선한 일을 하려는 새로운 시도이며 위대한 정신임을 이해하고 읽어주길 바란다.

우리가 자신을 더 잘 알 수 있다면, 앞으로 더 좋은 변화가 일어날 것이다. 집단 상황도 마찬가지이다. 우리 개인의 행동이 우리도 모르는 사이에 사회 현실에 반영된다는 것은 다행이다. 이는 더 나은 변화가 우리 손에 달려 있다는 뜻이기 때문이다.

또 하나 분명히 말하지만, 휴먼 바이오그래피 작성법을 가르치는 일은 매우 어렵다. 나는 우리 기관에서 1996년부터 이것을 가르쳤다. 물론 이 방법이 틀린 게 하나도 없는, 세상에서 가장 좋은 탐구 체계라고 말할 수는 없다. 그러나 우리 기관 전문가들은 내담자가 모든 내용을 솔직히 이야기할 수 있도록 자기 고통이나 정서적 현실을 살펴보는 일에 그들을 초대하며, 가능한 한 정직하게 일하려고 노력한다.

이 방법은 끝이 아니라 목표를 향해 가는 데 필요한 수단이다. 우리가 어린 시절 애정 결핍으로 고통스러웠던 상황에서 살아남으려고 무엇을 했는지, 한때 우리에게 유용했던 그 메커니즘이 지금 어떻게 우리가 좋아하는 사람들을 괴롭히고 억압하는 원인이 되는지 깨닫도록 도와준다. 이 방법의 가장 큰 목적은 우리가 비록 충분히 사랑받지 못했어도 사랑하는 법을 배우는 것이다. 설령 우리가 누군가를 사랑하겠다는 결단을 내리지 않는다고 해도 최소한 자유의지를 활용하여 사랑이 아닌 다른 것을 선택했음을 깨닫는다면 스스로 행동을 책임질 수 있을 것이다.

이 과정을 하다 보면 나의 기술과 지속적 교육, 감독 관리, 직감과 함께 우리 기관에 오는 사람들이 나에 대해 갖는 관심뿐만 아니라, 함께하는 상담자(휴먼 바이오그래피 상담을 훈련받은 전문가)와 자신을 더 알고자 하는 내담자 사이에 이타적이고, 조심스럽고, 관대하고, 다정한 느낌들도 생겨난다. 이 과정에서 정서적 개입이 많이 이루어지므로 상담자는 직관과 사랑, 열린 마음을 가져야 한다. 실제로 상담자는 내담자와 함께하는 이 과정에서 정확한 열쇠를 찾을 수 있다는 것을 알고 있기 때문에 성서적, 지석으로 최선을 다한다. 우리가 과거에 무엇을 했는지 발견하고 생존 지옥에서 싸우다가 잃어버린 조각들을 되찾는 데 관심을 두다 보면 희망과 활력이 생길 것이다.

우리 기관에는 훈련된 전문가팀이 있고, 이들은 성별에 상관없이 같은 방법을 적용한다. 내담자마다 경험이 다 다르지만, 이 과정을 진행하다 보면 종종 비슷한 장애물을 발견한다. **휴먼 바이오그래피** 과정에서 자주 나타나는 장애물은 자신과 타인에 대한 해석이다. 우리는 내담자의 추측과 의견을 분석하는 데 총력을 기울인다. 우리가 찾는 것은 **실제 현실**이기 때문이다. 이것은 우리가 믿고 생각하고 평가를 한 현실이 아니라, 정확히 기억하지 못해도 어렸을 때 실제로 벌어졌던 바로 그 일을 뜻한다.

우리는 다른 사람의 의견에 매우 집착한다. 실제로 교육 강연을 열어보면, 참가자들은 주로 **요구가 많은** 아이의 문제나 아버지의 역할, 미혼모의 장단점 같은 질문을 하며 내 의견을 묻는다. 왜 전혀 모르는 사람에게, 예를 들어 미혼모로서 혼자 자녀를 양육하는 일처럼, 자기 삶에서 중요한 문제를 질문할까? 그런 사람들에게 질문하지 않는다면 누구에게 질문을 해야 할까? 바로 우리 자녀들이다! 그러나 우리는 그렇게 하지 않는다. 혹은 어쩌다가 아이에게 그런 질문을 해도, 아이의 대답에 만족하지 못한다. 그래서 강연을 찾아다니고, 그런 주제를 잘 알 것 같은 강연자에게 질문을 한다.

정말 이상한 일이다. 우리는 자신, 즉 본질과 아주 멀리 있다. 그래서 우리 아이의 요구들에 대해서 우리를 잘 모르는 사람에게 확인받고 싶어 한다.

어떤 주제에 도움이 될 만한 의견을 구하는 게 중요한 게 아니다. 엄마인 우리 자신이 누구인지 깨닫도록 도움을 받는 게 더 시급하다. 운이 좋다면 이 책을 읽고 그 도움을 얻을지도 모른다.

종종 말하지만, 내 연구는 80년대에 아기 엄마들을 상담하면서 시작했다. 그 일을 통해 유년기와 그때 경험이 무의식적인 행동을 이해할 수 있는 중요한 열쇠임을 깨달았다. 남자든 여자든 유년기를 지나기 때문에 상담 시 모두 유년기를 조사하기로 했다. 수년간 '엄마'라는 주제 자체는 나와 전문가팀의 연구 대상이 아니었다. 그래서 자녀 양육을 위한 조언을 받으려고 집착하는 엄마들은 원하는 만큼의 도움을 받지 못했다. 아무리 전문가들이 그들 영혼의 어두운 모퉁이를 조사하기 위해 열심히 노력해도 그들의 집단 무의식은 여전히 다른 사람의 조언을 구하려는 생각으로 가득했기 때문이다. 아이들은 우리 전문가의 즉각적인 목표가 아니다. 아이들은 양육자의 목표 대상이다.

각 개인의 그림자 안에 들어간 우리는 셀 수 없이 다양한 상황과 마주하게 된다. 그것이 비록 허구일지라도 어딘가에서부터는 시작해야 한다. 『엄마가 한 말이 모두 사실일까』와 『사랑인가, 지배인가: 가부장제의 폐해』에서 자세히 설명한 것처럼, 우리가 하는 말이 수많은 **속이는 말**에서 왔다는 사실이 유년기를 떠올리는 과정에서 가장 큰 걸림돌이다. 그래도 나는 사람들에게 유년기를 떠올리라고 제안한다. 기억과 경험 및 해석은 우리에게 가장 중요한 누군가가 **해준 말**을 바탕으로 만들어진다. 그 **누군가**는 대부분 **엄마**이다. 그런데 왜 우리의 화살 끝이 엄마를 가리킬까? 엄마가 우리를 키웠다면, 엄마는 유년기에 우리와 가장 가까이 연결된 중요한 사람이기 때문이다. 비록 엄마를 잔인하고 가난한 희생자로만 기억한다고 해도, 우리는 엄마의 눈으로 신념 체계를 만든다. 우리는 실제로 엄마 혹은 키워준 사람과 **정서적 일치**가 어느 정도 이루어졌는지 잘 모른다. 상담자는 이런 **정서적 충성심**$^{emotional\ loyalty}$을 감지하고 그 움직임을 끊어야 한다. 왜 그래야만 할까? 우리가 누군가의 찬성이나 반대 의견 없이, 우리의 진짜 모습, **진짜 아이**를 만나야 하기 때문이다.

'진짜 아이'는 내담자의 진실을 말하는 폭로자가 된다. 이 과정에서 결과를 받아들이지 못하는 사람도 많다. 상담자는 **엄마의 말**(엄마가 생각하고 말하고 평가하고 두려워한 모든 것)과 어린 시절 우리가 실제 경험한 것의 차이를 분명하게 구분한다. 만일 어렸을 때 엄마의 안경을 쓰고 기억을 만들었다면, 우리 눈은 분명 엄마의 말로 물들었을 것이다. 이렇게 모든 아이가 엄마 혹은 키워준 사람이 쓴 안경 속에서 세상을 본다.

그러나 지금은 **어렸을 때처럼 보지 않기 때문에** 이 과정이 어렵다. 물론 그 부분은 휴먼 바이오그래피 전문가가 상상할 부분이다. 어떻게 상상할 수 있을까? 휴먼 바이오그래피 작성법을 배울 수는 있지만, 이 일에는 직감과 감각, 마법이 필요하다. 거기에 관심과 사랑, 봉사, 관대함도 더해져야 한다. 또 유연성과 민첩성, 통찰력도 필요하다. 이 전문가는 아무도 보지 못한 것을 찾고 싶어 한다. 따라서 낡은 이론을 따르거나 이전에 배운 사례들을 반복할 수 없다. 각각의 **휴먼 바이오그래피**가 새로운 도전이고, 똑같은 경우는 하나도 없기 때문이다. 화가가 캔버스 두 개에 그린 그림이 똑같을 수 없고, 탐정이 맡은 두 사건이 완전히 똑같을 수 없다. **휴먼 바이오그래피**를 조사하는 일도 이와 같다.

그런데 내담자도 모르는 유년기 기억을 상담자가 어떻게 알 수 있을까? 이 과정은 상담자에게 정말 큰 도전이다. 이 일은 탐정이나 형사들이 하는 사건 조사와 비슷하다. 상담자는 내담자가 잘 모르는 기억을 찾아 나서야 한다. 그것은 **그림자**를 찾는 일이다. 따라서 가장 먼저 말의 주인을 찾는다. 내담자는 자신이 굳게 믿었던 '그림자'를 언급할 때 아주 놀라고 의심할 수도 있다. 우선은 자기 것이 아니라고 생각하기 때문이다. 결과적으로 우리의 신념은 우리 것이 아니라, **엄마에 대한 충성 협약** 속에서 만들어진 생각이다.

 이 일의 목적은 **내담자가 어렸을 때** 숨겨놓은 보물을 찾는 것이다. 그 보물을 발견하면서 상담자는 내담자가 심각한 **방치 상태에 놓여 있었음**을 확인할 수 있다. 이 말이 과장일까? 진심으로 이 모든 것이 내 상상이었으면 좋겠다. 그러나 안타깝게도 사실이다. 실제로 사랑받고 싶어 하는 기본욕구를 다 채운 아이를 만나기는 어렵다. 우리 문명은 연대와 공감을 가르치기보다 투쟁과 정복을 위한 과정을 훈련하기 때문이다. 따라서 거의 모든 아이는 공포의 유년기에서 살아남은 생존자들이라고 볼 수 있다.

 이전 책들에서 이미 배역이라고 이름 붙인 다양한 생존 메커니즘을 소개했다. 유년기와 청소년기 경험의 결과인 **무의식적인 배역 선택**은 이후 삶에 영향을 끼치는 **바탕**이 된다. 따라서 미래 건물의 구조를 형성할 모든 조각들을 분명하게 이해하는 게 매우 중요하다. 건물 벽 속 보이지 않는 철근이 튼튼하지 않으면 절대 아름다운 건물을 지을 수 없다. 제대로 설계되지 않은 건물의 벽에 금이 가거나 지붕이 부서지고 수도관이 샌다면, 벽 안을 살펴볼 수밖에 없다. 벽을 깨고 해체하거나 자르고 검사해야 한다. 그것은 정말 위험하고 힘든 일이다. 하지만 그렇다고 겉 부분만 대충 보수하면, 얼마 안 가서 또 균열이 생길 것이다. 반대로, 건물이 견고하면 위험 부담 없이 바꾸고 고칠 수 있다. 구조 자체가 단단해서 아무리 많은 부분도 그 구조 안에서 자유롭게 고칠 수 있다.

휴먼 바이오그래피도 마찬가지이다. 각 시나리오의 구조를 사실에 따라 논리적으로 정리하면, 개인이 쥐고 있는 선택권을 어렴풋이나마 들여다볼 수 있다. 이때 내담자에게 일어난 모든 일을 연대순으로 조사하지만, 하나하나 자세히 살펴보지는 않는다. 세부 사항은 정황을 확인하는 데 도움은 되지만, 그것 때문에 결과가 크게 달라지지는 않기 때문이다. 마치 형사가 살인자를 찾을 때 결정적인 증거를 입수하여 사건을 해결하는 것과 같다.

상담자가 눈을 크게 뜨고 **전체 줄거리**(적어도 한 개인의 삶 전체. 가능하면 가계도에서 논리적 부분까지 포함한 이야기)를 관찰하는 법을 배우면, 내담자가 어떤 것에 관심을 두고 있는지 대체로 이해할 수 있다. 그러나 그 현실은 이미 우리가 이해한 모든 것과 연결된 **연속체**[*]일 뿐이다. 비유를 들어보자. 만일 우리가 물탱크 속 물이 노란색이라고 생각하면 그 물이 흘러가는 파이프의 끝부분이 보라색으로 물들어

---

[*] 물체를 더 작은 요소로 무한히 나누어도 각 요소가 전체의 성질을 그대로 유지하는 물질.

있다고는 미처 생각하지 못한다. 기껏해야 더 옅은 노란색일 거라고 짐작할 것이다. 하지만 물탱크 전체를 살펴보는 것에 익숙해지면 더 쉽고 분명하게 사실을 알 수 있다.

그렇다면 왜 전에는 명확하게 보지 못했을까? 우리가 안에만 있었기 때문이다. 이제 밖에서 객관적으로 살펴보는 일에 초대한다.

실제로 사람들의 기억을 함께 따라가며 유년 시절의 황폐함을 살펴보고, 사랑받지 못한 환경에서 살아남기 위해 만든 배역들을 이해하는 것은 아주 힘들고 쓰라린 일이다. 왜일까? 많은 사람의 유년기와 지금 현실이 매우 어렵기 때문이다. 우리는 모두 과거에 안전하게 보호해준 배역들 속에 지금도 숨어 있느라 그것을 버릴 준비가 안 되었다.

과연 무엇이 문제일까? 휴먼 바이오그래피 상담자는 아이들이 접시를 깨트린 값을 치르고 있다는 사실을 안다. 버림받은 아이들, 부모의 짐을 지고 있는 아이들, 보호받고 싶어 병난 아이들, 온갖 증상에 시달리는 아이들. 우리는 이 아이들이 부모에게 붙잡혀 부모의 뜻에 따라 움직이며, 부모에게 의존한다는 사실을 안다. 그러나 많은 이들이 그런 현실을 바라보고도 계속 그대로 하겠다고 결심한다.

그렇다면 휴먼 바이오그래피 상담자는 무엇을 할 수 있을까? 할 수 있는 일이 아주 적거나, 전혀 없을 수도 있다. 기껏해야 문제가 있는 어른과 함께 삶의 전체 지도(물탱크 전체)를 계속 관찰하여 아이가 남겨놓은 고립감이나 방치 상태의 흔적을 있는 그대로 확실하게 보여주고, 불행한 미래를 확인한다. 그리고 내담자가 삶의 전체 줄거리를 다시 보고 싶어 하면 준비한 내용을 보여줄 수 있다.

우리는 흔히 고통이 없으면 변하기 어렵다고 말한다. 우리 자녀들을 대할 때도 마찬가지이다. 자녀를 대하는 우리의 태도를 바꾸려면 고통이 따를 수밖에 없다.

좋은 소식은 우리 모두에게 새로운 출발을 할 기회가 여러 번 있다는 것이다. 내 의견이지만, 모성과 부성은 정의상으로만 보면 **이타적인 기능**이다. 모두 다 아이에게 유리한 본능이지 부모에게 유리한 것은 하나도 없다. 건강한 관계에서 부모는 자녀에게 **모든 것**을 제공한다. 그러나 우리는 유아기와 유년기에 어른들이 이타심을 발휘할 때 아주 힘들어하는 모습을 보았다. 엄마는 자신을 위한 시간이 없다고 불평하고, 아버지는 아버지대로 아내에게 충분한 돌봄을 받지 못한다고 불만을 토로한다. 하지만 그렇게 각자 불만을 늘어놓다가도 아이가 너무 까다로운 요구를 하고 말을 잘 안 듣는다는 것에는 재빨리 의견의 일치를 본다. 따라서 아이는 좌절감을 느낄 수밖에 없다. 아이는 부모가 세운 법칙을 따르면서, 이 세상은 적들이 우글거리기 때문에 좀 더 커야 기분이 좀 나아질 거라고 생각한다.

부모가 되는 경험을 통해 우리의 장애가 드러난다. 만일 지금 어린 자녀가 없다면 우리의 부족한 이타심을 숨길 수 있다. 그렇게 많은 애정을 요구하는 대상이 아직 없으므로 그런 상황이 벌어질 일이 없기 때문이다. 그러나 자녀들 앞에서는 모든 일이 마음대로 되지 않는다. 모든 부모는 자녀에게 최고를 주고 싶어 하지만 자녀의 실제적이고 구체적인 요구들을 들으면 그렇게 못 한다. 왜일까? 우리도 사랑과 보호를 비롯해 **어린 시절에 받지 못했던 것**에 목말라 있기 때문이다. 따라서 **휴먼 바이오그래피**는 무엇보다도 먼저 어린 시절 받지 못한 관심을 지금이라도 받고 싶은 상처받은 어른을 돌보기 위한 것이다.

만일 어린 자녀가 없다면, 질병과 갈등, 손실, 우울 또는 정서적 갈등과 같은 또 다른 지표로 자신에 대해 알 수 있다. 이런 증상들도 진실을 나타내는 표현 중 하나이기 때문이다. 어떤 경우든 상담자의 임무는 **휴먼 바이오그래피** 작성 과정을 정리하여 거기에서 부족한 부분을 맞추어서 하나의 이미지로 종합하고, 내담자가 자기 이야기를 대조 확인하면서 새로운 눈으로 바라볼 때까지 함께하는 것이다. 그후 내담자가 계속 변화하기 위해 도움이 필요하다고 요청하면, 그때도 함께해 줄 수 있다. 그러나 이 일은 내담자의 변화를 바라는 것도, 강요하는 것도 아니다. 시나리오를 수정하거나 바꾸려는 결심이나 의지는 오로지 내담자의 손에 달려 있다.

더는 휴먼 바이오그래피 작성법 이야기로 독자들을 괴롭히고 싶지 않다. 전체 방법론은 이전에 쓴 책『휴먼 바이오그래피』에서 설명했다. 나는 가부장제 문명에서는 참고할 만한 기준이 부족하기 때문에 휴먼 바이오그래피가 가장 믿을 만한 방법이라 여기며 사용한다. 지금도 매일 수많은 아이가 태어난다. 우리가 **사랑의 중심으로 되돌아갈** 기회를 매 순간 얻는 셈이다. 아기들은 우리가 태어난 본래 모습과 이후 벌어진 일 사이에 차이가 있음을 깨닫도록 도와주고, 계속 나아갈 수 있게 도와줄 최고의 인도자이다.

여기에서 독자들에게 밝히고 넘어갈 내용이 있다. 이 책에서는 일인칭 복수인 '우리'를 많이 사용했다. 남성인 우리, 여성인 우리, 어린이인 우리, 두려움이 가득한 우리, 사랑에 빠진 우리, 폭력적인 우리, 희망을 품는 우리, 화가 난 우리, 모두 '우리'로 표현했다. 이것은 문학적인 효과를 극대화하고 싶어서가 아니라, 우리가 생물체로서 서로 연결되어 힘을 발휘한다는 연결 지능을 이해하기 위해서이다. 우리 마음에 들지 않거나 맞지 않는 부분도 우리 모습의 일부이다. 그것이 우리의 일부라면 더 잘 이해할 수 있을 것이다. 우리가 이해하면 그것을 판단할 필요가 없어진다. 이해하는 게 우리에게 무슨 도움이 될까? 더 넓은 현실과 힘에 다가가고, 결단의 과정까지 간다면 타인의 현실이 아닌 우리 자신의 현실을 바꿔나갈 수 있다.

나는 이 책을 통해 사람들이 어두운 시간에 느꼈던 절망과 어려움 그리고 거기에서 발견한 내용을 독자들과 나누려고 한다. 내 영혼은 언제나 아프다. 마치 사람들 내면에 사는 것처럼 그들의 절망을 느끼기 때문이다. 때로는 환상과 자기기만, 과장된 반응을 보일 정도의 광기를 이해하면서 참기 힘든 고통도 느낀다. 나는 나 자신과 조화를 이루고 타인에게 도움이 되는 쪽으로 결정을 내리면서 모두를 이해하고 싶다. 이것이 이 책의 내용이다.

우리 생은 짧다. 자기방어를 멈출 때, 우리가 하는 사랑은 자기 이익이 아닌 타인을 위한 것이 될 것이다. 그렇게 우리 삶은 가치 있게 될 것이다.

속이는 말의 힘

　나는 현실 왜곡에 관한 일반적인 해석을 정확히 기록하는 편이다. 현실 왜곡은 **개인생활과 집단생활**에서 모두 발생한다. 사회 흐름이나 역사를 살펴보면 훨씬 더 이해하기 쉽다. 집단은 저널리즘, 정치 캠페인 또는 지역 투쟁을 통해 정치 지도자나 권력 집단이 만든 **속이는 말**에 쉽게 빠진다. **집단 이야기**에 집착하고 거기에서 질서와 정체성을 찾는 일이 흔하다. 왜일까? 우리가 초기 유년기부터 정신의 중심축을 세우는 데 필요한 유일한 장소인 **모성의 땅**에서 추방당했기 때문이다. 따라서 예전에 얻지 못했던 아늑한 둥지를 찾아 헤맨다.

받지 못한 엄마의 사랑에 대한 보상

　우리가 태어나면 바로 사회적 존재가 되는 게 아니라, **융합적 존재**가 된다. 우리는 영양분과 보호, 즐거움과 안전의 원천인 **엄마와 육**

체적, 정신적으로 교감한다. 그런 교감을 충분히 나누면, 이후 어른이 되어서 자기 영역을 만들고, 다른 사람들과 서로 존중하며 그들의 영역에도 들어갈 수 있다. 그러나 그런 일은 일어나지 않는다. 왜 그렇게 생각할까? 우리가 늘 소속감에 목말라 있기 때문이다.

여기에서 실존적 오류가 생긴다. 우리는 여러 사조와 도덕 체계, 정치적 이데올로기, 종교적 체계, 즉 단단한 방어막이 있는 정체성의 장소 안에 자신을 맞추려 한다. 물론 그런 장소를 찾는 것 자체가 나쁜 것은 아니다. 문제는 **우리 본질과 먼** 것을 찾는다는 점이다. 즉, 내면의 나침반을 따르지 않는다. 따라서 마음속으로 이런 환경들이 원래 주어진 것인지, 아니면 특정 조건이 되어야 들어갈 수 있는지를 의심하면서 그것을 잃지 않으려고 무엇이든 한다. 그래서 늘 폐쇄적인 환경, 즉 소수만을 위한 곳에 소속되기를 바라면서 정치적 또는 종교나 이데올로기적 토론에서 최선을 다해 자기방어막을 만든다.

나는 특정 이데올로기나 도덕 체계에 대한 **의식적 선택**과 우리를 확실하게 보호하는 **소속 장소**에 들어가려는 유년기의 긴급한 욕구가 다를 게 없음을 깨달았다. 그런데 믿을 만한 장소 안으로 숨는 게 문제일까? 우리가 자유롭지 않고, 인정과 소속감을 가장 우선순위에 둔다는 것 말고는 아무 문제가 없다. 인정과 소속감을 위해서는 값을 치러야 하는데, 가장 흔한 것이 바로 **충성**이다.

만일 우리가 따뜻한 피난처에 **들어갈** 준비를 하는 사람들이 아니라면, 충성은 별로 중요하지 않다. 보호받고 싶어 하는 사람들을 알아채기는 힘들지만, 그렇다고 없는 것은 아니다. 그들은 집단으로 움직이며 힘을 만든다.

대부분의 정치 지도자를 향한 **자동적 연합**이 각 개인의 신념보다 지도자의 카리스마에 좌우지되는 것에 주목해야 한다. 이것이 바로 정서적인 **조작**^manipulation이며, 안전을 보장하는 환경 안에 들어가고 싶은 욕구 때문에 생겨난 것이다. 우리가 어렸을 때 받지 못한 **모성애**로 인해 생긴, 인정과 **소속감**을 얻으려는 보상 욕구 말이다.

전 세계적으로 지지자(반대자도 마찬가지)를 대하는 열정을 보면 다른 설명이 필요 없다. 이 부분에서 우리에게 엄청난 결핍이 있다. 진짜 지도자가 많지 않기 때문이다. 진짜 지도자는 **공동체 속에서 진짜 자아를 발견한 한 개인으로서 거룩한 연합을 통해 타인에게 최고의 덕을 베풀 수 있도록 돕고 함께하는** 사람이다. 사실 진짜 지도자는 작은 마을이나 부족, 정이 넘치는 시골 마을에서 찾기가 더 쉽다. 큰 범위에서 찾아본다면 넬슨 만델라나 마하트마 간디 같은 사람들을 예로 들 수 있다. 그들은 지역 사회를 이끈 영적 스승이다. 물론 오늘날에는 이런 지도자가 많지 않다. 룰라 다 실바*나 버락 오바마를 말하는 사람도 있겠지만, 이들도 어느 정도 부정부패 분쟁에 휩싸일 가

* *Lula da Silva*. 35대 브라질 대통령.

능성이 있다.

오늘날 현대 국가의 지도자들은 영적 지도자가 아닌, 우리와 같은 절망적인 사람들이다. 이들은 보호와 경제 방어, 보안과 물질적 안락을 축적하는 데에 권력의 영역을 이용한다. 이것은 **받지 못한 엄마의 사랑을 보상받기 위해서**이다. 우리 모두 예외는 없다. 국민 과반수의 결정권을 유지하기 위해서, 그들은 무의식적으로 우리 마음을 움직이는 거짓말과 위협이라는 도구를 사용한다. 그 덕분에 이 시스템이 돌아가는 셈이다.

이 말은 절대 과장이 아니다. 모든 정치 이데올로기 속 많은 후보자의 지지 캠페인에서 외치는 구호를 잘 들어보면 확실히 알 수 있다. 우리가 아는 모든 약속은 지킬 수 없는 것들이다. 그러나 그들은 지지를 호소하고, 만일 지지하지 않으면 최악의 재앙이 우리에게 닥칠 것이라고 겁을 준다. 그들은 어른들이 아이들에게 "똑바로 행동하지 않으면, 마녀가 잡으러 와서 벌을 줄 거야"라고 이야기하는 식으로 우리를 설득한다. 그러니 우선은 말을 잘 듣는 게 좋다. 과연 말을 잘 듣고 잘 행동한다는 것은 무슨 뜻일까? 바로 어른이나 거짓 지도자들의 요구에 **충성**하는 것이다.

많은 공동체가 역기능 가정처럼 만들어진다. 즉, 어른인 우리는 자녀를 돌보고 영양을 제공하는 대신 우리도 모르게 더 궁핍한 상태인 아이들에게 우리를 만족시키라고 강요하며 끝없이 뭔가를 요구한다.

그 대가로 아이들에게 가짜 현실 속에서 잠들도록 달콤한 이야기를 들려준다. 그런 아이들이 엄마의 기대에 따르며 무슨 일을 할 수 있을까? 그저 엄마에게 충성하고 그 기대에 부응하며, 우리 자신의 모습을 그림자 속으로 밀어 넣는 것 외에는 아무것도 할 수 없다. 그렇다면 우리가 시민이 되면 무엇을 할까? 똑같다. 편안한 느낌을 얻기 위해 **속이는 말**에 맞추고 익숙해지려고 한다.

우리는 방치된 어린 시절에 마음을 편안하게 해주는 이야기의 환상 속으로 피하고 싶어 했다. 어른이 되어서도 비슷한 위안거리를 찾는다. 어린 시절의 영혼을 강하게 건드린 누군가의 말을 듣고 우리가 더 많이 순종하면 더 많은 행복이 보장될 거라고 믿는다.

이런 자동적 반응 때문에 여러 결과가 생긴다. 집단적 차원에서 일어나는 가장 파괴적인 일은 내면의 자유가 사라지는 것이다. 우리는 엄마가 화내지 않고 그녀의 정서 영역 속에서 우리를 추방하지 않도록 똑바로 행동하려고 애쓴다. 그러나 우리 내면의 자유는 살펴보지 않기 때문에, 우리가 순종하든 안 하든 상관없이 우리에겐 자유가 없어진다. 어른이 되어서는 우리 생각이 자율적이라고 착각하지만, 사실 두려움과 불확실성 속에서 소속감을 얻고 보호받기 위해 이데올로기나 도덕 체계에 집착한다. 감정적으로 더 겁에 질릴수록, 타인의 유아적 욕구에 자동으로 반응한다. 권력을 가진 개인이나 조직의 욕구를 잘 들여다보자. 재차 말하지만, 그것은 바로 **조종**이다.

이런 맥락에서 정치적으로 우리에게 보고되는 거의 모든 내용은 **거짓**이다. 실제로, 모든 사람의 재산은 대부분 그 자원으로 원하는 것을 할 힘을 가진 사람들이 관리한다. 마치 한집 안에서 진미를 먹는 부모가 자녀에게 부스러기를 남겨주면서 너그러운 부모라고 믿게 만드는 것과 같은 꼴이다. 어린 시절에 그런 부스러기만 먹었던 아이들은 그 음식이 가장 맛있다고 철석같이 믿는다.

이 세상에 사회연대와 공동선을 우선순위로 하여 그 축으로 순환하는 성숙한 국가는 거의 없다. 자녀에 대한 책임감과 자유와 연대를 만들 수 있는 사랑이 넘치는 가정이 거의 없기 때문이다. 위에서 이루어져야 아래에서 이루어지고, 안에서 이루어져야 밖에서도 이루어진다. 똑같은 사실도 크고 작은 차이는 있겠지만 양면성이 있다.

내가 화가 나는 부분은 열렬히 주장하는 모든 말을 진리로 받아들이는 우리의 천진난만이다. 우리는 내용에 상관없이 믿을 뿐 아니라, 그것이 위대한 진리인 양 반복한다. 그래서 사람을 조종하기가 쉽다. 아이는 사랑만 있으면 설득하기 쉽다. 어른은 확신 있는 말만 있으면 설득할 수 있다. 그것이 완전히 틀린 말이라고 해도 말이다.

우리가 조종당할 수 있는 사람이라는 뜻은 보호받고 있어도, 철저히 고립될 수 있다는 뜻이다. 따라서 나는 형제애 관계와 연대, 비폭력, 생태, 최대 행복을 위해 노력하는 사회 변화는 우리가 정서적 현실에 눈을 뜨고 이웃을 위해 변하려는 의식적 결정을 내릴 수 있을 때, 그리고 다양한 개인 탐구의 길을 향해 나갈 때가 되어야 비로소 가능하다고 생각한다. 인간은 동서양 거장들의 가르침을 받아왔다. 예수와 부처, 마호메트, 공자, 노자를 비롯한 많은 고대인과 현대인은 우리를 내면의 진리에 더 가까이 인도하기 위해 인류애를 품고 섬겼다. 그들 모두 우리에게 똑같은 진리를 말한다. 모두 다 진짜 자아와 만나고 **이웃을 사랑**하는 일에 초대한다. 첨단 기술이 발달하고 **빠른** 의사소통이 이루어지는데도 우리는 계속 주변에 상처와 불편을 준다. 따라서 무슨 지도를 사용하든 상관없이 겸손하고 용기 있게 우리가 자신을 잃어버린 장소를 알아내야 한다.

우리의 타락 원인은 어렸을 때 **풍족한 사랑**을 받아야 했던 그 순간부터 시작된다. 그때, 본래 품었던 기대가 채워지지 않아서 우리는 그 길을 빗나갔다. 대신 생존 전략들을 만들어냈다. 그래서 어른이 된 후에는 삶이란 다른 사람을 희생해서 자신이 살아남는 데 필요한 영구적 전략이라고 믿게 되었다.

개인 경험과 집단 운동의 관계

사회 갈등을 다루는 가장 신중한 방법은 바로 발단에 집중하는 것이다. 인간 행동이라는 주제에서 그 발단은 언제나 **개인**이다. 우리는 저마다 특색을 갖고 태어난다. 그리고 **애정 결핍 상태에서 살아남는데** 도움이 되는 배역들을 고른다. 대다수 아이에게 이런 비슷한 일이 벌어지기 때문에, 집단적 차원으로 볼 때 우리는 매우 비슷한 상황이라고 볼 수 있다. 그러나 그렇다고 해서 현실을 이해할 때 꼭 집단 영역에서 의미가 있어야 한다는 뜻은 아니다. 만일 사회운동들이 충격적인 휴먼 바이오그래피를 가진 사람들에 의해 이루어진다는 것을 알면, 거기에서 공통점을 발견하게 될 것이다.

최저 개발국들의 큰 문제점 중 하나는 권력층의 부패로 계속되는 시민 간 불평등이다. 그렇다면 부패란 무엇인가? 간단하게 말해서 도둑질이다. 왜 어떤 사람들은 권력과 부를 쌓기 위해 온갖 머리를 다 쓸까? 우리를 둘러싼 **유년기의 엄청난 불안**과 채워야 하는 **정서적 공허함** 때문이다. 얼마나 많은 권력과 돈이 있는지는 중요하지 않다. 언제나 보호받지 못할 것 같은 내면의 두려움이 문제이다. 과거에도, 지금도 여전히 우리는 두렵다.

어떤 사람들(많지는 않지만, 운 좋은 사람들)은 원하는 것을 얻을 때까지 다른 사람을 조종하거나 그들의 것을 도둑질할 수 있다. 가장 놀라운 사실은 많은 사람이 엄마의 말에 속은 채로, 너무 상처받기 쉬운 상태에 있다는 점이다. 정도의 차이는 있겠지만, 어렸을 때 엄마의 보호와 사랑이 필요한 상황에서 끊임없이 멍청하다는 등의 안 좋은 말을 들었다면 그 말을 믿을 수밖에 없었을 것이다. 그러면 그 말을 믿은 채 행동하고 우리가 실제로 바보임을 증명하기 위해 어리석은 일을 순순히 할 것이다. 꼭 바보라는 말만 그런 영향을 끼치는 것

은 아니다. 천재나 열심히 하는 사람, 순종적인 사람 등도 마찬가지
이다. 실제 자기 모습이 그렇지 않더라도 엄마 말대로 자신을 맞출
것이다. **엄마 말**을 믿는 것이 **우리가 안전해지는** 유일한 방법이기 때
문이다. 이 메커니즘은 나의 책『엄마가 한 말이 모두 사실일까』에
자세히 나온다.

　더 큰 범위로 보자면, 통치자나 기업 권력자도 마찬가지로 이런 종
류의 말을 하는데, 대다수 시민이나 직원은 그 말이 안전한 땅에 정
착시켜 줄 거라 믿는다. 비록 현실은 번번이 다른 결과로 나타나지만
말이다. 그것은 부정부패와 도둑질, 거짓말이 가득하고 권위적인 통
치자들에게 투표하고 환호하며, 계속 그들의 편에 있는 수많은 사람
의 맹점이다. 특히 민주화가 덜 된 나라일수록 더 심하다. 그런 나라
의 정부는 시민에게 거짓말을 하면서 동시에 카리스마와 유창한 언
변, 함부로 남발하는 약속들로 시민의 마음을 사로잡을 인물을 계속
세우려 한다.

　이것은 우리가 현 정부를 찬성하거나 반대할 때 늘 일어나는 일
이다. 반대하는 상황에서 벌어지는 메커니즘도 똑같기 때문이다. 그
래서 우리는 우리에게 불리한 말, 속이는 말을 하는 카리스마 있는
사람들이 모인 집단을 따르거나 그런 리더를 갖게 된다. 그들은 결핍
요소, 즉 **소속감**을 원하는 사람들을 조종한다. 어떤 집단이나 부족
에 속하려는 소속감을 원하는 것은 인간의 본래 모습이다. 따라서 우

리가 어렸을 때 엄마의 감정적 영역에서 추방당하는 일은 정말 비극이다. 사회에 정치적 움직임이 커지고 많아질 때, '숫자가 많다'라는 것만으로도 동시에 뭔가를 함께 하는 것처럼 보이며, 그 현상은 추방당한 상처의 회복을 위한 보호막이 된다.

한마디로 우리가 **정서적 위안**을 찾고 있다면 여럿이 함께 나누는 생각에 자신을 맞추려고 노력할 것이다. 따라서 많은 사람이 똑같은 의견을 갖고 있다는 사실은 중요하다. '의견을 만드는 사람들'은 이런 유년기의 메커니즘을 이용한다. 그들은 오늘날 인터넷 덕분에 즉각적인 반응이 가능해진 대중매체를 이용해서 우리에게 각양각색의 의견과 뜬소문, 거짓을 심어줄 수 있다. 이런 것이 자동으로 아주 많이 재생산되면, 그것은 모두가 공유하는 진실이 된다. 만일 다수가 그런 의견이나 생각을 계속 재생산하면, 매우 규모가 커질 것이다. 우리는 정치나 유명인, 언론, 스포츠 등 다양한 주제에 관한 뜬소문을 읽고 듣고 나누며 살아간다. 그리고 여러 사회 모임에서 마치 우리가 나누는 내용이 모두 사실인 양 대화를 나눈다.

나도 그런 일을 직접 경험했다. 사람들이 나에 관해 여러 가지 말을 하는데, 어떤 사람은 내가 범죄 수호자라고 하고 오푸스데이*라고 하기도 한다. 나는 이런 소리를 들으면 그저 헛웃음만 나온다. 우

---

* *Opus Dei*. 로마의 종교 단체. 베일에 싸인 정체로 인해 교황청 소속 비밀결사라는 비판을 받는다.

선 그 단체가 정확히 뭘 하는지도 모를뿐더러 나는 유대인이기 때문이다. 그러나 이런 뜬소문은 집단 무의식 속에서 **마치 진실인 양** 떠다닌다. 우리는 어떤 의견이든 그 내용을 **많은 사람과 나눌 때 기분이 좋아진다.** 여기서 꼭 관찰해야 할 것이 바로 **속이는 말**의 힘이다. 즉, 거짓말의 힘이다. 만일 우리가 대중매체를 통해 아주 큰 영향을 끼치는 내용을 들었다면, 그것은 우리 모두를 매수하려는 메커니즘과 관련 있을 것이다. 우리는 대부분 지배적인 의견을 믿고 싶어 한다. 그래서 어렸을 때 들었던 엄마 말도 무작정 믿었다. 왜냐하면, 엄마에게 **충성해야** 감정적인 보호를 받을 수 있었기 때문이다.

우리가 **개인의 정서적 현실을** 기준으로 사회 현상을 바라보지 않으면, 절대 그것들을 제대로 이해할 수 없다. 개인이 모인 집단이 우리가 되고, 거기에 또 다른 사람이 계속 더해져서 수백만 명이 되기 때문이다. 이 수백만 명 안에는 심상치 않은 **정서적 불안을** 느끼는 개인들이 있다. 인간은 **유년기에 충분한 사랑과 보호를 받지 못하면, 최악의 포식자가 될 수밖에 없다.** 어릴 때 기본적으로 보호받지 못하고 내던져졌기 때문에, 지금 어른이 되어서 안식처를 제공하는 아름다운 질서와 제한, 구조로 이루어지는 체계들에 집착한다.

역사에서 수십 년간 수많은 공동체가 절대복종과 변함없는 규율이 있는 군사정권을 선택한 이유도 절대적이고 강력한 소속감을 얻기 위해서이다. **충성은** 군대와 교회 또는 이데올로기에서 비슷하게 작용한다. 우리는 적의 공격으로부터 우리 생각을 재빨리 방어해야 한다고 생각한다. 엄마를 변호하는 것이 우리 의무라고 생각하는 것처럼 말이다. 이보다 더 확실한 증거는 없다. 우리는 소속감을 주는 곳을 철저히 지키는데, 그곳에 **속하는 대가**로 피난처를 얻기 때문이다. 우리는 두려움의 노예이다. 어렸을 때처럼, 지금도 혼자 있는 것을 겁낸다.

반대로, 자유롭게 스스로 통제하고 스스로 생각하며 진정한 영적 추구를 원한다면, 높은 **정서적 안정**을 얻어야 한다. 어린 시절에 정서적 안정을 얻었는지 확인하고, 아니라면 지금 스스로 더 잘 단련해야 하는 상황임을 알고 준비해야 한다. 정서적 안정이 내면에 뿌리내리지 않았거나 그런 사실을 모른다면, 우리는 어딘가에 속하기 위해 부단히 노력할 것이다. 그리고 일단 그 소속감을 얻으면, 자유를 추구하기는 힘들다.

이런 자동 메커니즘은 특정 생각을 방어할 때 쉽게 나타난다. 우리가 다수와 똑같이 생각하기를 원하는 것은 **소속감**을 찾고 있기 때문이다. 하지만 그러면 우리는 자신과의 본질적 관계에서 멀어진다. 우리는 무엇이든 많은 사람과 똑같이 생각할 때 용감해지는 경우가 많다. 이런 식으로 같은 신념과 문화 또는 도덕 체계 안에 들어가기 때문에 우리에게 편안함을 주는 전통 사고가 생겨나고, 다른 의견을 가진 사람들은 자동으로 위협과 불신의 대상이 된다. 그리고 나중에는 적이 되기도 한다. 우리에게 적(정치인, 이웃, 가족, 전 애인, 누가 되었든)이 있다고 해도 우리는 전혀 흔들리지 않는다. 아주 가까운 곳에 우리 동지들도 있기 때문이다. 이 모든 퍼즐은 소속감을 강화한다.

사회에서 우리가 성장하면서 장애물에 책임을 느끼고 고치려고 노력하며 개인적 성숙을 준비하지 않으면 집단적 성숙을 이루기는 매우 힘들다. 더 나은 세상을 간절히 원한다면 우리의 모든 자원과 정서 지능을 타인을 사랑하는 일에 쏟아야 한다. 특히 자녀가 있다면 **자녀를 사랑**하는 법을 배워야 한다. 다만 이것은 의지적 행동이 아니라, **생각을 여는 과정**이 되어야 한다.

요점은 신념과 의견들을 고수하려고 애쓰지 말아야 한다는 것이다. 만일 아이들을 양육하고 교육하며 함께 살아갈 좋은 방식이 정해져 있다고 생각한다면, 그 생각은 우리와 다르게 생각하는 사람들을 제외하고 우리가 편하게 느끼는 **소속의 영역**만을 늘려가는 것과 마찬가지이다. 여전히 어리석은 생각을 반복하는 것과 같다. 우리는 내적인 정서 불안 때문에 같은 편을 만들고 그 사이에서 작은 행복의 영역을 계속 넓혀간다. 특히 어린아이들을 양육하는 영역에서 좋고 나쁨을 정해놓는 것은 마치 그들을 사랑하지 않기 위해 노력하는 것과 같고, 수많은 **속이는** 체계를 만드는 것과 같다. **그것은 누군가를 사랑하는 데 전혀 도움이 안 된다.** 그저 비슷한 집단 사이의 위로와 안전한 곳을 찾는 데만 도움이 될 뿐이다.

찬성도 반대도 아닌

이 부분은 좀 더 명확하게 하고 싶다. 사실 나는 수년 전부터, 집단 이념과 자기방어, 엄청난 양의 유언비어를 바로잡는 일부터 사람들이 옮긴 수많은 말들을 조직화하는 일까지, 그 어디에도 쓰여 있지 않은 수많은 새로운 일을 제안했다. 나는 **어떤 양육 체계도 지지하지 않는다.** 어떤 것도 찬성하거나 반대하지 않는다. 엄마들에게 조언하지도 않는다. 성인들이 하는 삶의 결정에 어떤 식으로든 개입하지 않는다. 그 누구와도 좋고 나쁜 양육 방법 이론을 토론하지 않는다. 그 누구도 비난하지 않는다. 그래도 어쨌든 집단무의식 속에서 사람들이 생각하는 나는 장기 모유 수유나 아기와 어린아이들이 부모와 한 침대에서 함께 자는 일을 지지하는 사람처럼 보인다. 내가 개인 탐구와 자기 그림자와의 만남, **휴먼 바이오그래피** 작성을 위해 제안한 모든 것과 비교하면 아주 작은 일인데도 말이다. 그런데도 속이는 말의 힘은 결국 엄청난 영향을 끼친다.

거짓말의 힘은 아주 쉽게 만들어진다. 우리가 거짓말을 바탕으로 양육되었기 때문이다. 우리는 실제로 일어나는 일과 느낌, 그리고 이 세상에 태어난 목적과 멀어져 있다. 엄마와 할머니, 그 윗대 모든 양육자가 마음을 열고 우리를 사랑과 보호를 받아야만 잠재력을 펼칠 수 있는 존재로 보았어야 했는데 그러지 않았기 때문이다. 지금 우리 어른은 자녀의 사랑하는 능력을 망가뜨리고, 그저 가족 간 전쟁과 사소한 일상에 정신이 팔려 본래 목적에서 멀어져 있다.

불필요하고 산만한 말로 주위를 흐트러뜨리면 사람들은 속기 쉽다. 실제로 대중매체는 연이어 구태의연하고 영양가 없는 뉴스들을 내보내서 우리를 정신없게 만든다. 다시 말하지만, 이것은 우리가 어린 시절에 경험한 것과 비슷하다. 부모나 키워준 사람들은 우리가 알고 있는 것보다 더 우리를 잘 이해하지 못했고, 앞으로 벌어질 일에 큰 영향을 끼칠 가족 모임에 우리를 끼워주지 않았다. 그러나 우리는 천진난만한 놀이에 익숙해져서 매우 약하고 영향받기 쉬운 존재가 되었고, 그 결과 친밀하고 진실한 생각에 따른 상식과 자율성을 잃어버렸다. 이런 일에 익숙해져서 딴 데 정신이 팔리기 쉬운 어린 시절처럼, 우리는 무슨 내용이든 권력자들이 하는 말을 쉽게 믿는다.

광기란 무엇인가?

이 책에서는 **광기**에 대해서 자세히 설명할 것이다. 광기는 우리에게 실제로 벌어지는 일과 그 일을 보고 누군가가 한 말의 차이 때문에 생긴다. 개인의 광기는 사회적 광기로도 표출된다.

광기란 무엇인가? 한마디로 **현실 왜곡**이다. 실제 일어난 일과 그 일에 대한 인식의 차이 말이다. 문제는 실제로 우리가 모두 현실을 왜곡하고 **고립무원의 고통**을 견디기 위한 환상 속에 숨는다는 것이다. 때로는 거짓말을 하고, 때로는 거짓말을 믿고, 때로는 허위 사실을 지어내거나 참으면서 거기에 적응한다. 사람마다 어느 정도 차이가 있겠지만 거의 모두 그렇다. 그렇다면 우리는 모두 미쳤을까?

방법의 문제일 수도 있겠지만, **광기는 측정이 어렵다.** 전통 심리학과 의학 분야가 가까운 영역이기는 한데, 창조적이고 자율적인 사고에 관한 연구가 매우 빈약하다. 개인과 집단의 속임수를 설명한 것처럼, 광기와 관련해서도 똑같은 일이 벌어진다. 즉, **내적 현실과 대화들** 사이에는 큰 차이가 있다. 그렇게 우리는 왜곡된 방식으로 현실을 보도록 강요당한다. 이런 현상은 정치 및 사회 사건에서 더 찾아보기 쉽다. 만약 미확인비행물체에서 지구로 떨어진 외계인이 한 시간 동안 전 세계에서 흘러나오는 방송을 본다면, 지구에서 하는 뉴스 내용이 미덥지 않고 이상하며 연관성이 빈약하고 비논리적이며 이해하기 어렵다고 생각할 것이다.

이 주제는 다음 장에서 자세히 이야기하겠지만, 개인적인 수준은 다 다르다. 어떤 사람은 정신질환이라는 진단을 받고, 어떤 사람들은 그렇지 않다.

내가 지금 복잡한 영역까지 들어간다는 사실은 인정한다. 왜냐하면, 인식은 주관적일 때가 많기 때문이다. 게다가 옳고 그름이 없다. 다른 생각을 하느라 대부분의 사람보다 뭔가를 더 많이, 혹은 덜 생각하는 사람들도 있다. 그 사람들이 우리와 다르다고 해서 미쳤다고 볼 수 없다. 하지만 역사 전반에 걸쳐 선견지명이나 직관력이 있거나 남들과 약간 다른 능력이 있는 사람은 미친 사람으로 여겨졌다.

지금은 그것을 정신병과 편집증 또는 정신분열증이라고 말하지만, 나는 그것이 **피해야 했던 잔인한 모성 학대의 결과**임을 증명하고 싶다. 이것은 우리 유전자 속에 있는 게 아니다. 진실을 말하자면, 미친 사람과 잔인한 사람의 경계는 불분명하다. 집 밖으로 나가거나 신문을 읽다 보면 계속 세상이 미친 게 아닐까 하는 의구심이 든다.

내가 하는 모든 조사에서 그 중심에는 두 가지 큰 축이 있다. **직관과 인식**이라는 **개인적** 영역이다. 물론 여기에는 오류가 생길 수도 있다. 그렇다고 그것이 덜 중요하거나 덜 진지해서는 아니다. 내가 사람들과 **휴먼 바이오그래피** 작성을 통해 확인해왔기 때문에, 확실히 말할 수 있는 사실이다. 실제로 직관과 인식은 자신의 다른 면을 알아가는 연습이다. 한편, 나는 이론화란 **공통점**을 발견할 때까지 다양한 관점에서 발견하는 많은 증거, 즉 구체적인 사실을 모으는 일이라고 생각한다. 그래서 공통점이 눈에 띄게 많이 나타나면 그 내용을 참고한다.

분명히 말하지만, 나는 상담을 할 때 심리학자가 하는 일과 혼동을 주지 않으려고 노력한다. 이미 많은 곳에서 분명히 밝힌 것처럼, 우리 전문가들은 **심리학자가 되려는 게 아니기 때문**이다. 나는 수년 전부터 개인적으로는 상담하지 않는다. 그러나 현대 인터넷 커뮤니케이션 시설 덕분에 내가 운영하는 전 세계 모든 기관에서 상담한 내담자들의 정보를 확인할 수 있다. 모든 보고서의 사례들을 꼼꼼히 보다 보면 실제 벌어지는 일이 각 개인의 정서적 현실과 일치한다는 것을 충분히 유추하고 확인할 수 있다. **현실 왜곡**은 내가 상상한 것 이상으로 모든 대화 속에 있었다.

이유는 간단하다. 만일 우리가 아주 잔인한 현실을 경험한다면, 꽃이 가득한 들판을 상상하기만 해도 일상을 좀 더 잘 견딜 수 있을 것이다. 정이 가득한 현실을 상상하는 일이 효과가 있다는 것을 알게 되면, 계속 그 방법을 사용할 것이다. 왜냐하면, 우리는 모두 좋은 기분을 느끼고 싶기 때문이다. 한번 이런 '치료'를 맛보고 나면 계속 맛보고 싶어진다. 그리고 그때마다 그것을 사용하는 데 더 익숙해진다. 우리는 모든 고통을 막아주는 방패 같은 평행현실*에 도달하고, 자유롭게 현실을 바꿀 수 있다. 상상만으로도 날아서 어디든 가고 원하는 대로 만들 수 있고, 많은 가능성을 생각할 수 있기에 이것은 강력한 치료법이 된다.

나는 환상이 우리를 보호하는 능력임을 확인함과 동시에, 각 개인의 **휴먼 바이오그래피**, 즉 우리와 상담하는 사람들의 실제 삶을 조사했다. 삶의 조각이 잘 맞지 않으면, **현실 왜곡이라는 생존 메커니즘**을 고려해서 그 시나리오를 관찰할 것을 제안했고, 수차례 그것을

* 현실과 동시에 펼쳐지는 여러 개의 또 다른 현실들.

조사했다. 엄마와 자녀의 관계를 살펴보며, 견디는 것 외에 아무것도 할 수 없어서 세상으로부터 달아나게 만든, 무정함을 넘어선 **잔인함**을 찾는 일에 몰두했다. 악은 꼭 인간이나 인간과 비슷한 형상으로 만들어지지는 않는다. 우리 사이에 존재하긴 하지만.

인간 고통의 씨앗

우리 인간은 사랑이 넘치는 존재로 태어난다.

엄마 뱃속은 아기에게 편안하고 완전하다. 아기는 그렇게 완벽한 천국에서 아홉 달을 보낸다. 임신 기간에 아기는 새 생명으로서 장애나 방해 없이 발달하는 데 필요한 영양분과 충분한 피난처와 쉼터 등 모든 것을 얻는다.

그리고 마침내 우리는 이 세상에 나왔다. 만일 자기 성찰을 한 여성이 태어날 아기와 **융합된** 친밀한 관계에서 출산할 수 있다면, 갓 태어난 아기들은 사랑이 넘치는 편안한 상태에서 보호받을 것이다. 아기들은 수중 상태에서 공기 중으로 빠져나와 엄마 팔에 안겨서 호흡을 시작할 것이다. 무방비 상태에 놓인 피조물로서 필요한 보호와 돌봄을 받는 한 아기들은 **태어난 본래 모습대로 사랑을 하게 될 것이다.**

실제로 엄마 품에 안겨 모유를 먹는 신생아를 관찰해본 사람이라면 **행복한 상태에 있는** 아기의 눈보다 **더 사랑에 빠진 눈이 없다는** 것을 느꼈을 것이다. 사랑과 순수함이 가득한 눈빛, 그것은 순수한 사랑이다.

단, 이런 사랑을 지켜본 증인이 많지 않다는 게 안타까울 뿐이다. 우리는 갓 태어난, 즉 방금 완벽한 천국을 버리고 나온 생명체가 계속 행복한 상태에 있지 못하게 방해한다. 그들이 천국을 계속 누리기 위해서는 무엇이 필요할까? 유년기에 같은 경험을 해본 엄마가 필요하다. 비록 외부 세계와 단절된다고 해도 아이가 요구하는 많은 사랑을 그대로 받아들이고 **계속 안아주려는 자발적이고 본능적인 욕구를 느끼는 엄마** 말이다.

엄마가 신생아의 정서적 융합 욕구를 잘 받아주고, 외부에서 벌어지는 일을 합리적인 기준으로 계산하지 않고 본성대로 해결하기 위해서는 먼저 합리적인 세계관에서 벗어나본 엄마여야 하고, 그런 엄마에게서 자란 아이가 출산해서 엄마가 되어야 한다. 많은 세대 여성들이 내면 깊은 곳에서 전달되는 여성의 지혜를 얻어 자발적으로 자녀를 키우기 때문이다.

그러나 우리 중 누구에게도 '그 일'은 일어나지 않았다. 우리 엄마도 자기 생각과 편견, 신념을 버리지 않았고, 엄마의 엄마도 내면의 자유를 찾지 못했다. 오히려 정반대였다. 더 멀리 갈 것도 없이 바로 윗대 계보만 봐도 억압과 권위주의, 폭력과 경직이 가족 내부에서 흔한 모습임을 알 수 있다. 우리는 어렸을 때 이타적인 사랑을 경험하지 못한 채 엄마가 되고, 자녀를 키우면서 똑같은 행동을 할 수밖에 없다.

우리는 여성이 출산 과정에서 벗어나려 하고, 신생아를 내버려 둔 채 돌보지 않으며, 자신의 본모습에서 멀어진 원인을 생각해볼 수 있을 것이다. 적어도 우리가 사랑받지 못한 채 살아가도록 만들어진 게 아니라는 사실만은 확신할 수 있다. 우리는 **사랑을 받으며 살기 위해** 태어났다. 사실, 아기들은 자연적으로 사랑이 넘치는 존재로 태어나, **충분히 돌봄을 받으면서 사랑할 수 있는 능력을 갖춘다.** 그러나 출생 순간에 사랑을 받지 못하면 근본적인 무언가가 끊어진다.

가부장제 외 참고 기준 부족

가부장제 문명이 이전 문명의 증거들을 보존하지 않았기 때문에 우리에게 벌어졌던 일을 이해하는 과정에서 자주 어려움이 발생한다. 인류는 수십억 년 전부터 존재했다. 그러나 다른 나라, 다른 문화를 가진 인간 집단의 역사에 대한 지식적 접근은 아주 제한적이다.

가부장제 이전에 투쟁이 아닌 **연대책임**을 바탕으로 한 역사가 있었다는 사실은 흥미롭다. 오늘날에는 가부장제 이전 문화에 관해 별로 알려진 바가 없다. 전쟁의 흔적이나 기록이 없는, 기원전 7천 년에서 4천 년 사이에 발달한 사회에 대한 정보가 거의 없다. 그때는 여성도 종교의식에 참여할 수 있었고, 묘지도 성별이나 계급에 따른 차이가 없었다. 동식물계가 서로 조화를 이루려고 애쓰는 문명이었다. 모두가 함께하는 일에 참여하는 것 자체가 가장 큰 기쁨이 되는 집에서 사는 것은 어땠을까? 자연을 지배하는 대신 자연과 조화를 이루며 사는 것은 어땠을까? 지금은 상상하기조차 힘든 일이다. 가부장제 이전 문명에서 **사랑은 일상적인 일**이었다. 그러나 지금은 전쟁이 우선이고, 사랑은 특별히 추구해야 할 대상이 되었다.

알려지지 않은 과거에 오래 번영했던 시기를 설명하는 고고학적 발견이 있다. 수천 년간 그 사회들은 남성의 지배와 계급, 폭력 없이 발전했다. 여성 신神들이 있었던, 지금 우리 사회와 매우 다른 양식으로 만들어진 고대 사회들이었다. 당연히 신성한 힘의 가장 원시적인 표현은 여성적이었다. 오래전부터 인간은 여성의 몸에서 생명이 나오는 것을 지켜보았기 때문이다. 따라서 우주를 생명과 돌봄을 주는 여성으로 이해했다. 여성을 복종하는 존재가 아닌 생명력을 주는 능력과 힘이 있는 존재로 보았다. 이런 관점으로 볼 때 고대 사회에서 여성은 남성을 지배했다고 보기는 어렵다. 다른 이유가 아니라 **지배 개념 자체가 아직 없었기 때문**이다. 하지만 다양한 사회를 연구할 때 가부장적 사고를 바탕으로 하게 되면 '누가 누구를 지배했는지'를 가장 먼저 찾는다. 그 결과 여성들이 중심인 사회를 '모계 중심 사회'

라 하며, 여성들이 지배하는 사회 체계가 존재할 거라고 잘못 생각했다. 하지만 그것을 확인할 만한 증거를 찾지 못했고, 결국 그런 사회는 존재하지 않는다고 결론을 내렸다.

문제는 지배의 논리 밖에서 이루어지는 지적 접근이 매우 제한적이라는 사실이다. 우리 사회와 다른 문명에 대해 신뢰할 만한 근거가 부족하다면, 그중 **가장 믿을 만한 증거**, 즉 이 **세상에 갓 태어난 아기들**을 참고하는 편이 낫다.

가장 믿을 만한 기준, 인간의 본모습

인간 행동에 관한 모든 가설의 출발점은 지금도 지구 어딘가에서 태어나고 있을 아이들이다. **모든 아이는 같은 욕구를 갖고 태어난다. 사랑하고 사랑받으려는 욕구이다.** 아이는 자궁 안에서와 같은 돌봄을 받기를 원한다. 그리고 모든 아이는 **엄마의 돌봄**을 원하는 기본욕구를 울음으로 표현한다. 당연히 행복한 상태에서는 평온하다. 우리가 언어를 습득하기 전에는 문화나 의견이 선악에 영향을 미치지 않는다. 우리는 각자 자기 **본성**^{nature}**과 연결된 채** 태어난다. 이것은 모든 인간의 본모습이다. 따라서 아이는 어른이 언제 엉뚱한 길로 **빠졌**는지 알려주는 존재이다.

탄생은 마법 같은 일인 동시에 평범한 일이 되어야 한다. 아이가 좋은 상태로 태어나고, 엄마는 여성의 본모습대로 아이를 반기고 돌보고, 만져주고, 보호하고 영양을 제공한다. 이것이 본모습이다.

그러나 우리 문명에서 중요하게 여기는 또 다른 목적이 있는데 바로, 정복이다. 정복하려면 전쟁에 능숙하고 무자비하며, 민첩한 전사들이 필요하다. 아이들이 상관에게 순종적이고 전쟁에 능한 군인들이 되기 위해서는, 즉 우리 개인의 목적과 본모습을 잊기 위해서는 엄마와 사랑스럽게 연결된 정서적 영역에서 벗어나야 한다.

어떻게 하면 그렇게 될까? 아주 간단하다. 그저 **신생아가 보호받지 못하도록 엄마 몸에서 떼어놓기만** 하면 된다.

가부장제 논리

제도마다 저마다 논리가 있다. 우리가 태어나면, 엄마 뱃속에서 아홉 달 동안 누렸던 편안함과 따뜻함, 부드러움, 익숙한 심박수, 감싸주는 팔, 안정을 주는 말과 보살펴주는 몸, 젖을 통한 영양을 기대하고 원한다. 그러나 예상과 반대로, 움직이지 않는 빈 요람 속에 혼자 있는 불쾌한 상황과 마주한다. 우리는 이런 반대 상황 앞에 무엇을 할 수 있을까? 두 가지 방법이 있다.

첫 번째는 거의 아무것도 하지 않는 방법이다. 죽음의 위험을 무릅쓰고 수동적으로 있는 것이다. 그렇게 우리는 **피지배자**가 된다. 두 번째는 필요한 것을 얻기 위해 반응하고 대립하며 싸우는 방법이다. 이런 상황에서는 강한 '발톱'을 세울 기회를 절대 잃지 않는다. 그러면 우리는 자연스럽게 **지배자**가 된다. 아기도 공격적으로 반응할 수 있을까? 물론 할 수 있다. 우리에게는 타고난 생존 본능이 있기 때문이다. 어쨌든 아기가 엄마의 보호를 받지 못해 위협적인 상황에 놓이면 수동적(피지배자)이거나 공격적(지배자)이 된다. 그러다가 순간순간 삶이 힘들고 불리하다는 것을 알게 된다. 그렇게 우리는 전사가 된다. 위장한 채 용감하게 생존을 위해 계속 싸워야 한다는 것을 명심하고 노력한다. 우리는 혼자 있지 않고, 죽지 않기 위해 방법을 찾아야 한다는 것을 안다.

우리는 왜 전사들을 원할까? 전사가 있어야 강자가 약자를, 어른이 아이를, 남자가 여자를, 강대국이 약소국을 지배할 수 있기 때문이다. 또, **전사가 있어야 가부장제가 존재할 수 있기 때문**이다. 우리는 세대에 걸쳐 가부장제를 보장하는 체계를 원한다. 이 체계는 우리가 태어나는 순간 시작된다. 엄마와 분리된 신생아가 남자라면 전사가 되고, 여자라면 미래 전사를 낳는 자가 된다.

그렇게 단순하면서도 잔인한 방법이 **사랑하는 능력과 사랑에 대한 욕구를 갖고 태어나는** 인간들 사이를 더 멀어지게 하고, 그로 인해 우리의 공허감은 두려울 정도로 커진다. 이것은 인간 본모습에 대한 **배신**이다. **인간은 태어날 때부터** 보호와 영양, 사랑을 기대하며 순수한 **사랑을 하는 능력을 갖추고** 태어난다. **삶을 시작할 때는 사랑만이 유일한 생존 방법이기 때문**이다. 지속적인 신체 접촉과 영양,

심장박동, 움직임 등 엄마의 자궁 속에서 자연스럽게 경험했던 것들을 더이상 받지 못한다는 충격은 아기에게 매우 크다.

따라서 아기들은 본모습에 충실하기 위해 끊임없이 더 자연스러운, 안락한 상태로 돌아가려고 한다. 과연 그 목표를 이룰 수 있을까? 아기들은 목표를 이루기 위해 지칠 때까지 울고, 아프고, 집 안팎에서 사고를 일으킨다. 그러다가 어떤 아기들은 결국 차츰 적응한다. 만일 우리가 어렸을 때처럼 아기의 관점으로 이런 장면을 본다면, 우리 본질과 너무 안 맞는다고 느낄 것이다.

우리가 커서도 이런 상황은 나아지지 않는다. 따라서 우리는 계속 생존 도구들을 예리하게 다듬어간다. 다듬어나가는 방법은 각기 다르지만, 우리 모두 생존 도구들을 가지고 있다. 실제로 세상은 위험해서 경계를 늦추지 말아야 한다. 어떤 아이들은 상대가 누구든 공격하는 법을 익힌다. 엄마의 가슴을 물기도 하고 다른 아이들을 물고, 침을 뱉고 때리고 상처를 입힌다. 또 어떤 아이들은 계속 몸이 아프다. 어떤 아이들은 엄마 말을 잘 들으면 사랑과 인정을 받는다는 희망의 비밀을 잘 따르기로 마음먹는다. 또, 어떤 아이들은 극심한 외로움의 고통을 느끼지 않으려고 과도하게 먹거나 끊임없이 청각이나 시각적 자극을 찾는다. 많은 아이가 생각 속에 숨고 감정적 부분을 멀리하거나 접촉하지 않음으로써 모든 고통의 흔적을 무감각하게 만든다. 이렇게 자라면 지적이지만 냉소적이며 냉담하고 비판적인 청소년이 될 것이다.

이제 우리는 엄마 배에서 나왔을 때부터 지금 모습이 되기까지 우리에게 무슨 일이 벌어졌는지 알아보려고 한다. 즉, 우리는 **인간 고통의 씨앗**을 찾을 것이다. 첫 호흡이 시작된 그 마법 같은 순간부터 유년기 내내 외로움과 무관심이 쌓이면 무정한 행동을 할 수밖에 없다.

생태적 재앙

우리에게 일어난 가장 고통스러운 일은 엄마와 함께하지 못하는 고립무원의 상태를 경험한 것이다. 여기에서는 어린 시절 아버지에게 당한 위협과 구타, 폭언, 굴욕, 체벌, 속임, 신체적 혹은 감정적 학대들은 다루지 않는다. 이런 일은 어린 시절 대다수가 겪는 흔한 일이기 때문이다.

어린 시절 엄마와 가까이 있을 수 없다는 것은 **아주 큰 생태적 재난**이다. 만일 모유와 포옹, 애정, 신체 접촉, 부드러운 말, 사랑스러운 눈빛, 부드러움과 이해와 애정이 가득한 표현 등 엄마로부터 받아야 할 영양을 흡수하지 못하면, 이후 신체적 또는 영적인 삶의 발달이 멈출 수밖에 없다. 그 결과 여아들의 신체 활동이 멈추거나 억제되면 우리 자손 대에 무서운 결과를 초래할 것이다.

전사들은 지배에 꼭 필요한 연결 고리이다. 다른 사람보다 우위를 차지하는 사람들의 숫자가 많지 않으면, 우리 문명이 지배를 지속할 수 없기 때문이다. 정복 문화를 위해서는 계속 미래 전사를 키워내야 한다. 이것이 **엄마 몸에서 아이들을 분리하는** 주된 이유이다. 따라서 수 세기의 역사가 소수의 의지로는 변하지 않는다는 사실을 인정하고 **집단행동** 틀 안에서 **개인행동**을 관찰하는 게 타당하다. 그리고 원칙적으로 **우리와 자손들을 위해 어떤 문명을 선택할지** 결정해야 한다.

신생아를 엄마 품에서 떼어놓는 일은 단순한 사건도, 우연도, 실수도 아니다. 편견 가득한 생각으로 주문 외듯 같은 방법을 반복하면서 체계 내에서 같은 상황을 유지하면, 전체적인 관점이 변화할 기회는 오지 않는다. 엄마는 계속 몸에 붙어 있는 아이들을 불편해하고 사람들(남성과 여성)은 여성들이 자녀를 품에 안고 다니는 것을 참지 못하며 고통스러워할 것이다.

너무 잔인한 말이지만 방금 엄마 배에서 나온 아이는 원하는 만큼의 사랑을 받지 못한다. '아이가 언제까지 이럴까? 어디까지 할까?' 이것은 그런 어린 시절을 보낸 결과 무능한 아이의 모습을 하게 된 어른들이 자주 하는 질문이다.

아기들은 필요하지 않은 것을 요구할 능력이 없다. 필요하지 않은 것을 요구한다는 것 자체가 말이 안 된다. **어린 시절에 잔인함을 경험한 아이가 어른이 되면 차가운 심장을 갖게 되고, 아이는 원래 요**

구하는 것을 받을 권리가 없는 존재라고 주장한다. 어른의 눈에는 별일 아니더라도 아이는 큰 충격을 받는다. 그렇게 어른의 무정한 행동 때문에 고립무원을 경험한 아이는 나름대로 생존 방법을 만든다.

이것은 우리 집단의 치명적인 현실이다. 우리는 유년기를 빼앗겼고, 이제는 아이들의 유년기까지 훔치려고 한다. 이 말이 과장일까? 절대 아니다. 솔직히 우리가 어렸을 때 어른들이 요구한 규칙들을 어느 정도 따랐는지 살펴보면, 아이들이 우리에게 과도하게 하는 요구들이 옳지 않다고 생각할 수밖에 없다. 어차피 따를 수 없기 때문이다.

누구 말이 맞을까? 신뢰할 만한 기준이 없다면 계속 다시 **인간의 본모습**으로 돌아가야 한다. 그렇게 하면 아이의 요구가 우리가 어렸을 때 했던, 아직도 채워지길 바라는 그 요구와 관련이 있다는 확신이 들 것이다. 아직도 보상을 바라는 **어린 시절 아이 같은 모습의 우리와** 지금 우리 팔에 안겨 편안함과 만족을 기대하는 실제로 존재하는 아이 **사이에 싸움**이 있는 것은 분명하다. 그렇다면 누가 이길까? 과거에 사랑받지 못한 것에 앙갚음하려는 어른이다. 왜 어른인 우리는 만족하지 못할까? 왜 우리 아이들을 몇 시간이고 울게 두고, 고통스러운 적응을 강요하며, 좋은 교육 규칙에 그토록 집착할까? 우리는 여전히 자신의 정서적 현실을 잘 모른다. 시나리오 전체를 안 보고, 자기 유년기를 살펴보지 않았다. 따라서 엄마의 사랑에 배고팠던 어린 시절처럼 지금도 여전히 영양분을 바라고 있다는 것을 모른다. 그것이 문제임을 인식하지 못한다면, 결코 우리가 책임지는 아이가 긴급하게 필요로 하는 것을 우선순위로 생각하지 못한다.

우리가 어렸을 때 찾은 생존 방법과 지금 아이들이 얻으려고 애쓰는 생존 방법은 별로 큰 차이가 없다. 이런 자발적인 전략들은 이미 출간된 다양한 책, 특히 『휴먼 바이오그래피』, 『엄마가 한 말이 모두 사실일까』, 『사랑인가 지배인가: 가부장제의 폐해』에서 설명했다. 하지만 이 책에서도 가장 자주 나타나는 전략들과 **평행현실** 증가부터 정서적 생존을 위한 메커니즘에서 드러내는 전략들을 다시 다룰 것이다.

만일 우리가 전사로 가득한 문명을 만들고 있다면 각 전사의 어머니에 주목해야 한다. 그 여성들의 모습을 살펴보자. 여기에서 진짜 슬픈 장면은 엄마 몸과 떨어져 있는 아이가 아니라, **스스로 자녀에게 애착을 느끼지 못하는** 엄마들이다. 내가 볼 때는 그것이 우리 **문명의 진짜 재난**이다.

우리는 어렸을 때부터 일찌감치 감정을 억제하고 내적 기록을 감추며 직감과 욕구에 대한 모든 징후를 거부하는 법을 배웠다. 고통에 아파하지 않기 위해 스스로 자신과 멀어진 아이가 오늘날 어른이 되었다. 여성의 경우 그런 냉담함을 경험하고 엄마가 되면서 **자기 속으로 낳은 자녀들에게 연민과 애착**을 느끼지 못하게 되었다.

이런 상황에서는 애착 이론을 공부해도 소용없다. 모든 아기는 세상에 나와서도 엄마 뱃속과 똑같은 환경에 있기를 원한다. 이것은 모든 포유류의 특징이다. 진짜 문제는 애정 결핍을 경험한 엄마들이 **신생아에게 애착하는 자연스러운 본능을 왜곡하면서** 이 고통을 겪지 않기 위해 정서적 욕구를 무감각하게 만든다는 것이다. 이런 과정이 계속 쳇바퀴 돌 듯 반복된다. 탄생과 엄마 몸에서 멀리 떨어짐, 고통, 냉담한 반응, 피상적인 정서적 관계 또는 무감각한 관계, 그리고 출산 과정이 계속 반복된다. 출산의 순간 우리는 자녀와 유대관계를 맺는 데 헌신할 수가 없다. 따라서 육체적, 정서적으로 아이를 거부하게 된다. 그렇게 **모성 본능**의 단절이 구체화된다.

엄마가 **절대 아기를 몸에서 떨어뜨리지 말아야 한다고 느끼면, 아무도 떨어뜨리라고 강요하지 않을 것이다.** 그러나 아기와 친밀한 관계를 맺기 위해서는 먼저 우리의 **초기 유년기 경험을 알아보는 게** 중요하다. 단순히 좋은 생각을 하는 것만으로는 부족하다. 그런 과거 기록은 지난 일이고, 지금은 유년기에 겪은 무정함에 대응할 다른 방법이 있음을 깨닫고 과거의 고통을 제대로 바라볼 의식적 기록이 필요하다.

우리가 간직하고 있는 유년 시절 기억은 행복한데, 나는 왜 우리가 엄마의 사랑을 충분히 받지 못했다고 확신할까? 지금 우리가 자녀의 '과도한' 요구를 참지 못하기 때문이다. 어떤 면에서 '과도한 요구'라고 할까? 이미 이전 책들에서 다 설명한 개념이지만, 유아기 욕구는 가장 먼저 채워져야 한다. 하지만 우리는 자녀의 요구들을 기분 좋게 받지 못한다. 특히 우리가 줄 수 있는 모든 것을 자녀들에게 다 주기 위해 노력할 때 기분이 그리 좋지 않고 자녀의 요구가 심하다고 느낀다. 그런데도 우리가 무엇을 더 해야 할까? 자녀들을 완벽하게 양육하거나 뭔가를 더 해주자는 게 아니다. 전혀 아니다. 대신 우리가 세상에 나왔을 때 기대한 부분과 엄마가 우리에게 해준 부분의 **차이**를 용감하게 살펴봐야 한다는 이야기다. 이것은 우리 본질과 정서적 생존 메커니즘의 차이에 다가가는 일이다. 그리고 내적 잠재력과 배역을 분리하는 일이다.

내적 기록과 속이는 말의 차이

우리는 자녀를 생각하면서 우리가 그들을 이 세상에서 가장 사랑한다고 확신한다. 그러나 **모성애 결핍 수준**을 알아보기 위해서는 **우리 유년기**를 다시 살펴보고, **어렸을 때의 관점**을 회복해야 한다. 그러고 나면 지금 우리 아이들의 관점을 이해할 수 있을 것이다.

엄마가 한 말

우리는 모두 모성애 결핍을 경험했다. 그러나 **모성애**란 무엇인지 그 개념을 이해하기 어렵다는 게 문제이다. 모든 엄마가 최선을 다해 자녀를 사랑한다. 따라서 그 사랑의 크기를 예측할 때 그것은 엄마 관점에서 자녀에게 주었다고 느끼는 사랑의 크기가 아니다. 모성애를 확인하기 위해서는 자녀의 관점에서 어렸을 때 엄마에게 받은 사랑과 그때 느낀 결핍에 관한 이야기를 동시에 확인해야 한다. 여기에는 엄마와 엄마의 엄마, 또 그 위의 엄마까지 거슬러 올라가면서 나타나는 이야기도 포함된다. 그런데 이렇게 해서 진짜 범인을 찾을 수 있을까? 못 찾는다. 찾을 수 없을뿐더러, 누가 범인인지는 중요하지도 않다. 우리는 가족들의 이야기를 통해 사랑을 주고받는 일에 대한 고통, 외로움, 무지가 각 세대 또는 이전 세대와 비교해 얼마나 증가했는지 알아야 한다.

우리가 기본적으로 필요한 엄마의 사랑과 돌봄을 받지 못한 가정에서 자랐음을 깨닫는 것은 지금 우리가 겪는 어려움, 즉 감정의 전쟁과 우울, 중독, 질병 등을 이해하는 첫 번째 단서이다. 가장 중요한 것은 지금 우리에게 일어나는 일이 아니라, **어렸을 때 애정 결핍**이 있었다는 사실을 깨닫는 것이다.

나는 계속 **우리 유년기**를 살펴보는 일에 독자들을 초대할 것이다. 그러지 않으면 현재 견해들을 우선시하고, 자기만의 안경을 쓰고 보기 때문에 각 시나리오의 본질이 흐려진다. 강조하지만, 우리가 참고할 중요한 기준은 어린아이이다. 물론 우리가 편안한 아이일 수도 있고 아닐 수도 있지만, 그것이 중요한 게 아니라 우리 본래의 자연적 특수성으로 돌아가는 게 중요하다. 우리는 좋고 나쁘다는 주관적 평가를 하지 않기 위해 인간의 본모습을 객관적으로 찾을 것이다.

문제는 우리가 세상에 태어났는데, 엄마의 몸에 붙어 있지 못해서 기대만큼 편안하지 않다는 것과 그로 인해 우리가 하는 자연스러운 반응을 엄마가 골치 아픈 일이라고 부른다는 사실이다. 물론 우리에게는 요람에 누워서 울던 때나 자기표현을 시작한 시기에 대한 의식적 기억이 없다. 그러나 유년기 내내 **엄마가 우리에게 했던 말**은 그대로 믿는다. 우리가 울보거나 고집이 세거나, 약하거나 겁이 많거나, 우리 잘못으로 엄마가 거의 죽을 뻔했다는 말들은 잘도 기억한다. 그러나 대부분 **엄마가 한 말은 우리의 내적 사실과 일치하지 않는다.** 이 개념은 다른 책 『엄마가 한 말이 모두 사실일까』에서 설명했다.

여기에서 바로 평생 가는 오해가 시작되었다. **엄마가 한 말은 우리에게 벌어진 일과 일치하지 않는다.** 그러나 우리는 어렸을 때 우리에게 벌어진 모든 일을 정리할 때 엄마(또는 길러준 사람)가 그 상황에서 썼던 단어들을 사용한다. 만일 우리가 두려워하면, 엄마는 우리가 감정을 과장하여 허풍을 떤다고 표현하고, 그 감정(두려움) 때문에 우리는 '과장하는 사람'이 된다.

내적 기록(자발적이고 자연스럽지만, '만들어진 것'이라고 할 수도 있다)은 우리의 **본질**을 지키고 이어주는 유일한 끈이다. 그래서 매우 중요하다. 그것은 모든 경험에 관한 섬세한 정보이다. **만일 엄마가 한 말이 우리 내적 기록과 일치하지 않으면, 재앙이 생긴다.**

이것이 왜 그렇게 심각한 일일까? 그 이유는 자신을 이해하고 주변 환경과 우리를 연결하는 데 가장 정확한 방법이 바로 **내적 기록**

이기 때문이다. 다른 말로는 '상식' 또는 '개인 기준'이라고 할 수 있다. 그 신비한 '기준'은 우리가 어디에 있든 무엇이든 잘 분별하고 제대로 결정하게 해준다. 그러나 만일 시야가 좁거나 한쪽이 깨진, 고장 난 안경을 쓴 엄마가 한 모든 말 때문에 생긴 **왜곡된 현실**에 집착한다면, 내적 경험을 **엄마가 한 말에 맞추지** 못한다. 그러면 그 부조화를 유지하기가 너무 힘들어서 결국 내면과 연결된 섬세한 끈인 내적 기록과 연결을 끊어버리게 된다. 그렇게 중요한 그 끈을 잃어버리면 영원히 감정적으로 취약한 상태, 즉 상처받기 쉬운 상태가 된다.

프랑수아즈 돌토와의 기억

엄마의 속이는 말이 얼마만큼 폐해를 끼치는지 그 범위를 알기 위해서는 아이가 아직 말을 할 줄 몰라도 모든 것을 이해할 수 있다는 사실을 염두에 두어야 한다. 소아과 의사이자 정신분석가인 프랑수아즈 돌토*의 말에 따르면, "인간의 이해력은 임신된 날부터 죽는 날까지 똑같다."

나는 부에노스아이레스에서 청소년기를 보낼 때 돌토의 책을 알게 되었다. 후에 파리에서 오랜 망명 생활을 하는 동안 그 유명한 '메

---

* *Françoise Dolto*(1908~1988). 라캉과 함께 프랑스를 대표하는 정신분석가이다.

종베르트(*Maison Verte*, 초록 집)'에서 그녀가 다양한 사람들을 중재하는 과정을 듣고 볼 기회가 많았다. '메종베르트'는 파리 15구 건물 1층에 있는 넓은 장소였다. 그곳은 매일 오후 0세에서 3세 사이 아이들이 엄마나 정서적으로 친밀한 친척과 동행하여 함께 놀면서 상호 관계를 맺을 수 있도록 문을 개방했다. 요일마다 전문가 세 명이 함께했는데, 월요일에는 늘 프랑수아즈 돌토가 자리를 지켰다. 나도 수년간 내 아이들과 그곳에 다니면서 그녀가 엄마들에게 하는 자연스럽고 솔직한 말에 주의를 기울였다.

자연스럽게 흘러나오는 그녀의 말과 행동은 나에게 강한 인상을 남겼다. 그녀는 엄마들과 대화를 한 후에는 아이들에게 다가갔다. 그리고 '복잡한' 일이든 아니든 상관없이 엄마들에게 했던 것처럼 아주 단순한 단어를 사용해서 아이들과 이야기를 나누었다. 당시 20대였던 나는 그녀의 말을 이해하는 아이들의 얼굴을 지켜본 증인이다. 일단 아이들이 실제로 일어나는 일에 대한 **진실**을 알면 어떻게 어려운 상황을 엄마와 함께 지나갈 수 있는지를 보았다.

그 당시 나는 수많은 내적 확신 중 하나에서 뿌리를 찾았으며, 엄마들이 전문가의 중재 없이도 자녀들과 진실하고 열린 마음으로 대화할 수 있는 효과적인 방법을 찾고 싶었다. 40년이 훌쩍 넘어버린 지금은 엄마와 자녀가 서로 쉽게 다가가는 방법론을 체계화하려고 노력하고 있다.

무엇이 진실일까?

진실은 항상 내게 중요했다. 내가 엄마 아빠들을 상대로 일을 시작했던 초반에는 어른인 우리가 아이들에게 진실을 말해야 한다고 강조했다. 아이들은 그것을 이해할 뿐만 아니라, **정서적 융합** 속에서 과거, 현재, 미래 시간과 상관없이 엄마의 모든 느낌과 감각 또는 감정을 자신의 것으로 알고 살아가기 때문이다. 아이가 **알고 있는 내용**을 부정하는 것보다 더 어리석은 일은 없다. 그러나 아이가 **아는 내용을 구성하려면 어른 중재자의 말이 필요하다.** 물론 일상생활에서 벌어진 일을 있는 그대로 이름 붙이는 것보다 좋은 것은 없다. 예를 들어, 부모가 일 때문에 자녀를 집에 두고 나가야 한다면, 아이가 다른 곳에 정신이 팔렸을 때 말없이 도망치는 것보다는 "지금 일하러 갔다가 저녁에 돌아올 거야"라고 말해주는 게 좋다. 왜일까? 만일 아이가 다른 곳에 정신을 뺏길 때마다 엄마가 사라진다고 생각하게 되면, 절대 딴 곳을 신경 쓸 수 없고, 조금만 정신을 팔아도 안 좋은 일이 벌어질 거라고 생각하게 되기 때문이다. 아이는 그런 자기 논리에 따라 더 정신을 바짝 차리기 위해서 노력할 것이다. 그러나 아이가 잘 몰라서 벌어진 이 일과 습관에는 사실과 다른 말이 붙는다. "얘는 경계심이 심해. 엄마가 눈에 안 보이기만 해도 없어질까 봐 겁을 내거든." 또, 사람들은 말한다. "이 아이는 과보호를 받고 있군요. 이미 모든 것을 혼자 처리하고도 남을 나이에요. 엄마가 없을 때마다 울면

안 되는 나이인 거죠. 더 늦기 전에 빨리 규칙을 정해줘야 해요." 대부분의 규칙적인 가정에서는 이런 일이 비일비재하다.

나는 그런 왜곡들과 논란이 있는 해석들, 실제 벌어진 일과 그것을 표현한 말을 밝혀내고, 그런 일들이 거의 날마다 벌어지는데도 우리가 미치지 않는 게 기적임을 증명하고 싶다. 왜냐하면, **왜곡된 현실 해석**, 이것이 바로 **광기**이기 때문이다. 실제로, 우리는 벌어지는 상황을 실제와 다르게 부르는 것에 익숙하다. 이것이 바로 우리가 어린 아이로 살았던 방식이다. 지금도 우리가 심각하게 생각하지 않고 그 시스템을 계속 사용한다는 것이 큰 고민이다.

우리는 아이를 멍청하다고 생각하거나 어른의 일은 아이가 알 필요가 없다고 생각한다(그러나 내가 볼 때 아이들은 모든 것을 안다. 적어도 **엄마와 같은 감정 영역 안에서 경험**하기 때문이다). 그리고 아이들이 존재 자체로서 느끼는 분명한 사실을 부인한다. 여기에 더 복잡한 일도 있다. 만일 우리가 아이들에게 진실을 말하고 싶다면, 그 진실이란 과연 무엇일까? 진실을 어느 정도 말해줘야 할까?

진실은 우리가 생각하는 게 아니다. 우리 의견이나 가치 체계가 아니다. 아주 훌륭한 도덕이 진실을 만드는 것도 아니다. 그것은 다른 사람들에 대한 우리의 견해가 아니다. 우리에게 벌어진 일을 말하는 것도 아니다. 개인적인 일에 대해서는 눈에 보이는 대로 편향적인 해석을 할 수밖에 없기 때문이다. 한편, 우리가 어렸을 때 엄마는 우리가 질릴 때까지 계속 뭔가 말을 해주었다. 하지만 우리가 엄마에 관해 알고 있는 모든 말은 속이는 말이다. 그렇다면?

모든 관점 통합하기

여기에서 더 복잡한 문제가 생긴다. 만일 우리가 **내적 진실**에 접근할 수 없다면 어떻게 진실을 말할 수 있을까? 결국, 진실이란 무엇일까? 한마디로 가능한 한 넓게 **시나리오**를 보는 시선이다. 그렇다면 **시나리오**란 무엇일까? 자체 규칙이 있는 영역, 즉 영토, 역사적 순간, 가족, 공동체에는 다수의 배역이 참여한다. 배역마다 시나리오를 갖고 있는데, 눈이 가려져서 부분적인 상황만 본다. **진실에 가깝게 접근한다는 말은 어떤 시나리오가 되었든 배역들끼리 주고받으며 유지하는 논리를 찾을 때까지 모든 관점으로 전체 상황을 바라본다**는 뜻이다.

이런 넓은 관점을 연극 작품에 비교할 수 있다. 만일 우리가 어떤 **배역**을 보고 우리와 같다고 느낀다면, 그 배역이 하는 대사에 집중하고 그 배역 편을 들 것이다. 그러나 그렇게 하면 전체 줄거리 속에 있는 논리는 이해하기 힘들다. 한 배역만 보면 우리에게 필요한 모든 정보를 알 수 없어서, 그 작품 속에서 야기된 갈등의 해결책도 찾을 수 없다. 일상생활에서도 이와 같은 일이 벌어진다. 우리가 다른 사람의 관점과 전체 이야기, 갈등과 고통의 원인을 고려하지 않고, 오로지 우리 관점만 신경 쓴다면, 결국 아무것도 이해할 수 없다. 우리가 무슨 말을 하든 그것은 '**진실이 아닐 것이다.**' 그것은 두 눈을 감고 본 내용이기 때문이다. 우리는 그것을 '**속이는 말**', '부분적인 말'이라고 부른다. 우리는 어떻게 배역이 한 말이 진실이 아니라는 것을 알 수 있을까? 같은 줄거리 속에서도 배역마다 다르게 말한다. 종종 정반대로 말하거나, 둘 사이에 모순이 생긴다. 결론적으로 개인적 관점과 의견, 생각만으로 하는 주관적 해석이 있고, 그것과 달리 배역을 지탱하는 논리 안에서 전체적으로 바라보며 진실에 다가가는 해석이 있다.

우리 문화는 **넓은 영역**이나 큰 그림을 보는 데 익숙하지 않다. 어떤 일에 맹목적으로 찬성하거나 반대한다. 따라서 자기 진실에는 거의 접근하지 않는다. 전체 **시나리오**를 이해하지 못하면, 어떻게 자신에게 벌어진 일을 다른 사람과 나눌 수 있을까? **진실**에 대해 무슨 말을 할 수 있을까? 자신의 진실을 찾지 못하면서 어떻게 다른 사람의 내적 진실에 접근할 수 있을까? 자기 안에 일어나는 일을 이해하지 못하면서 어떻게 다른 사람 안에서 일어나는 일을 알고, 느끼고, 깨닫고 경험할까? 그 다른 사람이 어린 자녀라면, 어떻게 해야 자녀가 느끼는 것을 같이 느낄 수 있을까?

이 질문에 우리가 사랑 많고 신중한 부모라고 성급하게 대답하기 전에, 먼저 우리 유년기에 있었던 일들을 우리 엄마가 알았는지부터 살펴봐야 한다. 우리를 고통스럽고 두렵게 한 일과 숨겨진 욕구가 무엇인지 찾을 때까지 질문하면서 의식적이고 열린 마음으로 그 말을 들었던 장면들을 찾아보자. 과거로 돌아가서 엄마가 우리의 살갗과 닿아 있었는지, 공격자들로부터 지켜줬는지, 가는 길을 평평하게 닦아주었는지, 애매한 감정을 명확한 단어로 표현해줬는지, 사춘기로 들어서는 길을 도와줬는지, 중요하지만 잘 모르는 상황에서 사랑으로 함께해주었는지 확인해보자. 엄마가 우리의 복잡한 문제를 말로 쉽게 표현하거나 감정 지능을 위해 연민과 연대의식을 품고 장애물을 극복하라는 말을 해준 적이 있는가? 그런 적이 없는가? 좋다. 그렇다면 우리 시나리오의 의식적인 영역을 계속 찾아가야 한다. **가족의 속이는 말**만 따라가면, **자기 진실**을 함께 나눌 수 없을 것이다.

자신에 관해서 하는 생각이 진실이 아니라면, 과연 진실은 어떻게 알 수 있을까? 우리에게는 **믿을 만한 로드맵**이 필요하다. 그래서 나는 '**휴먼 바이오그래피**'라고 부르는 개인 탐구 방법을 제안한다. 물론 이것이 신뢰할 만한 유일한 방법은 아니다. 그러나 심리학 영역은 그 명성이 과장되었다. 실제로 심리학 영역에서 **진리의 편에 서서** 아무런 편견 없이 자유롭게 일하는 전문가는 매우 적다. 즉, 가능한 한 큰 안경을 쓰고 논리적인 **시나리오**에 다가가려는 전문가들이 많지 않다. 이것은 좋고 나쁨의 문제가 아니다. 공정과 불공정을 말하는 것도 아니다. 그저 우리의 삶과 다른 이의 삶을 바꾸려고 하기 전에,

'어떻게 그런 일이 벌어졌는지'를 이해해야 한다는 뜻이다.

　전통적 심리학의 영역 밖에서 우리 자신을 알 수 있도록 도와주는 다양한 도구와 안내서가 많다. 실제로 인간의 삶을 세워가는 데 도움을 주는 종교와 도덕은 어느 시대나 모든 문화에 존재한다. 하지만 우리는 위대한 스승들이 전해준 규칙과 교훈을 일상생활에서 거의 잊고 산다. 왜 그럴까? **우리가 어렸을 때 필요한 사랑을 받지 못했기 때문이다.** 그것은 최악의 배신행위였고 우리 대부분은 그것을 극복할 수 없었다. 무엇보다도, 우리에게 일어난 일이 아이의 영혼에 끔찍한 일이라는 것을 몰랐다. 우리는 그것을 이해할 수 없었다. **우리 엄마의 생각이 달랐기 때문이다.** 엄마는 본인이 어렸을 때는 더 힘들고 안 좋은 일을 겪었다고 생각했다. 그것이 사실일까? 그렇다. 하지만 우리가 어렸을 때, 엄마는 이미 어른이었기 때문에 자신을 이해하고 다음 세대에 애정 결핍의 결과를 물려주지 않을 기회가 분명 있었다.

　이제 어른이 된 우리가 윗대의 그 전통을 계속 이어가고 있다. 즉, 다음 세대에게 자신을 잘 알지 못하고 주변도 제대로 보지 못하는 상황을 그대로 물려줄 것이다. 그러면서 오늘날 아이들이 우리만큼 고통받지는 않는다고 확신한다. 오늘날에는 인터넷으로 어디든 연결하고, 더 많은 물건을 사고, 소셜 네트워크도 하고, 심지어 휴가를 가거나 다양한 활동을 하러 가는 차 안에서 텔레비전까지 볼 수 있다.

아이들에게 더 필요한 것은 없다. 정말일까? 이런 것들이 있다고 고통이 해결되는 게 아니다. 이것은 우리가 어렸을 때 겪은 애정 결핍으로 인한 고통을 회피하기 위해 자신에게 하는 고상한 거짓말이다. 지금 우리는 다음 세대에게 이런 공허함을 물려주지 않기 위해 지나온 과거를 다시 살펴봐야 한다. 실제로 누구라도 몰이해와 무정함, 상실감의 고리들을 끊어버릴 결단을 내릴 수 있다. 우리도 그것을 할 수 있다. 우리가 하지 않으면 우리 후손의 몫이 될 것이다.

내적 진실을 찾아서

세대들 사이의 앞을 제대로 못 보는 연결 고리를 끊으려면 무엇이 필요할까? 가장 먼저, 과거의 모든 일을 연민을 가지고 용기 있게 관찰하면서 **유년기의 고립무원 상태를 살펴봐야 한다**. 이때 그 누구도 비난하거나, 반대로 무조건 두둔해서도 안 된다. 고통의 모든 흔적을 찾을 때까지, 어른들(특히 엄마)이 한 말을 참고해서 우리 안에 있는 아이의 영혼이 어떻게 우리를 자신과 멀어지게 만들었는지 이해해야 한다.

엄마는 절대 우리에게 "네가 이렇게 울면서 다른 사람의 관심을 끌 만도 해. 솔직히 말하면 나는 네가 필요한 만큼 채워줄 수 없어"라고 말해주지 않았다. 오히려 "너는 너무 원하는 게 많아" 또는 "너는 변덕이 심해"라고 했다. 엄마가 한 이 말이 사실일까? 아니다. 이것은 엄마 자신의 채우지 못한 유년기 욕구와 정서적 구멍, 애정 결핍에서 나온 **주관적 견해**이다. 엄마도 여전히 도움이 필요한 상황이라면, 어떻게 우리의 욕구와 필요를 채워줄 수 있을까? 이것은 우리를 잘 이해하고 있어야 가능한 일이다. 과거의 정서적 현실을 인식하고 전체 시나리오를 넓은 눈으로 계속 바라보겠다는 결심을 해야 가능한 일이다. 그러나 그런 일은 전혀 일어나지 않았다. 불쌍한 엄마는 우리를 먹여 살리기 위해서 밖에서도 일해야 했기 때문이다. 따라서 엄마는 우리에게 그 책임을 전가했다.

결국, 이것은 누구의 책임일까? 바로 책임지겠다고 결단하는 어른들이다. 아이들은 뭔가를 책임지지 않는다. 아이는 어른의 돌봄에 의존하는 존재이기 때문에 무정함, 폭력, 외로움 또는 방치 상태에 기껏해야 자동으로 반응할 뿐이다. 이런 반응은 정서적 생존을 위해 태어날 때부터 가지고 있었다. 아이는 어른의 돌봄과 보호를 바라고, 그것을 받으면 부모 마음에 거부감을 주지 않는 범위에서 사랑스럽게 군다.

반대로 어른이 된 우리는 가장 먼저 **휴먼 바이오그래피**를 살펴볼 책임이 있다. **고통스러웠던 고립무원의 범위**를 살펴보면서 마치 퍼즐 조각을 맞추듯 상처 입은 아이 영혼에 맞는 경험을 표현할 새로운 단어들을 찾아야 한다. **휴먼 바이오그래피** 전문가는 내담자가 기억하지 못해서 말로 표현하지 못했던 장면을 간단한 단어들로 언급한다. 왜 내담자는 그것들을 기억하지 못할까? 아무도 그것을 말해주지 않았기 때문이다. 따라서 그 내용이 의식 속에 있을 수가 없었다.

순서가 있으면 기억이 만들어진다. 예를 들어, 많은 글자가 뒤죽박죽 섞여 있는 '단어 찾기 게임'의 그림을 보고는 단어들을 기억할 수 없다. 그러나 글자들을 순서대로 놓으면 단어가 되고, 그 단어를 순서대로 놓으면 문장이 된다. '정리된 구문'은 의미가 생겨서 기억할 수 있게 된다.

의식도 마찬가지이다. **순서가 없으면, 기억하지 못한다.** 실제로, 우리가 경험했지만 아무도 말하지 않은 장면(예를 들어, 어린 시절에 당한 성적 학대)은 기억하지 못할 수도 있다. 반대로 실제로 본 적 없지만, 누군가가 말한 장면(예를 들어, 우리가 알지 못하는 어떤 사람이 해낸 존경받을 만한 일들)을 직접 보았던 일로 기억할 수도 있다.

잘 훈련받은 휴먼 바이오그래피 전문가는 우리가 어렸을 때 의식 있는 어른이 해야 했던 역할을 맡는다. 우리가 다루는 내용이 마음속 진짜 느낌들과 **일치하는지** 확인하고, 단서를 찾을 때까지 **탐정 정신으로** 조심스럽게 자세히 질문한다. 전문가는 언급된 말이 사실인지 어떻게 알 수 있을까? 내담자가 곧바로 알아채기 때문에 가능하다. 틀림없이 **내적 기록**이 활성화되고, 다른 사람이 했던 말에 대한 확신이 늘 내면에 있었지만 논리적 순서가 없어서 이해할 수 없었던 느낌과 경험, 감정이 그 말과 딱 일치하기 때문이다. 이제야 정확한 이름을 갖게 되는 것이다. 그것을 끊긴 유대감 또는 두려움, 외로움, 사랑받으려는 욕구 등 다양한 이름으로 부를 수 있다.

우리가 어린 시절 애정 결핍 상태를 기억하고, 순서대로 정리하고, 관찰하고, 그 수준이 어느 정도인지 확인했다면, 그다음에는 무엇을 해야 할까? 급하게 바로 해야 할 일은 없다. 이제 막 **내적 진실**과 만났기 때문이다. 내적 진실은 진짜 경험들이 모인 것으로, **속이는 자아**가 그것들을 버리고 거절했다. 아마도 우리를 보호해준 배역과 맞지 않았기 때문이다. 예를 들어, 우리가 엄마의 구원자 배역을 맡아서 모든 집안일을 책임졌다면, 우리는 두려움이나 소심함을 드러낼 수 없었을 것이다. 어쩌면 그 두려움은 늘 우울함에 휩싸인 남동생에게 향했을 것이다. 우리는 두려움을 우리 그림자 속으로 보내고 엄마가 우리를 자랑스러워하도록 전쟁에 이기기 위해 세상으로 나왔고, 두려움과 관련된 어떤 장면도 기억하지 못할 것이다. 기억하지 못한다고 해서 위험한 상황이 없었다거나 아이로서 너무 견디기 힘든 어려운 일을 겪지 않았던 게 절대 아니다. 그 일이 있었는데도 기억하지 못한다면, 엄마가 우리에게 겁쟁이라고 하지 않고 용감하다고 말했기 때문이다.

유년기를 넓은 눈으로 살펴보면 분명 우리에게 더 좋은 순간이 올 것이다. 특히, 실제 경험과 들었던 말의 차이가 아주 컸다면 더 그럴 가능성이 크다. 우리가 그 사실을 인식하면 할수록, 어린 시절의 우리를 불쌍히 여길 수 있고 또 어느 순간이 되면, 다른 사람의 마음을 느끼기 위해 옳고 그름에 대한 편견이나 평가 없이 열린 마음을 갖게 될 것이다. 그 대상은 배우자가 될 수도 있고, 형제나 이웃, 자녀가 될 수도 있다. 다른 사람이 느끼는 것을 기꺼이 세미한 진동으로 느끼게 된다. 설령 상대가 우리가 느낀다는 사실을 인식하지 못한다고 해도!

정서적 친밀감과 흔한 장애물

유년 시절만 검토하면 할 일이 끝날까? 아니다. 그것은 첫걸음일 뿐이다. **휴먼 바이오그래피** 작성에 대한 방법론은 이전에 출간된 책 『휴먼 바이오그래피』를 참고하면 된다. 이 책에서는 특별히, 과거와 현재에 나타나는 삶의 **왜곡**을 강조하고 싶다. 실제로 어른들은 외부 현실에 아이들을 강제로 끼워 맞추는 동안 일관성을 주장하며 절망적으로 외치는 아이들을 전혀 신경 쓰지 않는다.

어른이 먼저 자기 진실에 다가가야만 아이도 자기 진실에 다가갈 수 있다. 그렇다면 어떻게 진실을 말해줄까? 아이들과 **정서적 친밀감**을 유지하면서 말해야 한다. 어떻게 그럴 수 있을까? 우리는 정서적 친밀함을 모르고 피상적인 관계를 맺으며 살았기 때문에 이런 질문을 할 수밖에 없다. 피상적인 관계를 맺는 것은 내적 경험과 어렸을 때 부모님에게 속았던 부분이나 언급되지 않은 말들 사이의 차이로 인해 스스로 미치지 않기 위해 선택한 아주 효과적인 방법이다.

다음 이야기를 살펴보자. '사라'에게는 태어난 지 열 달 된 아들이 있다. 그리고 시어머니는 최근 예후가 나쁜 뼈암 진단을 받았다. 신중과 조심은 시댁의 중요한 가치이다. 원래 집안 자체가 뭔가를 공개적으로 말하지 않는 분위기인 데다 그 병에 대해서는 더더욱 그랬다. 사라는 시어머니에게 애정이 많고, 치료 과정을 돕기 위해 시댁의 생활 방식을 존중한다. 아직 그녀는 아들에게 젖을 물린다. 그녀는 어린 아들이 이 가득한 슬픔을 겪으며 어떻게 살아갈지 의문이 든다. 사라는 무엇을 해야 할지 물어본다. 집안에서 벌어지는 일을 아이에게 말해줘야 할까? 그렇게 한다면 시댁의 뜻을 배반하는 것이 될까? 아들은 아직 어리다. 아직 아무 말도 못 해서, 이런 설명을 하든 안 하든 변하는 것은 하나도 없다. 그래도 아이에게 모든 것을 다 말해줘야 할까? 해준다면 어디까지 해야 할까?

단순하게 내 방식으로 보자면, 아이는 지금 엄마와 **정서적으로 융합되어** 있으므로 엄마의 슬픔과 분노, 고통을 느낀다. 아이는 엄마와 똑같이 느낀다. 같은 물속에서 같은 온도를 느끼고, 같은 장소에 있다. 아이가 이미 알고 있는 내적 경험을 정리할 수 있도록 벌어지는 일을 엄마가 분명한 단어로 말해주면 더욱 도움이 되겠지만, 이미 아이는 그것을 알고 있다. 아주 분명한 사실이다.

좀 더 넓게 보자면, 사라는 늘 입을 닫고 자기감정을 그림자 속으로 보내며, 내적 경험을 혼자 해결하고 아무도 말하지 않으면 절대 먼저 말하지 않도록 교육받아 그런 분위기에 익숙한 한 남자와 어느새 똑같아졌다. 적어도 그들 사이에 정서적 세상과 관련된 대화는 하나도 없다. 이제 사라의 **휴먼 바이오그래피**를 살펴봐야 한다. 그녀의 유년기와 **시나리오**, 그녀를 보호해준 **배역**, 그와 관련된 모든 규칙을 살펴보고 배우자와 맞춰가고 있는 부분도 알아볼 것이다. 천천히 그 둘의 침묵과 비밀, 말하지 않은 진실, 정서적 거리감이 나타날 것이다. 그들이 함께 만든 **시나리오** 법칙과 과하게 친밀할 때 발생하는 위험과 자기 내면에 너무 깊이 들어가지 않고 평정심을 유지하는 태도를 넓은 눈으로 보고 이해해야 한다. 둘 다 각자의 고통과 상실감을 그림자 속으로 보냈지만, 아마도 서로 자세한 내용은 절대 말하지 않았을 것이다.

여기까지는 그래도 훌륭하다. 그들 사이에는 큰 어려움 없이 조화롭게 잘 자란 건강한 아들이 있다. 그러나 사라에게는 지금까지 자신의 어두운 부분에 들어가거나, 인식하지 못한 현실을 들추어내서 바로 잡을 기회가 없었다.

각설하고, 사라는 시어머니의 질병 소식이 아이에게 미치는 영향을 궁금해한다. 그녀는 이미 내 책을 많이 읽었기 때문에 이론적으로는 자녀가 진실을 알 권리가 있다고 생각한다. 그리고 논리적으로 그

의견에 동의한다. 그러나 실제로는 아들과 그 경험을 나누고 싶어 하지 않는다. 왜 그래야 하는지도 모를뿐더러 나눠야 한다면 어떻게 해야 할지도 모른다.

여기에 중요한 부분이 있다. 우리에게는 정서적인 부분을 **친밀하게 나눈** 구체적인 경험이 없다. 그리고 우리에게 일어나는 일이 우리에게는 일어나도 다른 사람에게는 일어나지 않는다고 착각한다. 그러나 우리 생각보다 우리는 훨씬 더 정서적으로 많이 엮여 있다. **정서적 융합**은 살아 있는 모든 사람에게 나타난다. 특히, 엄마와 아이 사이에 정서적 융합이 가장 크게 나타난다. 왜냐하면, 그들의 관계가 절대적이고 완전하고 전체적이기 때문이다. 따라서 아이는 최근에 벌어진 일에만 영향을 받는 게 아니라, 더 많은 일을 느끼고 있다. 아이는 우리가 기억하든 기억하지 못하든 우리의 모든 경험 안에 있다. 이 사례에서 나타나는 침묵과 나누지 못한 고통, 질서가 사라질 것 같은 두려움, 질병의 출현 또는 고통의 반응으로 나타나는 정서적 거리감 등 모든 감정은 우리를 진실에 다가가게 해준다.

그래서 사라는 아들에게 친할머니가 지금 아프다고 말을 해줘야 할까? 그것은 별로 중요한 게 아니다. 그것은 모든 조사에 도움이 되는, 전체 시나리오를 만드는 진실의 고리 속 작은 진실에 불과하다. 사라가 할 수 있는 것은 전체 시나리오를 넓게 바라보는 일이다. 그렇게 하면 자연스럽게 **진실 속에서** 살아갈 수 있을 것이다. 그리고 그녀는 시어머니의 질병에 관해 아들에게 말해줄 것이다. 또 그녀의 두려움과 열망, 희망, 고통도 말해줄 것이다. 왜냐하면, 모두 다 그녀의 일부이기 때문이다. 어린 아들은 친밀하고 열린 마음속에서 의식 있는 사람으로 자랄 것이다. 다시 말하면, 자신뿐만 아니라 엄마와 이웃, 학교 친구들까지 넓은 정서 상태를 구체적인 말로 표현할 수 있게 될 것이다. 그렇게 **내적 진실**에 다가가는 일이 일상 습관이 될 것이다.

광기의 구성

미친 채로 태어나는 아기는 없다.

모든 정신 이상은 **후천적으로 나타난다.** 즉, 어렸을 때 우리에게 **무슨 일이 일어났고,** 그 일에 우리가 어떤 식으로 반응했는가를 보여 주는 것이다.

광기는 정의하기 어려운 개념이다. 광기, 즉 미쳤다는 게 무슨 뜻일까? 원칙적으로는 **왜곡된 현실 접근**을 뜻한다. 만일 우리가 어떤 사람이 우리에게 커피를 대접할 때, 그 안에 독을 타서 우리를 죽일 거라고 생각한다면, 주위에 있는 사람들은 우리를 미쳤다고 할 것이다. 그 커피 성분을 분석했는데 독성이 전혀 없고, 살인 동기도 없다면 더욱 그럴 것이다. 그런데도 우리는 그 커피를 마시면 위험하다고 굳게 믿는다.

물론 정신질환으로 진단하는 증상의 범위는 아주 넓다. 그러나 나는 순수하고 건강하게 태어난 사람의 정신이 어떻게 '미치게 되는지'를 설명하는 데 관심이 있다. 앞으로 설명하겠지만 그런 다양한 병의 진단은 정신질환자 주변 사람들을 진정시켜 주는 것 외에는 큰 도움이 안 된다. 우리는 그런 사람을 가두거나 멀리 떨어뜨려놓는 것만이 우리를 법적으로 보호하는 방법이라고 생각한다.

아이들의 정서 강도*

앞에서 말했듯이 우리 문명에서는 **아홉 달 동안 엄마 뱃속에서 느낀 절대적 편안함과 같은 엄마의 보호와 헌신, 사랑을 누리는 신생아를 만나기가 매우 어렵다.**

우리는 태어나서 바로 엄마 품에 안기지 못하며, 그녀의 관심을 끌기 위해 하는 중요한 반응들(울음, 외침, 질병 또는 피부 발진)이 오히려 역효과를 일으킬 때가 많다. 안아주지 않을 뿐만 아니라, 실제 상황과 전혀 다른 말로 우리에게 벌어진 일에 이름을 붙이면서 우리를 괴롭힌다. 우리는 커가며 엄마에게 이런 말을 들을 수 있다. "넌 멍청해", 좀 더 좋게 말하면, "넌 참을성이 없어" 또는 "이제 다 컸으니 동생 좀 돌봐. 너는 크고, 동생은 어리잖아" 또는 "너는 과보호를 받고 있어"라는 말들. 결국, 이 모든 말은 **엄마의 속이는 말**이다. 엄마는

---

* *Emotional intensity.* 정서를 경험할 때 느낌이나 반응의 크기.

우리의 내적 현실과 접촉하지 않고 윗세대에서 전달한 선입견과 편견들로 만들어진 이런 말로 우리를 혼란스럽게 한다. **사실과 다른 말들이다.** 우리가 멍청했다는 것은 사실이 아니다. 어린 동생이 있다고 우리가 다 큰 것도 아니다. 우리에게 필요한 모든 것을 얻었다는 것도 **사실이 아니다.** 우리가 과보호를 받은 것도 물론 아니다.

초기 유년기부터 엄마가 했던 말들은 사실이 아니다. 그런데 우리는 어른들의 말을 통하지 않고서 우리의 **실제 현실**에 접근하기가 어렵다. 이런 일은 비일비재하다. 지금부터는 일반적인 가정에서 일어나는 일을 살펴보도록 하자.

아이가 태어나면 엄청난 강도로 우리에게 정서적인 요구를 한다. 당연히 엄마인 우리는 출산 후에 바로 자녀를 사랑해주고 싶지만, 자녀의 엄청난 정서적 융합 요구에 지치고 겁을 먹는다. 왜일까? 모든 정서적 영역에서 사랑받지 못하고 외로움과 폭력, 학대를 경험한 여성들이 엄마가 되었으니, 또다시 그런 **고통을 받지 않기 위해 아이를 냉담하게 대할 수밖에 없다.** 그렇게 수년간 우리는 정서적으로 충분한 거리를 두며 살아가기 위해 노력했다. 덕분에 그동안 일을 하고 좋은 부부 관계도 유지해왔다. 그러나 엄청난 사랑을 요구하는 어린 자녀가 생기자 혼란에 빠졌다. 그런 엄청난 요구를 하는 자녀에게서 달아나고 싶어진다. 어렸을 때 사랑에 굶주렸던 기억이 떠오르기 때문이다. 어떤 엄마는 자녀와 한집에 있으면서도 감정적 또는 신체적으로 아이와 떨어져 있거나 달아나려고 애쓴다. 또 어떤 엄마는 자녀를 학대하기도 한다. 이유는 단순하다. 그들의 요구를 참을 수 없기 때문이다.

폭력은 순간순간 일어난다. 물론 지속적인 폭력은 우리 윗세대, 아주 오래전부터 있었다. 지금 누구를 비난하려고 이런 말을 하는 게 아니다. 우리 시나리오의 현실을 좀 더 넓게 바라보려는 것뿐이다. 나는 어린 시절 경험하는 **최악의 폭력은 보호받지 못한 폭력**이라고 확신한다. 조금 다른 반응을 보인다고 해도 우리는 이런 **폭력을 계속 이어가는 사람이 된다.**

과연 어떤 것이 약한 폭력이고 심한 폭력인지 정의할 수 있을까? 정의할 수 없다. 일반적으로 구타와 몽둥이질, 체벌, 살인처럼 눈에 띄는 형태를 폭력으로 정의하지만, 방치와 굴욕, 불신, 우울처럼 눈에 잘 띄지 않는 형태도 폭력이다. **폭력은 그냥 폭력일 뿐이다.** 이런 내용은 내 책 『보이지 않는 중독과 폭력』에 더 자세히 나온다.

아이들은 사랑이 넘치는 존재로 태어나기 때문에, 어떤 형태의 폭력이든 감당할 준비가 안 되어 있다. 어릴 때 참기 힘들 정도로 학대당하면 적대적 환경에 있는 것보다 죽는 게 낫다고 생각하게 된다. 그리고 늘 그런 것은 아니지만, 종종 그런 상황과 **단절해버린다.** 어떤 식으로 단절할까? 간단하다. **실제로 일어나는 일을 일어나지 않는 일**이라고 결정한다. 거기에 엄마가 확실한 도장을 찍어준다. 일어나는 일을 일어나지 않는 일로 여기면, 그런 게 **현실 왜곡**이 아닐까? 그것이 광기가 아닐까? 만일 그렇다면 우리는 모두 다 미친 게 아닐까? 아마 그럴지도 모른다.

특정 학대를 참지 못하는 사람과 다양한 메커니즘을 이용해 학대에 적응하는 사람 사이에는 미묘한 차이가 있다. 참을 수 있는 폭력과 참을 수 없는 폭력 사이에도 차이가 있다. 그러나 누가 4단계 폭력, 15단계 폭력, 또는 100단계 폭력을 구분해 말할 수 있을까? 왜 어떤 아이들은 96단계 폭력을 참는데, 어떤 아이들은 47단계 폭력도 참지 못할까?

어떤 아이들은 아주 예민해서, 엄마가 폭력을 행사할 때 그 고통을 참지 못한다. 그런 경우 분노로 반응한다. 엄마의 폭력은 잔인한 행위이다. 나는 **아주 민감한** 아이를 **너무 잔인하게** 대하면, 매우 비참한 결과가 생긴다는 사실을 발견했다.

드러난 절망

0세에서 7세까지 아이는 아주 많이 운다. 아이들은 지금 화가 난다, 학교에서 무슨 일이 있었다, 고양이가 너무 무섭다, 할아버지에게 상처를 받았다, 혼자 있는 게 정말 무섭다, 창문 뒤에 괴물이 있는 것 같다, 이불 속에 숨어 있던 모기가 물었다, 선생님이 소리를 질렀다, 죽는 꿈을 꾸었다, 체해서 음식이 넘어가지 않는다, 음식을 먹어 배가 아프다, 집에 있고 싶다, 때리는 친구와 놀고 싶지 않다, 너무 절망스럽다, 그냥 안아줬으면 좋겠다 같은 말을 하기 위해 수많은 방법을 동원한다. 그렇게 표현해도 아이는 학교에 가야 하고, 고양이들 사이를 지나가야 하고, 할아버지와 잠을 자야 하고, 종종 혼자 있어야 하고, 괴물을 막아주는 사람도 없고, 아무도 모기를 없애주지 않고, 선생님의 보호를 받지 못하고, 접시 위의 음식을 무조건 다 먹어야 하고, 안길 방법을 모른다. 지난 일요일에 버스에서 짜증내서 부모한테 혼이 났는데, 그로 인한 절망으로 모자라 처벌까지 받았다. 지금은 가족들과 밥도 안 먹고, 텔레비전도 못 보고, 방에서 혼자 오래 있다. 아이는 커가면서 점점 말수가 적은 사람이 된다. 학교에서 친구가 없다. 그저 아무도 귀찮게 하지 않는 전자 게임이나 하며 자신을 가두고 싶어 한다. 고립되어 가족의 일에 관심도 없고, 부모는 아이를 그저 멍청하다고만 생각한다. 원하는 것은 최신 게임기뿐이다. 그러나 부모는 절대 사주지 않을 것이다. 벌을 받고 있기 때문이다. 열세 살인데 할아버지 집에 두고 가겠다는 어른들의 협박을 들으면 울화가 치민다. 하지만 더는 예전의 아이가 아니다. 키가 160센티미터가 되었다. 우리는 옷과 신발을 바닥에 내던지고 아무도 가까이 오지 못하도록 발로 바닥을 쾅쾅 찰 수 있다. 이렇게 분노가 치밀어서 하는 행동을 삼촌이 목격하고 의사에게 전화한다. 의사는 정신과 의사에게 전화를 걸었고 우리는 **정신병 시작이라는 진단**을 받고 먹어야 할 약 목록을 받아 집으로 돌아왔다. 엄마는 이제 내 행동에 대한 답을 얻었기 때문에 비정상적으로 평온하다. 이제 엄마는 우리에게 벌어지는 일을 정당화할 수 있는 구실을 찾았다. 엄마가 내린 결론은 '우리가 아프다'이다. 아파서 어른들의 말을 듣지 않고 고분고분하지 않았다고 결론 내린다. 그 설명 덕분에 엄마는 이제까지 그렇게 바라던 평온을 얻었다. 자, 이제 다 됐다. 엄마는 우리가 약물치료를 받는 덕분에 더이상 말썽을 참지 않아도 될 것이다. 그것은 단순한 말썽이 아니라 '정신병'이기 때문이다.

문제 해결! 그렇게 미친 사람 하나를 더 만들어냈다.

아무도 더 깊이 그 상황을 들여다보지 않았다. 태어나는 순간 아무도 우리를 안아주지 않았고, 자라면서 우리가 방치된 것을 아무도 느끼지 못했고, 우리가 태어나지 말았어야 했다는 엄마의 말을 아무도 듣지 못했고, 엄마의 동의를 얻어 진흙투성이·막대기로 우리를 때렸던 아버지를 아무도 보지 못했다. 아버지가 다른 여자를 만나서 생긴 분노를 엄마가 우리에게 풀지 않도록 그녀를 위로하는 사람이 아무도 없었다. 아무도 엄마가 평생 단 한 번이라도 사랑스러운 말을 하도록 돕지 않았다. 아무도 방법을 배우지 못한 엄마에게 아이를 잘 대하는 법을 조언하지 않았다. 아무도 엄마에게 결점과 성급함, 무례한 태도를 돌아보라고 말해주지 않았다. 학교나 동네에서 아무도 우리에게 무엇을 하고 싶은지 물어보지 않았다. 절망 가운데 있는 우리를 아무도 달래주지 않았고, 오히려 어른들은 우리에게 버릇이 없다고 야단쳤다. 그래서 우리는 어른의 폭력과 호통, 발차기에 저항했다. 정신과 약이 우리를 진정시켜 줄 때까지.

우리의 본질과 정신과 약 사이의 전쟁

정신과 약은 우리의 생명력을 빨아들인다. 힘을 빼놓고 둔하게 만들고 때때로 기절도 시킨다. 약을 먹으면 적어도 다른 이들에게 위협적인 존재가 되지 않는다. 그리고 학계에 따르면 자신에게 하는 위험한 일도 멈추게 된다. 이런 효과를 내는 데 유일한 위험 요소가 있다면 그것은 바로 우리 존재 깊은 곳에서 생기는 **내적 목소리의 힘**이다. 우리는 사랑받기를 갈망하며 분노와 절망에 사로잡혀 있다. 그 것은 우리가 지르는 비명인데, 마치 다른 사람을 놀라게 하려는 것처럼 보인다. 그러나 그 누구도 과거 우리가 집 안에서 당한 폭력에는 놀라지 않았다.

한번 **정신병 진단을 받으면**, 우리는 친구들 사이에서 불쌍한 사람이 되어서 사춘기를 보낸다. 모두가 우리를 '아픈 사람'이라고 여기기 때문이다. 그리고 우리도 자신에게 너그러워진다. 스스로 '아픈 사람'이라 생각하기 때문이다. 계속 정신과에 다니면서 다른 사람들이 해주는 말을 따르고, 내면의 불안함을 최소화해야 한다고 생각한다. 그런 내적 '공격들'이 우리 광기의 원인이라고 여기기 때문이다. 이것은 말도 안 되는 소리이다. 그런 오래된 관습은 우리만의 유일한 내적 확신을 버리고 외부 목소리, 즉 부모님과 의사와 예절을 따르라고 요구한다.

정신과에 간다고 깊은 만남이나 대화, 자기 이해가 이루어지지는 않는다. 그 누구도 엄마가 이제까지 우리에게 했던 학대, 즉 그녀의 분노나 화를 조사하지 않는다. 우리 시나리오를 넓게 보도록 초대하는 것 같지도 않다. 비인간적인 절차에 따라 몇 가지 질문을 한 다음, 약물을 변경하거나 이미 복용하고 있는 약물 용량을 늘린다. 모든 것을 통제하면서, **사랑받지 못한 비통함과는 전혀 관계없는** 조처를 한 후에 다음 달 상담을 예약한다.

종종 흥미로운 일이 벌어지기도 하는데 약이 잘 듣고 익숙해진다. 그렇게 멍청한 상태가 아닐 때도 있다. **정서적으로 정상인 상태**가 살짝 다시 나타나기도 한다. 이런 작고 미묘한 틈새를 통해 분노, 사랑받고 싶은 강한 욕구, 인정받고 싶은 욕구, 정확하게 표현할 말은 찾지 못했지만 실제로 벌어졌던 일을 사방팔방 소리치고 싶은 욕구가 다시 올라온다. 그래서 우리는 다시 반응을 보인다. 우리가 살아 있다는 사실을 증명하기 위해 평범하지 않은 행동을 한다. 1층에서 떨어지고, 기차 승객들에게 미친 사람처럼 소리 지르고, 창문 밖으로 지나가는 성형수술한 여성들의 얼굴을 비난한다. 또, 큰 목소리로 소리를 지르고, 미친 듯이 깔깔거리며 웃고, 우리 신발을 노숙자들에게 선물로 주고 맨발로 돌아오기도 한다. 그러면 새로운 정신병의 출현이라는 또 다른 진단을 받게 된다. 그렇게 다시 갇히고 새로운 약을 먹는다. 격리당해서 더 외로워지며 이해받지 못한다. 더 나아가 자신을 믿을 수도 없고 약물 없이는 살 수 없다고 생각하며 처방된 모든 약을 다 먹지 않으면 외출도 겁낸다. 사춘기를 지나는 **예민한 아이들은 미친 사람이 되기가** 더 쉽다. 어렸을 때는 강제로 침묵을 당했지만, 이제 소리칠 만한 힘이 생겼기 때문이다.

정도의 차이가 있겠지만, 우리 모두 학대를 당했다면, 왜 모두 정신이상자가 되지 않았을까? 한 가지로만 대답할 수는 없는 질문이지만, 탐정의 심정으로 수많은 **휴먼 바이오그래피**를 관찰한 결과 거기에 영향을 끼치는 중요한 요소들을 발견할 수 있었다.

첫째, 엄마의 잔인함 수준
둘째, 엄마의 말과 자녀의 내적 경험의 차이
셋째, 아이의 예민함 수준
넷째, 자신과 환경 사이의 모순을 표현하고자 하는 아이의 생명력
다섯째, 체념하거나 폭력에 적응하는 것을 거부하는 아이의 의지

이런 변수들이 **시나리오** 속에 있어서, 겉으로 아이들의 과장된 모습이 나타나면(마트에서 떼를 쓰는 아이를 좋아하는 어른은 한 명도 없다. 아

이는 절대 사 주지 않을 초콜릿을 먹겠다고 계속 조른다), 어른들은 아이 안에서 뭔가 벌어지고 있고, 뭔가 잘못되고 있다고 생각한다. 그러나 **영화 전체**(평생 엄마에게 학대받고, 버려지고, 무시당하고 멸시받은 아이의 삶)를 살펴보는 대신, 마지막 장면(떼쓰기)만 볼 때가 많다. 그러고는 태도를 바꾸어야 하는 사람은 아이들이고, 이것이 어른들과는 전혀 상관없다고 생각한다.

광기인가, 사랑받지 못한 고통인가

오래전 내담자들과 직접 만나기 시작하면서 이 주제에 관심이 생겼다. 어떤 **휴먼 바이오그래피**를 보다 보면 정신분열증을 앓는 형제자매들이 나타난다. 예전에는 그냥 지나쳤던 증거 자료였지만, 이제 그럴 때는 어린 시절 **엄마의 잔인함**과 폭력을 충분히 확인하지 못했음을 깨닫고, 다시 관련 질문을 하면서 이런 혼란을 전체적으로 살펴본다. 그러면 꼭 이야기 중에 아주 심각한 폭력이 나타났다. 여기에서 정신분열증을 앓는 형제자매들과 같은 재난 속에서 자랐는데, 왜 그 내담자가 멀쩡해 보이는지에 대한 의문이 생겼다. 그래서 나는 수년 동안 **엄마의 잔인성**을 조사하고 내담자가 아주 무서운 장면들을 기억하도록 도왔다.

내가 경험한 일을 있는 그대로 말한다면, 아마 지어낸 이야기라고 생각할 것이다. 어쨌든 나는 내담자들의 형제자매가 정신분열증이라면 그것이 **잔인한 환경에서 살아남으려는 방법**이 아니었을까 의심했다. 대부분 그런 형제자매들은 **집에서 일어난 일을 알려주는** 중요한 인물이다. 그들은 **더 많은 벌을 받았고 억눌려 있었다.** 나는 전체 가계도를 그리면서 내담자가 그런 환경에서 일찍 빠져나왔거나, 감정을 최대한 **억누르고** 감정 영역을 **분리하며**, 모든 리비도를 정신 영역 쪽으로 돌리면서 보호받았다는 결론을 내리게 되었다. 다음 장들에서는 이런 메커니즘들을 설명할 것이다.

왜 나는 **엄마의 폭력과 잔인함**만 주장하고 많은 사람이 유년 시절 최악의 괴물로 기억하는 아버지들은 신경 쓰지 않을까? 왜냐하면, 아버지의 폭력은 이미 엄마가 어린 시절 내내 우리에게 말해줬기 때문이다. 따라서 그런 장면들은 잘 기억하거나 쉽게 인정할 수 있다. 즉, 그 말은 실제 사실과 일치한다. 굳이 **현실을 왜곡할 필요가 없다.** 엄마가 이미 "너희 아빠는 인간도 아니야"라고 말했고, 이것은 아버지의 몽둥이질과 일치하는 말이다. 하지만 엄마의 폭력은 **말로 하지 않았기** 때문에, **우리가 그것을 기억하지 못한다.** 엄마가 직접 우리에게 신체 폭력을 가하지 않았다고 해도, 아버지가 우리에게 그 분노를 풀도록 내어준 것 또한 마찬가지로 폭력이다. **아버지는 엄마의 동의와 전달, 지지가 없었다면 우리에게 폭력을 행사할 수 없었다.**

이유는 더 있다. 폭력은 고통이기 때문에 분노와 거부 또는 복수로 이어질 수 있다. 만일 그렇게 해서 우리 기분이 나아진다면 아버지를 증오할 수도 있다. 그러나 이 세상에서 유일한 신뢰의 대상이자 영양분을 주는 공급자인 엄마가 우리의 주요 약탈자라면, 정신은 그 상황을 견딜 수 없게 된다. 엉망진창이 된다. 균형을 잃고, 미치게 된다.

기쁨과 행복, 영양, 피난처, 보호, 부드러움과 연민의 근원인 엄마가 우리를 싫어하고, 멀리하고, 파괴하고, 죽이는 것은 **인간 본성과 정반대의 행동이다. 정신은 사랑과 무정함을 동시에 경험할 수 없다.** 따라서 **엄마가 우리의 주요 파괴자라면**, 자녀인 우리는 그 **상황과 자신을 분리하고 평행현실을 만들어내야 한다.** 우리를 사랑하는 엄마를 만들어야 한다. 그렇게 해서 엄마가 우리를 사랑하지 않는 장면이 나타나면, 그 사실을 왜곡하고 변질시켜서 그 상황을 진정시킨다. 이것은 **광기의 구조**를 이해하는 또 다른 방법이다. 광기는 **우리가 받고 싶었지만 받지 못한 엄마의 사랑과 돌봄 때문에 생긴 고통**이다.

여기까지 잘 따라왔다면, 정신과 처방약이 사랑받지 못해 생긴 고통을 진정시키고 잠재운다는 것을 알았을 것이다. 그 약은 통증은 완화하지 않고, 그저 순간적으로 무감각하게 만들 뿐이다. 문제는 우리가 진실에 다가가지 않는다는 점이다. 진실은 우리 엄마가 살아온 배경과 어렸을 때 당한 폭력, 자기 이해 능력 부족, 사랑에 대한 무지, 우리를 향한 무의식적 분노 등에 대한 전체적인 시나리오이다. 이것이 바로 첫 번째로 접근하는 진실이다. 이것으로 자기를 이해할 수 있고, 비로소 외부 현실과 내부 현실이 일치할 것이다. **두 현실**

이 일치할 때 정신은 안정을 찾는다. 일치하지 않으면 불안할 수밖에 없다. 정신질환 진단을 받은 청소년이나 성인에게, 개인은 내적 세계에 대해 확실히 알고 있지만 외부 세계가 그것을 왜곡하거나 다르게 해석하고 있다는 사실을 실제적인 단어로 표현해줘야 한다.

정신병, 정신분열 또는 그 비슷한 병을 진단받은 사람들에게 질문하거나 검사해보면, 유년 시절에 겪은 고통을 아주 솔직하게 말한다. 물론 그 사람이 삼사십 또는 오십 대라면, 그 사람 말을 믿는 것은 우리의 자유다. 특히 과장하거나 헛소리를 하는 것처럼 보이는 상황에서는 더 그렇다. 만약 그 사람이 말을 지어내고 있다면 어떻게 알 수 있을까? 수년간 약물치료를 한 이후에도 여전히 약을 많이 먹고 있는지 알아봐야 한다. 그리고 전체 시나리오의 논리와 그 사람이 하는 이야기가 일치하는 정도를 파악할 수 있을 때까지 전체 **휴먼 바이오그래피**를 살펴봐야 한다.

어린이나 청소년이 화를 내기 전 장면을 한번 살펴보자. 예를 들어, 후안 크루스는 아침마다 학교 가기 전에 떼를 쓰거나 화를 낸다. 제때 잘 일어나지도 않고 아침밥도 안 먹으려고 하고, 조금만 거슬리면 형제들을 때리고, 학교 가기 싫다고 엄마를 조른다. 학교에 안 가도 되면 말썽을 안 부리겠다고 하지만 엄마는 들은 척도 안 한다.

당연히 아이는 학교에 갈 수밖에 없다. 계속 안 가겠다고 버텼다가는 혼이 날 것이다. 엄마는 여러 상담가를 찾아갔고, 모두 아들에게는 엄격한 규칙이 필요하다고 강조한다. 몇 년이 흐른다. 아이는 여전히 학교에 가기 싫어한다. 월요일부터 금요일까지 아침 7시 30분에 학교에 갔다가 4시 30분에 집에 돌아온다. 절대 변하지 않는다. 엄마는 계속 아이를 상담가에게 데리고 간다. 당연히 아이를 위한 해결 방법을 찾으려고 애쓴다. 왜냐하면, 아무도 그녀에게 자신을 돌아보라고 조언해주지 않기 때문이다.

어떤 전문가들은 아이의 몸속에 호르몬이 과잉되어 생기는 증상이라며 운동을 시켜보라고 권하기도 한다. 그래서 축구와 농구를 시키기 위해 아이를 오후 7시까지 학교에 남게 한다. 아이는 학교에 있는 게 싫어서 수시로 엄마에게 조른다. 또 몇 년이 흐른다. 아이는 사춘기로 접어들었고, 여전히 학교에 가기 싫어한다. 학교에서나 밖에서나 친구가 없다. 왜냐하면, 다른 아이들이 볼 때 '어려운' 아이이기 때문이다. 교사들은 아주 문제없이 공부 잘하는 형들과 그를 비교한다. 엄마는 계속 더 좋은 방법을 찾으러 다니며 아들이 정상적이고 문제를 안 일으키는 청소년이 되기를 바란다.

그녀 생각에 아이에게는 부족한 게 없다. 정상적인 가정과 일하는 아빠, 자녀를 돌보는 엄마, 안정적인 경제 수준, 사립학교, 여름방학마다 바닷가에서 보내는 휴가, 또래 사촌들이 있는 친척들까지 부족한 게 없어 보인다. 이제 아이는 열다섯 살이 되었고 똑똑하다. 여전히 학교에 가기 싫다고 필사적으로 엄마에게 말하기는 하지만, 학교에서는 별문제가 없다. 어느 날 이모가 머리에 피가 날 정도로 스스로 벽에 머리를 박고 있는 그를 발견했다. 엄마가 다가가자 후안이 소리쳤다. "가까이 오지 마. 다 죽여버릴 거야."

엄마는 그동안 남편과 친척들, 교사들, 상담가와 의사들의 도움을 받아 무엇을 했던 것일까? 이제 분명 모두가 입을 모아 이 아이는 위험한 존재라고 결정하고, 뭔가 **누그러뜨리는** 처방을 시작할 것이다.

기존 사고에 집착할 것인가 아이를 진짜 이해할 것인가

여기서 잠깐 이야기를 멈춰보자. 후안 크루스가 약물치료를 받기 전, 이런 맞지도 않는 처방들을 언제 멈출 수 있을까? 엄마에게 어떻게 자기 상황을 알리고 이해시켜야 할지 몰라서 열다섯 살에 벽에 머리를 박고 있을 때를 포함해서 언제든지 가능하다. 그러니까 "후안 크루스, 학교에 가기 싫으면, 안 가도 돼!" 이 한 마디 말이면 충분하다.

이게 그렇게 힘든 일일까? 혹시 아이들이 가지 말아야 할 학교가 따로 있을까? 학교에 있는 시간을 좀 더 줄여야 할까? 더 기분 좋게 친구들을 사귈 수 있는 학교를 찾아야 할까? 아이의 말을 들어주는 것과 원하는 대로 해주는 것의 경계는 무엇일까? 너무 과잉 반응을 하는 것은 아닐까?

물론 엄마는 이보다 더 많은 생각을 했을 것이다. 이 책을 읽고 있는 독자들도 했을 생각이다. 똑똑한 아이가 학교를 그만둔다고 하면 모두가 미쳤다고 생각할 것이다. 분명 이치에 안 맞는 행동이라 여길 것이다.

흥미로운 점은 관습과 도움이 안 되는 경직성을 벗고 무언가를 하겠다고 생각하는 것이 말도 안 되는 일처럼 보이고, 태어난 순간부터 존재 깊숙한 곳에서 무언가를 외치는 아이와 동행하거나 동조하지 않고 함께 느끼거나 말을 들어주지 않으며 질문하지 않는 것이 자연스러운 일처럼 보인다는 사실이다. 우리는 이런 상황에 전혀 문제가 없다고 생각한다. 만일 아이의 기본적 욕구를 채워줄 수 있었다면, 아이에게 벌어진 일을 무시하지 않았다면, 아이가 말했던 일을 별일 아니라고 하지 않았다면, 이후에 안 좋은 많은 일을 피할 수 있었을 것이다.

물론 이 이야기는 전혀 특별한 사례가 아니다. 우리 주변에서 많이 벌어지는 일이다. 학교 가기 좋아하는 아이는 거의 없지만, 거의 다 학교에 간다. 이것이 **사회적인 분별력**을 따르는 것일까? 아니면 우리가 감지하지 못하는, 일반적 불균형으로 이어지는 집단적 이성의 상실일까?

다시 이야기로 돌아가보자. 그가 학교에 안 갔을 때 벌어질 수 있는 최악의 일은 무엇일까? 아무 일도 벌어지지 않을 것이다. 오히려 그렇게 해주면 아마도 엄마에게 사랑한다고 말할지도 모른다. 아니면 감동해서 울 수도 있다. 어쩌면 자신이 음악을 사랑하고 작곡 능력이 탁월하다는 사실을 발견할 것이다. 비슷한 취미가 있는 아이들이 모인 학교를 스스로 찾을지도 모른다. 학업을 중단하지 않고 대신음악 학교에 보내 달라고 요구할 수 있다. 어쨌든, 무엇이 되었든, 비극적인 일은 벌어지지 않을 것이다.

하지만 이런 일은 거의 일어나지 않는다. 왜일까? 좁은 고랑 속에갇혀 경직된 종교가 강요한 가짜 도덕과 복종 때문에 자기 영역에서벗어나기를 두려워하는 엄마의 휴먼 바이오그래피를 살펴보면 바로이해할 수 있다. 이럴 때 엄마는 무엇을 할 수 있을까? 먼저 자기 자신을 이해하기 위해 휴먼 바이오그래피를 따라가야 한다. 그래야 고통을 당하지 않으려고 닫아놓았던 자신의 마음과 생각을 열어볼 수있다. **엄마가 자신의 고통과 마주하지 않으면 아들의 고통도 느낄 수없다.**

후안 크루스의 사례는 그리 심각한 것도 아니다. 여기에서 심각한부분이 있다면, 우리가 이해받지 못했던 어린 시절에 어른들이 사용했던 것과 똑같은 기준에 따라 지금 우리 아이들을 이해하려 한다는사실이다. 엄마는 15년 동안 **아침마다 아이에게 소리쳤지만 아이가그 말을 듣지 않았다**고 주장하기보다 자신과 먼저 연결되어야 한다.아이가 약물치료를 받지 않을 유일한 방법은 학교에 가면 고통스럽기 때문에 가기 싫어한다는 단순한 증거를 인정하는 길뿐이다. 그러나 다른 아이들처럼 결국 후안 크루스도 약물치료를 받았다. 이런 일이 일으키는 **잔인함**이 얼마나 심각한지 독자들에게 잘 전달되었는지 모르겠다.

정신과 약물 복용

정신과 약물 복용이 개인 및 집단에 끼치는 영향에 관해 몇 줄 적으려고 한다. 오늘날은 심각한 진단을 받지 않아도 흔히 약물을 복용한다. 정신과 약물 복용이 놀랄 만큼 일반화되었다. 삶의 방식 중 하나라고 여기기 때문에 별로 크게 생각하지도 않는다. 잠을 자거나 깨려고, 기운을 내려고, 우울하지 않으려고, 고통스럽지 않으려고, 화를 내지 않거나 걱정을 없애려고 먹는 약은 일상이 되었다. 고통이 이해가 안 되면 (우리를 도와줄 도구를 갖고 있지 않은) 심리학자들을 찾아가는데, 이들은 다시 약물 복용법을 가르쳐주는 정신과 의사들에게 우리를 안내한다.

약물은 어떤 역할을 할까? 우리를 안정시켜서 잠을 재우고, 계속 잠잠하도록 마음을 편안하게 만들어준다. 그러나 그러기 위해서 **자기 내면과 연결을 끊어야 한다.** 이게 아주 심각한 일일까? 가끔 그렇지 않을 때도 있다. 실제로 많은 사람이 정서적인 부분을 멀리하며 살아간다. 직장에서 일하고 정돈된 일상생활도 하며 사람들과 피상적인 관계를 맺고 산다. 약을 먹는다는 티는 내지 않는다. 평범한 일상이라고 여기기 때문이다.

그렇다면 과연 무엇이 문제일까? 우리가 정서적 영역과 단절된 채 사느라 우리 안에 무슨 일이 벌어지거나 가까운 사람들(배우자와 자녀)이 정서적으로 어려운 일을 겪을 때 그 일을 감추거나 정리한 일부 기록만 보관한다는 것이 문제이다. 기록이 적을수록 정서적 영역에 대한 훈련도 줄어든다. 점점 마음의 문제를 잘 모르게 되고 마음이 궁핍해진다.

시나리오에서 특정한 일이 벌어질 기미가 보여도 전혀 감지하지 못하다가 폭탄이 터지고서야 깨닫는 경우만 아니라면, 그렇게 심각한 일은 아니다. 형제가 자살하고, 우리가 암 판정을 받고, 남편이 성폭력으로 직장에서 쫓겨나고, 자녀가 오랫동안 마약을 하고, 심각한 사고로 우리 삶의 길이 막혀버릴 때가 되어서야 깨닫게 되는 게 문제이다.

정신과 약물을 복용하는 게 너무 흔해서 모두가 과자 먹듯 쉽게 먹는다면, 어떤 이유든 진단받아서 오랫동안 약을 먹는 젊은이들은 불균형적으로 약을 먹는 경우가 많아질 것이다. 정신과 의사들을 제외한 대부분은 신처럼 우리를 재우는 그 색색의 알약 속에 무엇이

들어 있는지 잘 모른다. 여기에서 새로운 문제가 생긴다. **약은 해롭고**, 우리 몸은 그런 화학적 공격에 반응하면서 계속 새로운 약물을 요구하게 될 것이다.

마취 대(對) 정서적 접촉

어떤 종류든 병을 진단받은 내담자의 진실에 다가가기 위해서는, 즉 전체 **휴먼 바이오그래피**(어린 시절 시나리오와 이후 모든 반응)를 살펴보기 위해서는, 먼저 내담자가 **정서적으로 정상**인지 알아봐야 한다. 원래 맑은 정신이었다고 해도 **약물 복용을 하면 마비가 된다**. 따라서 우리가 할 수 있는 최고의 선택은 약물을 줄이고 자기 자신과 만나는 일이다. 일반적으로 이런 제안을 하면 지금 약물치료 중인 사람들은 혼란에 빠진다. 약물 복용을 줄이면 자기 안에 있는 괴물에게 잡아먹힐 거라고 생각하기 때문이다. 물론 어느 정도까지는 사실이다. 어린 시절 경험이 그때 겪었던 절망감, 소외감과 함께 여과 장치 없이 나타나기 때문이다. 이런 상황에서는 두려움을 느낄 수밖에 없다. 특히 치료 시에 얻었던 답변이나 도움이 부모와 의료 시스템 사이에 강력한 동맹을 바탕으로 이루어졌고, 그 결과 정서가 무감각해졌다면 더욱 그렇다.

우리는 어른이 되었지만, 정서적으로는 아직 어린아이에 머물러 있다. 따라서 스스로 미성숙하여 내면을 위해 해야 할 도전을 할 수 없다고 느낀다. 이것은 마치 약물 투여로 수년간 혼수상태에 빠졌다가 어느 날 눈을 떴는데, 한 번도 보지 못한 발전한 세상과 마주한 상황과 비슷하다. 그럴 때는 잠들기 전, 그때 그곳에서부터 다시 시작하는 법을 배워야 한다. 지금, 우리도 그렇게 해야 한다.

민감함을 줄이기 위한 방법

약을 끊으면 위험할까? 우리는 내담자에게 어떤 선택도 강요하지 않는다. 이제까지 약물치료 방법을 처방한 적이 없으며, 그것은 우리가 책임질 부분도 아니다. 상담하는 의사의 소견에 따라 각자가 선택할 일이다. 다만 자주 발생하는 위험 요소가 있다. 자주 건강 검진을 받으면서 오랫동안 약물치료를 받는 사람은 자신의 인식 기준을 참고하지 않고 다른 의견들만 옳다고 생각한다. 하지만 **휴먼 바이오그래피** 작성에 도움이 될 만한 부분을 찾고 현재를 이해하기 위해 과거의 진실을 알아보려고 할 때는 다른 사람의 기준이나 의견을 사용하지 않는다. 휴먼 바이오그래피 전문가는 무엇을 하라고 말해주지 않는다. 대신 자신만의 생각과 찾고 있던 내면의 진실을 만날 수 있도록 수많은 질문을 던진다.

과연 정신병 또는 정신분열증 환자가 약물에서 벗어날 수 있을까? 내가 볼 때 그들은 극도로 민감하고 아주 쉽게 고통을 느끼는 사람들이다. 문제는 진단이 아니다. 따라서 진단을 수정하라는 게 아니다. **문제는 약물치료다.** 약을 많이 먹는 상황이라면, 사랑이라는 복잡하고 광대한 부분에 어떻게 접근할까? 수년간 약물 복용으로 뇌가 많이 손상되었거나 약물의 영향 아래 있는데 엄마가 가했던 폭력과 전체 **시나리오**를 어떻게 살펴볼까? 자신을 **바보로 만든 잔인한 엄마에게 지금도 전폭적으로 의지하고 있다면,** 어렸을 때 엄마에게 받은 폭력을 어떻게 객관적으로 알 수 있을까? 정신 이상 진단을 받은 사람을 무능력자로 취급한다면, 그 사람이 자기 자신과 어떻게 만날 수 있을까?

일반적으로 이런 사람들(모든 잠재력이 **강한 생명력**을 갖고 다시 나타나는 청소년기부터 그런 진단을 받은 사람들)은 통제 아래에 있다. 즉, 더는 반응할 수 없을 정도로 충분히 **바보가 되어** 있다. 그들 중 많은 사람의 삶이 엉망이 되었다. 그들은 늘 쓸모없는 사람, 독립적으로 살 수 없는 사람, 공부나 개인적인 일을 할 수 없는 사람으로 취급받는다. 그들을 평생 스스로 아무것도 할 수 없는 어린아이로 취급하며 집에만 있게 하는 가정도 있다. 그들은 아이처럼 혼자 밖으로 나가지 못한다. 혼자서는 활동을 전혀 못 하거나 두려워한다. 그리고 아이처럼 엄마에게 복종한다. 아이처럼 엄마와 사소한 일로 싸운다. 정말 슬픈 일이다. 어떤 이들은 정신 병원에 입원해서 평생 최소 활동만 하면서 스스로 활동하기를 두려워한다. 많은 이들이 독립적인 삶을 살지 못하고 성생활은 물론 모든 면에서 책임감 있는 삶을 살지 못한다.

우리 주변, 형제자매와 사촌과 삼촌 중에 '아픈 사람'이라는 것 외에는 별다른 정보가 없는 사람들의 진실을 자세히 들여다보면, 폭력의 폐해와 잔인함을 두려워하는 예민한 사람들을 그저 전쟁터 밖으로 치우기 급급한 방법에 대해 새로운 시각을 갖게 될 것이다.

정서적 융합은 같은 물탱크 속에 있는 것

미친 사람들은 그저 무자비한 폭력을 참지 않고 영원히 입을 닫기 전까지 다른 사람들에게 그것을 알리려고 노력한 사람들이다. 부정함의 순간을 기억하는 그들은 방심한 사이에 그런 절망이 터질까 봐 계속 약을 먹는다. 어쩌면 그래서 우리는 미친 사람들을 겁내고 그들을 가두고 싶어 하는지도 모른다.

그렇다면 덜 심각한 진단을 받는 사람들에게는 무슨 일이 벌어질까? 특히 아이들에게서 특정 증후군이 갈수록 더 많이 나타난다. 어린 자녀들에게 그들의 내적 경험과 거리가 먼 이름들이 붙는다. 'ADD(주의력결핍장애)'와 'PDD(전반적 발달장애)'의 범주는 아이들을 이해하는 데 도움이 되지 않는다. 오히려 현상 그 너머를 보지 못하게 우리의 관심을 제한한다. 이런 진단을 내리면, 부모들은 더는 개별 질문을 하지 않고 그 진단 속으로 피한다. 대부분이 그렇다. 아이에게 뭔가가 나타난다면, 나타날 수밖에 없는 일이라고 여기기 때문이다. 아주 단순하다. 어렸을 때 아이에게 벌어지는 일은 부모, 특히 엄마에게 달려 있다. 아이에게 벌어질 수 있는 최악의 상황은 엄마가 아이의 상황을 느끼지 못하는 경우이다. 즉, 아이가 느끼는 일을 엄마가 자기 일처럼 느끼지 못할 때이다. 자기 일처럼 느끼지 못한다면, 그 일을 감지도 이해도 하지 못한다. 아이에게 일어나는 일에 관심이 없다. 엄마가 보기에는 터무니없는 일처럼 보이기 때문이다.

정서적 융합은 물이 가득 찬 물탱크와 같다. 엄마와 자녀는 늘 같은 물탱크 속에 있다. 만일 물 온도가 40도이고 둘 다 물속에 있다면, 그 열기를 같이 느낄 수밖에 없다. 둘은 같은 온도의 물속에 있다. 만일 이때 아이의 엄청난 정서적 요구에 겁을 먹고 물탱크에서 나와서 멀리 떨어져 있거나 더 나은 상황 쪽으로 달아난다면, 엄마는 아이가 물이 뜨겁다고 말해도 사실이 아니라는 듯 대수롭지 않게 반응할 것이다. 물이 차가울 때도 마찬가지이다. 결국, 엄마는 그것을 느끼지 못하기 때문에 원하는 것을 주장할 수 있다.

갈수록 아이가 물 온도에 대한 불평을 많이 하는데 엄마가 미덥지 못한 대답만 계속하면, 아이는 울고 거기에서 달아나고 싶어 할 것이다. 엄마가 가까이 와서 물을 만져보기를 바라며 뭔가 이상하거나 안 좋은 행동을 시도한다. 하지만 그렇게 해도 절대 원하는 일은 벌어지지 않는다. 엄마는 물 근처로 다시 오지 않고, 물을 만져보지도 않는다. 아이는 계속 물이 뜨겁다고 생각한다. 그래서 더 절망한다. 당연히 학교에서 수업 시간에 집중도 못 한다. 지금 다 죽게 생긴 상황을 엄마가 전혀 신경 쓰지 않는데 기하학이 다 무슨 소용이란 말인가? 당연히 선생님이 설명을 해도 별 관심이 없다. 과연 엄마는 아이가 하는 말에 관심이 있기는 할까? 아이의 행동은 갈수록 안 좋아진다. 결국, 신경학자가 의사를 소개하고, 의사가 교육심리 전문가를 소개해서 마지막에는 약물치료까지 받게 될 것이다. 이게 사실일까? 아니, 현실은 훨씬 더 심각하다.

약 먹는 아이들, 진정된 어른들

문제는 약을 먹는 아이들이 많다는 사실이다. 학교에 가서 약을 먹는 아이들 비율을 물어보면 바로 알 수 있다. 약물치료는 **또 다른 생태학적 재앙**이다. 아이가 약을 먹어서 조용해지면, 지금 들어가 있는 물속이 너무 뜨거워도 그렇다고 말하지 않을 것이다. 그래서 결국, 상처를 입게 될 것이다. 아니면 아주 뜨거운 물속에서 사는 법을 익히든가 고통을 느끼지 않기 위해 잠을 자고 싶어 할 것이다. 실수로 약을 먹지 않으면 어떤 상황에 '터무니없이 과하게' 반응할 것이다. 그러면 우리는 아이들에게 더 많은 약을 먹여야 할 충분한 변명거리를 얻게 될 것이다.

거의 모든 학교에서 부모에게 아이들을 진정시키라는 요청을 한다. 당연히 학교에서는 아이들이 교사가 가르치는 내용을 배워야 하기 때문이다. 그러려면 수업 시간에 최소한 정신을 집중해야 한다.

하지만 정서적인 절망을 경험한 아이들은 조용히 집중할 수가 없다. 아무도 아이에게 무슨 일이 일어났는지 물어보지 않고, 그저 조용히 입 다물고 가르치는 내용에 집중하기만 바란다. 그리고 이런 악순환이 반복된다. 교사는 부모에게 해결책을 요구하고, 부모는 의사에게 방안을 요구한다. 그러면 의사는 많은 이들처럼 증후군을 앓고 있다고 진단하면서 문제를 해결한다.

그렇게 **약 먹는 아이들, 진정된 어른들**이 된다. 아무도 아이에게 특히 필요한 것이 무엇인지 질문하지 않는다. 따라서 엄마인 우리는 왜 자녀가 다가오라고 요구하는 뜨거운 물탱크에 다가갈 수 없는지 이해하기 위해 어렸을 때 우리에게 일어났던 일에 의문을 가질 필요도 못 느낀다.

아이들이 조용해지기 위해 어릴 때부터 약을 먹는다면 앞으로 그들에게 무슨 일이 벌어질까? 최근 약물 복용 증가 추세를 나타내는 그래프가 피라미드 형태를 띠는 것만 봐도 바로 알 수 있지만, 그래도 예상해보자면, 우리는 점점 더 자신을 잘 모르고 정서적 현실과 동떨어지며 일상의 어려움 앞에 스스로 질문할 기회를 잃어갈 것이다. 앞으로 새로운 증상이 얼마나 증가할지는 모르지만, 어쨌든 이런 전망은 변하지 않을 것이다. 따라서 언젠가는 베일을 벗겨 우리 엄마가 가한 폭력과 학대의 수준을 살펴보며 우리 각자의 삶을 돌아보아야 한다.

양극성에 대한 다른 견해

양극성이란 무엇일까? 이것은 **정신과 약물치료의 결과** 중 하나이다. 우리는 약물치료로 과도한 기쁨이나 슬픔을 치료할 수 있다고 생각한다. 하지만 우리가 감정의 범위를 이해하기를 원해서 시나리오 속에서 감정들의 자리를 찾을 수 있다면, 각 감정은 존재할 곳이 생긴다. 고통을 좋아하는 사람은 아무도 없다. 그러나 고통을 제대로 이해하면 그것은 자아 발견에 흥미로운 안내자가 된다. 반대로 고통에 무감각해지면 우리는 아무 곳에도 갈 수 없다. 약물은 우리가 슬플 때 행복하게 해준다. 한마디로 '끌어올린다.' 또한, 과도하게 기뻐할 때 진정시켜준다. 즉, '끌어내린다.' 이렇게 억지로 끌어올리고 내리면 자연스러운 순환을 잃어버린다. 우리는 종종 높은 하늘을 날았다가 또 깊은 땅속으로 꺼진다. 양극성 장애를 진단받은 사람은 대부분 오랫동안 약물치료를 받았다. **태어날 때부터 양극성인 사람은 없다.** 양극성 장애는 감정의 범위를 제대로 이해할 수 없어서, **화학적으로 올리고 내린 직접적 결과**이다.

자폐증에 대한 다른 견해

자폐증도 모성애 부족의 결과일까? 아직은 잘 모른다. 이에 관해서는 많은 연구와 이론이 있지만, 더 나은 해결 방법이 필요하다. **믿을 만한 해법**을 찾는 과정에서 어려움이 생기는 이유는 출산한 날부터 자녀와 **융합 관계**를 맺도록 훈련받은, 자기 자신을 아는 엄마들이 부족하기 때문이다.

결론적으로 우리는 모두 정서적 무지와 애정 결핍을 경험했기 때문에 그런 엄마를 만날 수가 없다. 만일 자폐아가 엄마와의 융합 관계가 이루어지지 않아 이후 누구와도 소통하지 않는 거라는 결론을 내린다면, 우리는 왜 모두 자폐증이 아닌지를 자문해봐야 한다.

그러나 단서가 될 만한 증거들도 있다. 대부분 **자폐아의 엄마는 이 문제에 관해 소아 상담을 요청하는 시기가 아주 늦는 편이다.** 아이가 뭔가 이상하다고 감지하는 사람은 대부분 엄마가 아니라, 그 외 가족이나 돌보는 사람들이다. 아이를 진료한 소아과 의사들이 아이가 제대로 다른 사람과 시선을 맞추지 못하고, 외부 자극에 반응하지 않거나 이야기하려고 하지 않는다는 사실을 발견할 때도 있다.

혹시 자폐증이 유전일까? 이것도 아직 잘 모른다. **아이를 낳고 안았을 때 아이가 눈을 잘 맞추지 않는다는 것을 알아채는 사람,** 즉 어린 자녀와 **융합할** 준비와 능력을 갖추고 이미 자기 내면에서 일어나는 일을 잘 아는 엄마들이 있다. 그런 엄마의 자녀가 유전적으로 **자폐아로 태어날 수도 있다고 결론 내릴 만한 충분한 근거는 어디에도 없다.** 만일 그 자녀가 자폐증이라면 출산 후 첫달 이내에, 젖을 먹이며 아이와 연결되려고 노력하는 동안, 엄마는 아이가 아직 **세상에 나올 준비가 안 되었다는 것을 눈치챌 것이다.** 그러나 대부분은 아이가 태어난 지 1년쯤 지나 병원에 데리고 갔을 때, 아이가 세상과 단절된 채로 태어났다는 것을 확인한다.

만일 우리가 자신과 단절된 상태라면, 단절된 아이 안에 어떻게 들어갈 수 있을까? 아이가 세상과 접촉하지 않고 우리를 보거나 찾지 않기로 마음먹은 **순간을** 어떻게 알 수 있을까? 내가 가장 당황스러운 부분은 우리가 엄마의 폭력과 관계 단절을 경험했으면서도, 그것이 자폐증이나 불균형과는 상관없다고 생각한다는 점이다. 그렇게 생각한다는 자체가 진짜 기적이다.

어쨌든 이 주제를 다룬 연구 내용이 적기는 하지만, 나는 더 넓게 보고 싶은 마음이 간절하다. 감히 말하자면, 엄마의 자녀 학대와 애정 결핍, 무정함이 나타나는 세대 간 시나리오들을 보면 이전 세대 때문에 너무 상처 입은 아이가 태어나기도 한다. 또, 엄마와 조금만 떨어져도 **참지 못하는 극도로 예민한 아이가 태어난다.** 이들이 **자폐증**을 보이는 아이들이다.

만일 자폐증이 되기 직전 경계 상태에 있거나 **섬세한 연결이 매우 필요한, 무정함에 극도로 민감한** 세대를 거치며 상처 입은 아이들이 매우 헌신적이고 사랑이 넘치며 자녀의 아주 작은 요구에도 섬세하게 반응할 줄 아는 준비된 엄마에게서 태어났다면 어떻게 됐을까? 그런 아이가 자폐아로 발전했을까? 안타깝게도 우리 주변에 그런 엄마를 둔 사람이 없어서 이 사례를 연구할 수 없다. 따라서 자폐증이 **후천적** 정신질환의 범주 안에 들어가는지 아닌지는 아직 알 수가 없다.

평행현실이 폭력과 잔인함에서 우리를 구해줄 때

정신 이상의 범위는 넓고 매우 일반화되었다. 많은 사람이 그런 정신적 불균형으로 신체적 고통을 받거나 다양한 정신적 혼란을 겪는 사람들과 관계를 맺고 살아간다. 대체로 더 **약한 사람을 지배하고 싶을 때, 미쳤다고 비난한다.** 정신 이상이라고 비난받은 사람들은 이미 심리 해석들이 인간 고통의 땅을 정복했기 때문에, 자기 인식과 조화를 이루며 살아갈 힘이 없다는 것을 나는 안다.

이른바 **여성들의 광기**가 역사적으로 지배와 무력 정복, 전투 승리를 위해 널리 사용되었다는 점은 흥미롭다. 여성은 안정적인 규범을 벗어나면 바로 미쳤다는 비난을 받는다. 너무 변덕스럽고 이해할 수 없는 말을 하며, 행동할 때 이성보다 감정이 앞선다며 비난을 받기도 한다. 가부장제는 특히 여성에게 잔인했는데, 광기는 권력이나 관리에 대해 잘 모르고, 평정심을 유지하지 못하며 무능하다는 이유로 수많은 교환이 이루어지는 영역들 밖으로 쫓아낼 좋은 핑곗거리였다.

실제로 논쟁의 여지가 큰 이혼 재판에서는 경제적 능력을 더 갖춘 남성이 법적 전쟁에서 이기기 위해 아내를 미친 여자로 몰아가거나, 아내의 말이나 증거를 수치스럽게 만드는 경우가 다반사이다. 우리는 모두 광기에 대한 두려움이 있다. 광기와 마주치면 국경 없는 땅에 들어선 느낌이 든다.

어쨌든 미쳤다는 주홍 글씨가 새겨진 여성들을 포함한 우리는 지금 어른이다. 이제 우리는 자원들을 활용해서 자신을 더 잘 이해하고 불균형을 깨닫거나 분노와 슬픔, 화를 어떻게 할지 결정할 수 있다. 하지만 아이는 아이일 뿐이다. 스스로 뭔가를 하지 못해서 어른에게 의존하고 자기 현실을 책임질 자원도 없다. 그런데도 우리는 아이가 귀찮게 하고 기대에 부응하지 못하며, 끈질기게 무언가를 요구하거나 분명한 신념이나 가치에서 벗어나려고 하면, 아이가 장애를 겪고 있다고 결론을 내린다. 아이가 뭔가를 잘못하고 있으니 제대로 길들이기 위해서는 약물치료가 필요하다고 쉽게 결정한다.

내 말은 절대 과장이 아니다. 얼마나 많은 아이가 정신과 약을 먹고 있는지 수치를 확인해보면, 뭔가 많이 잘못 돌아가고 있다는 결론이 나올 것이다. 이것은 학교에서도 쉽게 확인할 수 있다. 선생님들은 아이들을 길들일 수 없어서 교육심리학자들에게 도움을 청한다. 교육심리학자들은 엄마들에게 정신과 의사나 신경과 의사에게 상담을 받으라고 권유한다. 의사들은 아이들을 진정시키기 위해 약물을 투여한다. 그리고 모두가 만족한다. 실제로 아이들이 진정, 즉 무감각하게 되기 때문이다. 학교에서 가르쳐주지 않거나 가까이하지 않는 주제에 관심이 많고 적극적이며, 현재 삶과 전혀 관련 없는 수업들을 지루해하는 수많은 아이들은 이리저리 움직이고 주의가 산만하며, 학업에 무관심하고, 딴청을 피우며 놀거나, 다른 곳에 관심을 쏟는다. 여기서 문제는 아이들의 무질서한 행동이 아니라, 흥미롭거나 중요하지 않은 주제를 다루는 우리 어른들의 어리석은 행동이다. 어른들은 쓸모없는 우리의 가치를 조금도 바꿀 생각이 없다. 우리에게 중요한 목표는 그저 아이들을 조용히 시키는 것임을 굳게 믿는다. 그리고 이 목표는 아이들에게 약만 먹이면 쉽게 이룰 수 있다.

원래 활동적이고 호기심이 많은 아이도 있는데, 당연히 그들은 자신을 가두는 감옥 같은 학교를 싫어한다. 또, 아주 불행한 집안에서 자라서 고아처럼 사랑과 돌봄을 받지 못한 아이들도 있다. 그들은 아이들 세계에서도 혼자이고, 이해받지 못한다고 느끼며, 학교에서도 분노를 분출한다. 물론 집에서도 그렇게 하지만, 학교에서 좀 더 분명히 드러난다. 이런 문제를 해결하는 유일한 방법은 아이를 **조용히 시키는 것**이다. 그러나 어릴 때부터 약을 먹는 아이는 심각한 문제가 생길 것이다. 내가 볼 때 가장 큰 문제는 자신과 연결하는 모든 길이 막히는 것이다. 어른이 되어서도 외로움과 자기 세계 혹은 어른 세계와의 거리감, 두려움과 실망감을 기억하지 못할 것이다. 모든 실제 경험은 그림자 속으로 들어갈 것이다. 한편 계속 약물치료에 의존하며 만성 질환의 고통이 더는 나아질 수 없다고 믿을 것이다. 이런 낡은 상황은 어른들이 아이들에게 가하는 힘의 남용과 무지, 폭언을 통해 드러난다. 이 모든 조처는 아이를 멀리 떨어뜨리고, 조용히 시키며, 움직이지 못하게 하고, 여전히 피가 흐르는 어린 시절의 상처를 조사하는 데 필요한 개인적 실마리를 찾지 못하게 한다.

우리 자녀가 어떤 행동 장애로든 질병이라는 진단을 받을 때, 꼭 살펴봐야 할 부분은 무정함과 학대와 잘못된 해석이다. 아픈 정서적 현실 속으로 들어가지 않으려는 안일함의 **책임은 어른인 우리에게 있다.** 어른들은 가능한 한 모든 문을 닫고 일곱 개나 되는 열쇠로 꽁꽁 잠근 다음 그것을 깊은 바다에 던지고 싶어 한다.

그렇다면 과연 우리가 할 수 있는 일은 무엇일까? 과거로 되돌아가야 한다. 우리가 정서적 영역을 얼마나 닫고 있는지 알아야 한다. 우리 유년 시절의 고통에 다가가야 한다. 그 상처가 몹시 아프다는 것을 **느낄** 때까지 그 고통과 마주해야 한다. 그래야 자녀들의 고통스러운 절규를 듣고 과민함과 보호받고자 하는 욕구를 느낄 수 있다. **자녀들이 지금 그 고통 때문에 미쳐가고 있다.**

광기는 존재하지 않는다. 그것은 폭력과 악행 속에서 살아남기 위해 **증가한 평행현실**일 뿐이다. 중요한 것은 제정신을 찾는 게 아니라, 잔인함을 멈추는 일이다.

광기의 자녀들

살펴본 것처럼 많은 사람이 어느 정도 정신적인 불균형을 겪고, 다양한 증상을 경험한다. 중요한 것은 고통 자체가 아니라, 고통에 대한 잘못된 해석이다. 우리가 기록하는 순간 고통이 시작되는 게 아니라, 훨씬 더 이전, 생명을 얻은 순간에 시작되었음을 깨달아야 한다. 과연 오래전에 우리에게 일어난 일이 지금 일어나는 일과 관련이 있을까?

당연히 관련이 있다. 선형적 사고방식*으로는 정착 단계와 이후 사건을 끼워 맞춰가는 논리적 연속체 _continuum_ 를 이해하기가 어렵다. 그래서 긴밀한 관계를 이해하는 데에도 어려움을 겪는다. 우리는 카드 한 벌과 같다. 어떤 카드든 중앙에 꺼내놓으면 모두가 거기에 집

---

* 사건들이 순서에 따라 직선적으로 발생한다고 믿는 사고방식.

중하지만, 어쨌든 그 카드는 여전히 카드 한 벌에 속한다. 카드 한 장으로는 의미가 없다. 이처럼 현재 우리에게 나타나는 고통도 그 고통과 연결된 과거 고통에 영향을 주고 움직이게 한다.

문제는 우리가 본질과 멀어져 약물치료를 받고 불균형한 삶을 살아간다는 사실이다. 다른 사람보다 더 아프고 이성을 잃은 사람, 화가 많고, 유치하게 굴거나 격분하는 사람들이 그렇다. 정신적 불균형은 우리 안과 밖에서 일어나는 일 사이의 차이와 관련 있다. 현실 왜곡, 즉 현실을 잘못 해석한 결과이다. 그 깊은 곳에는 우리가 이해하지 못하도록 증거를 없애고 방해한 가정假定과 잘못이 가득하다.

거의 모든 사람이 여기에 해당한다. 그렇다면 제정신인 사람과 미친 사람의 경계는 무엇일까? 대답하기 쉽지 않은 질문이다. 원칙적으로 보면 이 둘은 실제로 벌어지는 일과 그 일에 관한 인식의 차이가 아주 크다. 물론 이렇게 안팎의 차이가 커도 사람들은 정상적인 삶을 살려고 노력한다. 학업을 하고 일도 한다. 사랑의 관계도 맺는다. 어떤 이들은 자녀도 낳는다.

가장 먼저 우리가 어렸을 때 한 경험들을 살펴봐야 한다. 그때 엄마가 했던 이상한 행동과 엄마의 그런 감정 폭발을 순순히 다 받아냈지만 아무도 알아채지 못했던 우리 경험들을 우선 살펴보아야 한다. 엄마가 정신 이상 진단을 받았든 아니든 어린 시절 우리가 겪었던 현실은 변하지 않는다. 실제 있었던 일과 그 일에 대한 엄마의 인식에는 아주 큰 차이가 있을 수 있는데, 이런 부분을 알아보는 것이 중요하다.

엄마가 예측 안 될 때

어릴 때는 엄마의 보살핌과 돌봄 능력에 의존한다. 이후에는 **엄마가 말한 내용에 따라** 정신 구조를 만들어간다. 이미 살펴본 것처럼 어떤 엄마도 내적 경험과 관련된 것을 솔직하게 말하지 않는다. 다만 어느 정도 일관성이 있는 엄마는 속이는 말이기는 해도 거의 비슷한 말을 한다. 예를 들어, 엄마는 형이 아주 엉망이라서 무슨 일을 하든 제대로 하는 게 없지만, 다행히 우리가 책임감이 있어서 형에게 많은 일을 맡기지는 않아도 되었다고 말했다. 그래서 우리는 무엇을 하든 진지하고 약속을 잘 지키는 사람이 되었다. 놀랄 일은 아니다. 만약 엄마가 시어머니를 악마 같았다고 말한다면, 우리는 나중에 할머니가 무엇을 하든 최악으로 기억할 것이다. 이 생각은 쉽게 바뀌지 않을 것이다.

요컨대 엄마는 도덕 체계, 가치, 선호도, 소원 들을 만들어간다. 자녀들은 엄마가 무엇을 좋아하고 불안해하는지 알게 될 것이다. 엄마는 난폭하게 굴거나 화를 내고 몽둥이질을 할 수도 있고, 아버지가 집에 오면 우리를 때릴 거라며 겁을 줄 수도 있다. 그러나 어린 우리는 무엇에 복종해야 하는지 알기 때문에 살아남기 위해 속임수나 전략을 만들어낸다. 만일 우리가 아주 책임감 있는 사람이라면, 그 책임감은 형제들이 체벌을 받는 환경에서 우리가 맞지 않고 살아남는 방법이 되었을 것이다. 여기까지는 일부 유년기들과 다른 유년기들이 별로 다르지 않다.

그러나 엄마가 **예측 안 될 때도 있다. 짐작할 수가 없고 그녀에게 무슨 일이 일어날지 미리 알 수도 없다.** 이런 경우에는 계속 **경계하며 조심해야** 한다. 우리가 바르게 행동한다고 해서 나쁜 일이 일어나지 않는 게 아니기 때문이다. 우리가 무엇을 하든 엄마는 난폭하게 벌을 줄 수도 있다. 어떤 때는 우리가 바르게 행동하지 않아도 엄마가 맛있는 우유 과자를 주거나 어린 소녀처럼 우리와 놀아준다. 그렇게 엄마는 이 세상에서 가장 사랑스러운 사람이 될 수도 있고, 우리를 아주 많이 사랑해줄 수도 있다. 하지만 그러다가도 소리를 지를 수도 있고, 또 이웃들 앞에서 우리를 자랑스러워하는 척할 수도 있다. 특별한 일이 없어도 통제할 수 없을 정도로 분노를 표출할 수도 있고 아주 불쾌한 이야기로 겁을 줄 수도 있으며, 며칠 동안 집 밖에 나가지 못하게 할 수도 있다.

엄마는 사랑이 충만하면서도 격정적인 존재이다. 사랑을 퍼뜨리기도 하고 분노를 터뜨리기도 한다. 별것 아닌 사건에도 엄청나게 감정을 폭발시킬 수 있다. 엄마는 하나하나를 격렬하게 경험한다. 실제로 우리가 유년기에 겪은 어려움이나 고통을 안 좋게 평가할 뿐만 아니라, 사소한 일을 큰일로 만들기도 한다. 또, 모든 일을 과격하고 극단적으로 생각하고, 머리에 드는 생각이 무엇이든 가리지 못하고 그대로 표출한다. 우리에게 멍청이, 망나니, 도둑놈이라고 비난하거나 자신에게 해를 입히려고 이 땅에 태어난 악마의 자식이라고까지 한다. 우리가 엄마의 아름다움과 젊음을 망가뜨리는 존재이며, 우리 때문에 유명한 배우가 되거나 성공할 기회를 잃었다고 굳게 믿는다.

엄마는 학교 친구들의 엄마보다 훨씬 더 예쁘다. 그런데도 우리를 데리러 올 때 과하게 화장을 해서 우리를 부끄럽게 만든다. 마치 우리가 다 알고 있다는 듯 성性에 관해 쉽게 말하기도 한다. 한 남자와 사랑에 빠졌다가도 금방 그를 미워하기도 한다. 폭포수 같은 눈물을 흘리거나 낮 동안 잠만 자다가 눈을 뜨면 마치 유령처럼 넋을 놓고 우리 머리에 손을 얹는다. 자신은 담배를 자주 피워도 우리 소지품에서 담배가 발견되면 불같이 화를 낸다. 그래서 우리는 엄마를 사랑하는 동시에 두려워한다. 우리가 일부러 몽유병 환자인 척한다는 엄마의 비난에 결국, 우리는 우리 자신마저 두려워하게 된다. 종종 먹을 것을 안 주고 며칠간 밖에 나가지 못하게 막다가도, 비싼 음식에 돈을 쓰며 왕처럼 먹이기도 한다. 우리는 엄마의 괴로움을 덜어주고 싶지만, 어린아이라서 어떻게 그것을 덜어줘야 할지 모른다. 그래서 우리는 엄마가 행복해지도록 기도할 뿐이다. 과연 엄마에게 무슨 일이 있는 것일까?

예측할 수 없는 엄마, 혼란스러운 아이

우리가 어렸을 때는 엄마에게 무슨 일이 있는지 알 수 없었다. 유년기 유일한 정서적 참고 기준은 엄마가 자신의 경험에 따라 주변에서 일어나는 일에 내리는 **해석**을 바탕으로 한다. 엄마는 자신에게 뭔가 충격적인 일이 생기면, 그것을 우리와 열정적으로 나눈다. 때때로 엄마는 위대하고 재미있는 연극배우 같아 보인다. 아주 소녀처럼 변장한 채 우리와 놀아주고, 자신의 공상을 나눈다. 마치 우리가 자기 상담자인 것처럼 아버지의 성적 요구에 대해 말할 때도 종종 있다. 그런 여러 모습에 어린 우리는 엄마를 우러러본다. 하지만 엄마는 그러다가도 갑자기 전혀 예상치 못한 모습으로 돌변한다. 불을 토하는 괴물처럼 우리를 미워하고 아버지의 모든 안 좋은 점에 대한 불만을 쏟아낸다. 그러면 어린 우리는 **방향을 잃는다.** 우리에게는 엄마 말고 외부에서 참고할 만한 기준이 아무것도 없다. **아이의 세상이 곧 엄마의 세상**이기 때문이다. 한편, 학교 친구 가족들이나 이웃들에게 엄마는 아주 매력적이고 멋진 사람처럼 보인다. 이런 상황에서 어떻게 다른 사람에게 종종 엄마가 우리를 위협하고 상처를 준다고 말할 수 있을까? 그 말을 어떻게 입 밖으로 낼 수 있을까? 우리는 그 방법을 모른다. **우리 생각은 엄마가 한 말을 바탕으로 만들어지기 때문이다.** 만일 엄마의 행동이나 정신이 일관적이지 않다면, 예를 들면 자주 멋진 엄마였다가 무시무시한 엄마로 변한다면, 우리 정신은 어떻게 조직될까? 엄마가 자주 우리에게 사랑스럽다고 하다가 증오한다고 한다면, 과연 우리의 진짜 모습은 무엇일까? 만일 엄마를 이해할 논리적 실마리를 찾지 못하고, 엄마에게 일어나는 일이 외부 세계에서 일어나는 일과 관련이 없다면, 어떻게 엄마의 행동을 예상할 수 있을까? 어떻게 우리가 준비할 수 있을까? 어떻게 이해할까? 아이인 우리는 안전한 지점을 단단히 붙들려고 애쓰지만, 엄마의 변화는 예측할 수가 없다. 따라서 우리는 성격적 결함을 갖고 자란다. 우리에게 구체적 일이나 감정이 어떤 행동 방식으로 나타나거나 동시에 정반대로 나타날 수도 있다.

내적 기록의 단절

엄마가 몰라서 우리가 이해할 수 없는 것도 있다. 엄마는 자신이 스스로 기억하는 것보다 더 잔인한 유년기를 겪었다는 사실을 모른다. 그녀는 죽지 않기 위해 미칠 수밖에 없었을 정도로 극도로 예민하다. 고통을 줄이기 위해서 힘들었던 일을 전혀 다른 형태로 상상하게 되었다. 그래서 지금 그 어떤 외적 경험도 내적 경험과 일치하지 않는다.

어린 우리는 심각한 **혼돈과 예측할 수 없는 상황**을 견디기 위해서 어떻게 할까? **정서적 붕괴**를 경험하기 때문에, **내적 기록**을 끊어버린다. 내적 기록이란 무엇일까? 그것은 본래 자아와 외부 현실의 관계, 타고난 생각, 직관과 연결된 신비한 불꽃이다. 그것은 어떤 현실 앞에서든 **개인적 기준**을 유지하게 해준다. 그것은 자기 자신에 대한 상식*을 의미하며, 진짜 자기 내면으로 들어가게 하는 **내면의 소리**이기도 하다. 또, 균형과 생존의 수호자이다.

우리는 모두 생존을 위한 방법들을 갖고 태어난다. 먼저 신체 영역에서 울음은 엄마를 부르고 필요한 것을 알리기 위한 수단이다. 영양 공급을 위한 빨기 반사도 있다. 정서적 영역에서 **내적 기록**은 어떤 경험이 편안하고 정신신체적^{psychophysical} 발달에 도움이 되는지, 아니면 반대로 해를 입히는지 알려준다.

원칙적으로 엄마에게서 나오는 모든 것은 다 영양의 영역에 있다. **혼돈과 예측 불가 상황에서 영양을 공급받는 것**은 한 아이의 **정신 세계에 재앙**이다. 일치되는 게 아무것도 없기 때문이다. 전혀 안 맞는다. 존재 이유가 없다. 따라서 우리는 **내적 기록**의 흔적과 관계를 끊어버리는 길을 선택한다. 그 기록이 엄마에게 벌어지는 일과 일치하지 않아서 우리에게 아무런 소용이 없기 때문이다. 내적 기록은 내적 경험과 엄마의 말이나 행동 사이에 일치하는 게 없을 때 우리를 미치게 한다. 따라서 우리는 영원히 잊어버릴 때까지 그 내면의 소리를 거부한다.

---

* 통념적으로 일치된 의견. 진실의 절대적 기준.

우리 상담자들은 적어도 3세대 정도 위로 올라가면서 넓게 이 상황을 살펴본다. 그 결과에 따르면 **잔인한 엄마**는 폭력적인 환경에서 자녀들을 키웠다. 그리고 민감한 딸이 태어나는데, 그 아이는 엄마의 그런 폭력과 반응을 견디지 못한다. 자라면서 느끼는 어린 시절 고통은 너무 크고 강해서 현실과 관계가 **단절**될 때까지 폭력으로부터 자신을 아주 열심히 방어한다. 시간이 흘러 이제는 그 딸이 엄마가 된다. 그녀는 정서적 단절과 상실을 경험했지만, 겉으로는 정상적인 삶을 살 수 있다. 그러나 그 단절로 인해 자신의 자동 반응들을 모르고 마치 그런 것들에 지배당해 사는 것 같다. 첫아이(잔인한 엄마의 첫 번째 손자)가 태어난다. 그녀는 어렸을 때 고통을 느끼지 않기 위해 자기감정을 끊어버렸기 때문에, 그녀의 아이는 **정서적 뿌리가 없다**. 연결될 만한 게 하나도 없다. 엄마의 영토가 **무질서해서** 그녀의 정서적 영역에서 구체적이고 분명하며 일치된 부분을 찾지 못한다면, 그리고 엄마의 행동이나 반응을 **예측할 수 없다면**, 아이는 **방향을 잃는다**. 자신이 이해한 것을 체계화하지 못한다. 그래서 아이의 **내적 기록**은 일관성과 연속성이 없고 무질서하다. 결국, 아이는 자신의 내적 기록과 내적 인식에 신경을 쓰지 않는 것 외에는 방법이 없다.

우리 안에 **내적 나침반**이 없고, 좋거나 나쁜 것을 말해주거나 안심하거나 반대로 경계해야 한다고 말해주는 일관된 기준이 없다면, **상처받기가 쉽다**. 앞으로 나아갈 방향을 알려주는 내적 기준이 없기 때문이다. 그래서 우리는 그런 상황에서 살아남게 해주고 **정신적으로 우리를 조직하는** 주요 도구였던 개인적이고 내적인 미묘한 신호에 관심을 끊었다.

우리가 진단 여부를 떠나 정신 이상을 보이고 자신과 단절되며, 예측할 수 없는 엄마 밑에서 자랐다면 무슨 일이 생길까? 우리도 미치게 될까?

정신적 문제가 있는 엄마의 자녀가 선택하는 피난처들

원칙적으로는 미치지 않는다. 따라서 우리는 '정상적인' 사람이 될 수 있지만, **자기 기준은 가질 수 없다.** 자기 기준이 없는 게 그렇게 심각한 일일까? 상황에 따라 다르다. 가장 큰 문제는 누군지도 모르는 사람의 의견에 끌려다니고 바람 불듯 쉽게 의견이 변하는 것이다. **자기 기준이 없으면, 자기보다 조금이라도 더 강한 주장을 진실로 여긴다.** 나중에 그 주장과 정반대를 주장하는 누군가가 나타나면, 또 그것을 온전히 진실로 받아들인다. 의견이나 생각, 규칙이 **우리 내면과 일치하는지** 확인하지 않는다. 오래전부터 이미 아무것도 맞춰나갈 능력이 없었기 때문이다! 그래서 상처받기 쉬운 위험에 처한다. 우리 생각과 개념, 의견 또는 해석의 주인이 될 수 없다. 내면의 그 무엇과도 비교하거나 점검할 수 없기 때문이다. 바람에 날리는 나뭇잎처럼 불안정하다.

나는 독자들이 집단생활뿐만 아니라 개인생활에서 벌어지는 일들을 좀 더 깊게 생각해 보길 바란다. 집단 운동이 얼마나 조작될 가능성이 있는지, 일부 조직에서 집단들이 얼마나 편협하고 완고한 생각을 강요하는지, 삶의 모든 분야에서 상식과 기준이 얼마나 부족한지 꼭 생각해보기를 바란다.

정신적으로 불안정한 엄마의 자녀들은 그 안에 갇히지 않기 위해 다른 피난처들을 찾는다. 그 영역은 아주 불안하고 혼란스럽기 때문이다. 종종 우리는 정신 영역 속에서 피난처를 발견하기도 한다. 그런 경우 수학자와 성공한 기업가, 훌륭한 기획가처럼 머리가 '똑똑한' 사람으로 보일 수 있다. 이런 '계산 영역'은 정서적 영역에서 떨어져 나오게 해준다. 그래서 아무도 우리 정서 영역이 조각나서 혼란스럽고 감정 영역의 기준이 부족하다는 사실을 의심하지 않는다. 우리 자신조차도 의심하지 못한다. 한편 우리는 사업을 하고 배우자를 만나고 성공적인 삶을 사는 데 정서적 조화는 필요하지 않다고 생각한다. 우리에게 정서적 친밀감을 느끼게 하는 몇 가지 경험이 없다면 말이다. 예를 들어, 자녀를 낳는 일이다! 만일 우리에게 자녀가 태어나면, 내적 기준이 없기 때문에 여기저기 조언을 구하러 다니느라 어느 때보다도 바쁠 것이다. 그러면 **우리 직관과 상식 또는 내적 인식의 체에 거르지 않은** 모순된 의견을 따르게 될 수밖에 없다. 말 그대로 재앙이 벌어진다.

우리에게 자기 기준이 없고, 이것이 **상처받은 문명** 속에 사는 사람들에게 아주 흔한 일이라는 사실은 어떻게 알 수 있을까? 언제 그런 일은 더 심해질까? **자녀가 엄마의 폭력에 가장 많이 노출되어 있을 정도로** 폭력은 우리 삶에 너무 흔하다. 우리는 어릴 때부터 고통을 피하려고 내적 인식을 단절하고 정서적 기준 없이 산다. 즉, 내면의 **나침반** 없이 살아간다. 이런 일이 모든 가정에서 반복되고 있다. 우리는 누가 되었든 우리를 정복하는, 분명하고 힘있게 말하며 매력적으로 보이는 사람들의 집단을 따른다.

자기 기준이 없으면, 길을 잃는다

사실 모든 정치인은 긍정적이든 부정적이든 상관없이 **내적 기준을 버리도록** 강요받는 폭력적인 가정에서 자랐다는 우리의 약점을 잘 알고 있다. 기업의 광고 전문가들은 이런 집단의 약점을 완벽히 알고 정조준한다. 그들은 해로운 제품을 건강한 제품이라고 믿게 만들 수도 있다. 리더들이나 정치인 또는 대통령을 세워놓고 우리가 그들과 똑같이 생각하며 안전하고 신뢰할 만한 영역 속에 있다고 생각하게 만들기도 한다. 내적 기준을 따르지 않기 때문에 우리는 정체성을 갖게 하는 느낌이나 대화, 계획들에 우리를 맞춰가게 될 것이다. 물론 우리 기준과 정반대 길로 갈 수도 있다. 어차피 우리는 신분을 보장하거나 소속감을 주는 곳으로 가기 때문이다.

특히 부패하기로 소문난 정치계는 유감스럽게도 **자기 기준이 없는** 국민 덕분에 권력을 얻는다. 우리는 정치, 사회, 스포츠 또는 음악 밴드의 팬클럽 등 어떤 깃발이라도 따라갈 수 있다. 정서가 취약할수록 흔들림 없는 확신을 제시하는 사람에게 영향을 받는다. 처음으로 안전한 장소에 발을 디뎠기 때문에 더 나은 기분을 느끼기 위해 그 영향을 계속 원한다. 어렸을 때 엄마의 불안정함 속에서 느끼지 못했던 것들을 얻기를 원한다.

자기 기준의 부재는 개인과 집단 모두에게 참담한 결과를 낳는다. **믿을 만한 유일한 기준이 없기 때문**이다. 인류 역사에는 우리가 이해할 수 없는 비참한 에피소드가 가득한데, 이것은 폭력적이고 불안하고 단절된 엄마들 밑에서 자라는 동안 지속적인 폭력을 경험한 사람들의 이야기를 하나씩 듣다 보면 충분히 이해할 수 있다. **일관적인 정서 영역에 있지 않은** 개개인이 모인 집단은 어떤 말이 되었든 강조하는 말에 영향을 받게 된다. 그런 확실한 말은 분명한 피난처를 제공한다고 생각하기 때문이다. 하지만 사실은 그렇지 않다. 내적 상식과 연결되지 않아서 우리가 모를 뿐이다. 정서적 안정은 신념에 근거하는데, 이것이 바로 피난처를 찾는 모든 어린 영혼이 저지르는 실수이다.

통치자들이 파렴치한 살인자에 도둑이어도, 즉 부패하고 폭력적이며 무지하고 제정신이 아닌 데다가 거짓말쟁이라 해도 우리는 걸

보기에 지적이고 정직해 보이는 그들에게 기꺼이 표를 던진다. 이런 거짓 지도자들이 무엇을 했길래 우리가 그들을 믿는 것일까? **강하고 확신 있게** 말했기 때문이다. 그들은 끊임없이 우리에게 그런 믿음을 심어주었다. 또한 그들은 늘 같은 말을 한다. 단절되고 잃어버린 어린 시절의 영혼을 달래기 위해서는 절대적 확신으로 똑같은 말을 반복하며 믿음을 심어주는 것만 한 게 없다. 자, 이제 투표는 당신 몫이다.

개인적으로도 이런 일들이 똑같이 벌어진다. 우리는 자주 같은 특징들을 강조하며 확신을 주는 두세 사람에게 소위 **지식을 위임한다.** 우리가 알든 모르든 정신적으로 불균형한 엄마와 유년 시절을 보내고 엄마가 된 이들은 아이에 관한 모든 일을 소아과 의사에게 물어본다. 의사가 조언해주면, **자기 기준에 따라 검열**하는 과정 없이 무작정 받아들인다. 이것이 가장 위험하다.

우리 모두 의견을 낼 수는 있지만, 개인마다 자기 기준에 따라 우선순위를 세워야 한다. 그렇게 안 하면 어디에 기준을 두게 될까? 자기 자신과 연결되지 않은 엄마들은 의사와 교사, 치료사 또는 성직자의 말에 따라서 자신의 신념 체계를 바꿀 것이다. 자녀와 자신에게 무엇이 좋고 나쁜지 제대로 구분하지 못할 것이다. 그러면서도 스스로 똑똑하고 성공한 직장 여성이며, 좋은 성격에, 표현력이 풍부하고, 쾌활하며, 동료들에게 사랑받고, 자녀들에게 많이 신경 쓰고 있다고 생각할 수도 있다. 그러나 **휴먼 바이오그래피**를 살펴보지 않고, 어린 시절 실제 겪었던 일과 엄마 말의 불일치, 할머니의 잔인함을 모르고, 약하고 어려운 정서적 세계의 결과들을 알지 못하면, 이런 취약점이 우리와 후손들에게 큰 걸림돌이 될 것이다.

내 말이 과장처럼 들릴 수도 있겠지만, 다음 세대 아이들에 대한 폭력의 결과는 사회적으로 우리 모두를 무력화시키는 약점으로 이어진다. 어린 시절의 정신 구성과 가족의 정서적 현실을 살펴보는 일을 시작하지 않고, 우리가 집단으로 할 수 있는 일은 거의 없다.

세대를 넘어 광기가 전염되는 것을 어떻게 이해할 수 있을까? 우리가 생각보다 더 미친 상태인지 어떻게 분별할 수 있을까? 우리가 자기 기준을 가졌는지 아니면 자신을 속인 채로 살아가고 있는지 어떻게 알 수 있을까? 과연 그 상식을 어떻게 회복할 수 있을까?

상식을 찾아서

용감한 결단이 필요한 힘든 길이 우리를 기다리고 있다. **휴먼 바이오그래피**는 윗대 가족의 역사와 깊은 관련이 있다. 우리가 조부모(너무 윗대로 올라가지 않아도 된다)가 행사한 다양한 폭력을 목격하기만 해도 부모의 유년기 현실을 이해할 수 있고, 채워지지 못한 정서적 욕구와 무지함을 밝힐 수 있다. 우리는 엄마가 폭력에서 살아남기 위해 어떤 방법을 사용했는지 알게 되고 고통 때문에 정서적으로 단절되었음을 알 수 있다. 그런 다음 엄마가 그런 상황에서 그녀의 환상과 도덕 체계 또는 경직성 속으로 숨었는지, 아니면 고통이 그녀를 미치게 해서 연결된 삶을 살 능력을 없앴는지를 우리 기억 속에서 살펴볼 수 있다. 그러고 나면 우리가 어린 시절에 따르던 시나리오가 일치하는지 정직하게 바라봐야 한다. 종종 '주변인들'을 보면 추가 정보를 얻을 수도 있다. 정신분열증을 앓는 외삼촌을 통해 외할머니의 잔인함이 어느 정도였는지 볼 수도 있다. 가족 내 여러 사건과 비밀, 거짓말하는 습관, 가정에서 일어나는 일을 왜곡하는 뻔뻔함 속에서 논리적 또는 비논리적 실마리를 찾을 수 있고, 이것은 우리가 누구인지, 누가 먼저 단절했는지, 가족의 일관성 부족의 결과는 무엇인지 살펴보는 데 도움이 될 것이다.

우리가 엄마의 논리들을 참을 수 없어서 유년기 내내 자기 기준을 잃어버렸다면, 어른이 되어서도 그것을 찾기가 어렵다. 그렇다면 그것은 어디에 있을까? 영혼의 장소는 어디일까? 확실하지는 않지만 가능한 방법이 있는데, 각 에피소드와 기억, 느낌, 가까운 가족은 아니지만 누군가가 한 말, 나타난 질병, 계속 들려온 새로운 소식, 꿈 들을 순서대로 정돈해보는 것이다. **휴먼 바이오그래피**는 유년기 경험에서 시작해서 개인의 모든 경험을 **논리적으로 정리하는 작업**이다. 즉, 그 경험이 정서적인 면에서 일치하는지, 기억의 조각들이 자석이 붙는 것처럼 잘 맞는지 보기 위해 조작이나 왜곡 없이 원래 자리로 되돌아가 보는 것이다.

자기 기준이 없는 삶은 위험하다. 우리가 그 사실을 알지 못하면 약탈자들로부터 우리를 지킬 수가 없다. 때때로 우리는 자기 기준 없이 벙커 같은 다양한 피난처 속에 숨는다. 피난처의 벽(콘크리트든 가상이든)은 예외 없이 모두 두꺼워서 외부의 잠재적 위험에서 보호해 준다. 이 내용은 다음 장에서 살펴볼 것이다.

좋은 소식이 있다. **내적 기록**이 없는 여성이 엄마가 될 때, 새로운 기회가 생긴다. 어떻게 하면 기회가 생길까? 이 세상에 태어난 어린 아이들의 자기표현과 요구 및 필요를 불균형과 강요 없이 절대적으로 신뢰하는 것이다. 아이들은 백지상태로 태어난다. 인간은 만들어진 본래 모습대로 태어난다. 즉, 순수하게 태어난다.

정신적으로 불안정한 여성들에게 주어진 기회는 그것뿐이다. 우리가 자신과 관련된 일을 믿을 수 없다는 것은 알아야 한다. 우리는 할머니의 잔인함에 희생당해서 정신적으로 불안정해진 엄마가 낳은 결과이기 때문이다. 물론 그 할머니도 무서운 증조할머니의 희생자였다. 그러나 이런 광기의 사슬에서 떨어져 있을 수 있는 아이가 새로 태어난다. 만일 우리가 아이에게 **주의를 기울이고**, 타고난 지혜를 받아들이며, **아이의 기준만 사용하겠다고** 결단한다면, 수년간 이어져 내려온 비인간적 폭력을 치료할 수 있을 것이다.

어떻게 그것을 할 수 있을까? 아이의 필요에 아주 민감하게 반응하면 된다. **필요 없는 것을 요구하는 아이는 없기에** 위험할 것은 없다. 아이는 자기 존재 깊숙이에서 나오지 않는 것은 요구하지 않는다. 우리는 그저 아이 손을 잡고 **아이의 상식을 신뢰하면서 배우고 반응하면 된다.**

그렇다면 성인 남성은 정신적으로 불안정한 엄마 손에서 자라서 어린 시절에 잃어버린 자기 기준을 어떻게 다시 회복할 수 있을까? 지금 할 수 있는 최선은 아내가 어린 자녀들을 신뢰하도록 돕는 일이다. 그러면 그 아이들이 우리의 안내자가 될 것이다.

피난처, 은신처, 도피처

엄마가 어떤 행동을 할지 예측도 통제도 불가능한 혼돈 속에서 자랐다면, 우리가 할 수 있는 선택은 딱 두 가지이다. 하나는 불행히도 **엄마와 똑같이 불균형해지는 것**이다. 그러면 우리 정신도 엄마처럼 무질서해져서 그 속에서는 논리나 순서, 질서를 찾을 수 없게 된다. 지금까지는 **휴먼 바이오그래피** 시스템으로도 그것들을 찾지 못했다. 이 방법은 그것들을 **정리하도록 초대하는** 일이기 때문이다. 즉, 퍼즐 조각을 맞추려고 노력하는 일이다. 그러나 최소한의 조각도 맞추지 못하는 사람들도 있다. 그 예는 뒤에서 설명할 것이다.

또 다른 선택은 불안정한 엄마의 자녀들이 자신을 보호할 만한 **안전한 환경**을 찾는 것이다. 이 견고한 피난처에는 치명적 무기와 폭탄이 터지는 오랜 전쟁 기간 동안 살아남는 데 필요한 식량이 쌓여 있다. 그곳은 선택된 소수 인원만 들어갈 수 있는, 두꺼운 문이 달린

지하실이며, 우리는 이것을 벙커라고 부른다. 벙커 벽은 두껍고 그곳으로 대피한 사람들은 안전을 느낀다.

우리는 어렸을 때부터 다양한 형태로 벙커를 짓는다. 이후 성인이 되어서도 자기도 모르게 자동으로 벙커에 들어가고, 살아남으면 이것이 꼭 필요하다고 확신한다. 우리가 어렸을 때는 이 피난처가 꼭 필요했다. 그러나 **휴먼 바이오그래피** 과정을 진행하다 보면, 이 벙커가 보호해주는 곳이 아니라 감옥으로 변할 수도 있음을 알게 된다. 이것은 꼭 물리적 장소가 아니라, **타협이 안 되는 고집불통의 방어적 사고**일 수도 있다. 때때로 개념과 도덕적 가치, 찬성이나 반대 의견이 될 수도 있는데, 이 때문에 경직되고 고집스러운 사고를 유지하게 된다. 어쨌든, 다른 사람의 요구와 제안, 나와 다른 생각을 단호하게 거절한다. 왜냐하면, 자기 생각과 다르다는 이유만으로 위험하다고 생각하기 때문이다.

우리와 다르다고 배타적이거나 비협조적인 사람들이라고 판단하기보다는, 차라리 그 **두려움을 기록하는** 편이 낫다. 물론 그것은 매우 겁나는 일이다. 우리는 여전히 **엄마의 예측 불가능한 행동**의 결과 같은 절대 잊지 못할 경험 때문에 혼란스럽다. 우리가 **혼돈 속에서 살아남기** 위해 찾은 방법은 특정 기준과 정확한 범위 안에서 통제 방법을 찾을 때까지 자기 가치나 생각을 최대한 움켜잡는 것이었다. 그래서 이후에 일상생활이나 옳고 그름에 관한 기준에 어떤 변화가 생기면, 그것은 우리에게 위협이 될 수밖에 없다. 우리는 모든 것을 통제할 수 있을 때 비로소 편안함을 느끼기 때문이다.

두려움의 근원

비타협성과 편협함은 우리 문명에서 매우 일반적인 태도임을 다시 한번 강조하고 싶다. 따라서 그 의미와 그것을 지속하는 논리가 무엇인지 증명하고자 한다. **인간은 경직되지 않은, 유연한 존재로 태어난다.** 우리가 두려움이나 편집증을 갖고 태어났기 때문이 아니라, 어린 시절에 보호나 돌봄이 부족했던 상황에 대처하기 위해 그 메커니즘을 습득한 것이다.

경직된 생각에 계속 사로잡혀 있기를 바라겠지만 안 될 일이다. 그런 생각은 바람과 같기 때문이다. 그 어디에도 없는 생각이라 왜곡되기 쉽다. 우리는 생각만으로도 경직된 생각을 만들고 조직하고 바꾼다. 생각의 영역이기 때문에 제한이 없고 쉽게 변한다. 그러나 우리가 **정서적으로 분명한 규칙 없이** 자랐다면, (움직일 수 없고 헤아릴 수 없는 사랑의 영역이기 때문에) 이후에는 어떤 노력을 해도 움직일 수 없는 생각 속에 숨어서 보호를 받는다. 흥미롭게도 하나의 생각만 고수하는 것은 날씨가 변하지 않기를 바라는 것만큼이나 매우 어려운 일이다. 그런데 그 어려운 것을 우리가 한다. 우리는 무언가를 생각하면서 가능한 한 제한적이고 바뀌지 않으며, 경직되고, 움직이지 않는 사고의 벽 안에 그것을 가둔다. 무슨 생각일까? 무엇이든 상관없이 모든 생각이 포함된다. 따라서 효과적인 방법은 변동 없이 정해진 범주에서 옳고 그른 개념들을 순서대로 정리하는 것이다.

우리는 기존 사고에서 조금이라도 벗어나는 상황이 생기면 더 고집스러워지고 두려워한다. 사춘기 자녀가 부모 기준에서 벗어나 이성 친구를 만나거나 다른 일이나 행동을 하려고 하면 참지 못하는 경직된 부모를 생각해보자. 어떤 경우에는 부모의 정서적 붕괴가 심하게 나타나기도 한다. 나는 누가 더 옳은지 판단하려는 것이 아니다. 유년기에 겪은 혼란한 경험을 바탕으로 자신의 영역 외에 다른 것을 하지 못하게 만든 무의식적 두려움의 원인을 생각해보려는 것이다. 딸이 집에 데리고 온 외국인 남자친구, 평범하지 않은 직업 선택과 육식을 안 하겠다는 선택은 언뜻 보면 그렇게 큰일이 아닌 것 같다. 그러나 아주 잘 아는 통제된 규범 속에 생각을 가두도록 강요받은 사람에게 이것은 심각한 정서적 위협으로 다가올 수 있다.

우리는 그런 경직된 사고 속에서 '여기는 안'과 '저기는 밖'이라는 분명한 경계를 긋고 파티에 초대할 사람과 초대하지 않을 사람을 결정한다. 실제로 그것은 국경보다 더 넘기 어려운 선이다.

집단의 역사에서 인간이 마주한 정치 이데올로기와 잔혹한 전쟁이 어떻게 형성되는지 살펴보자. 무슨 근거로 만들어질까? 바로 완고한 생각들이다. 우리와 달라 보이는 개인이나 부족 또는 공동체가 주는 두려움을 위험으로 감지하고 반응해서 생기는 생각들이다. 나는 하나의 생각이 고정될 수 없다고 생각한다. 경직된 생각은 **두려움에 대한 자동 반응**일 뿐이다. 그것은 사회적 두려움이 아닌 개인적 두려움이다. 만일 사람들이 가진 모든 두려움을 합친다면, 우리는 겁에 질린 용들로 변할 것이고, 절대 좋은 결과가 나올 수 없을 것이다.

두려움의 근원은 숨을 쉬기 시작한 그 순간, 안기지 못하고 보호와 지지를 받지 못한 **생애 초기의 경험**에 있다. 삶에서 가장 두려운 순간을 기억한다면, 대부분 그때이다. 처음에 보호받지 못했던 장면들에 이후 사랑받지 못한 유년기의 경험도 더해졌다. 그렇다면 어떤 식으로 이런 **개인 경험**이 **집단적 반응**으로 나타나고 얼마나 자주, 얼마나 열심히 완고한 생각을 중요하게 여기며 방어하는지 생각해보자. 우리는 마치 그런 생각들이 변하지 않을 것처럼, 삶이 전혀 꼼짝도 안 할 것처럼 열심히 지키려고 애쓴다.

우리는 바람을 잠재우려고 애쓴 어린 시절의 정서적 혼란이 어느 정도였는지 상상할 수 있다. 그런 무익한 일에 힘을 쏟느라 우리는 이웃을 사랑하고 선을 행하는 에너지를 잃어버렸다.

내혼제 가정들

내적인 효과는 없지만, 외적인 안도감을 찾기 위한 방법은 많다. **고정된 질서에 따라 삶을 통제**하는 방법들이다. 예를 들어 내혼제 속에서 **통제된** 가정생활이다. 내혼제 가정이란 무엇인가? 이것은 충분한 보호를 제공하는 매우 명확한 규칙을 가진 가족이다. 여기에는 경제적 지원이 포함되는 경우가 많고, 가족 사업 내에서 일자리를 제공하기도 한다. 따라서 이런 사람들은 가족이라는 담장 밖에서 애정이나 자원, 음식 등을 찾으려고 하지 않는다.

나는 내 책『어머니들의 혁명』에서 내혼제 가정의 기능을 설명했다. 내혼제 가정(가장은 남성이 될 수도 있고 여성이 될 수도 있다)의 엄마가 보인 정신적 불균형을 비롯한 현상들을 살펴보면, 과거의 보이지 않는 **혼돈**의 끈과 집 출입문을 잠그게 만든 이유가 분명하게 보일 것이다. 물론, 종종 더 큰 렌즈로 여러 세대를 거쳐 관찰해야 할 때가 있다. 그렇게 보다 보면 얼마 안 돼서 격분하는 엄마와 평생 자녀를 엄격하게 통제하려는 고압적인 엄마 사이의 연관성이 나타날 때가 많다.

그렇다면 이런 내혼제가 좋을까, 나쁠까? 판단 자체는 별로 중요하지 않다. 원칙적으로 이 제도는 가족 구성원에게 충분한 영토와 보호를 제공한다. 따라서 한 명 또는 여러 명이 정서적으로 결속하고 능력을 개발하여 자신감을 키울 수 있는 안전과 편안함이 보장된다. 물론 이것은 장점이다. 또한, 우리 영토를 지배하고 지킬수록 후대에 양식과 보호와 안전을 제공할 수 있다.

이런 내혼제 가정에서 태어난 아이들은 대부분 좋은 유년 시절을 보낸다. 그런데 그중 누군가가 자유를 원하면 갈등이 생길 수 있다. 이미 우리가 아는 것처럼 **자유는 통제와 반대되는 개념**이기 때문이다. 자유는 속박이 없어서 날아가고 변하며 대담하다. 어느 정도 성장한 자녀가 그곳에서 벗어나려고 할 때가 되어야만 우리가 이러한 독립의 특권을 용인할지 아니면 혼란에 빠질지를 알 수 있다. 우선 어느 한쪽의 움직임도 미리 판단하지 말고, 가족이라는 안전망에서 벗어날 때 내혼제 가정 한 구성원의 대담함 속에 나타나는 **두려움**이 어느 정도인지를 관찰해야 한다. 이를 통해 우리가 어렸을 때 경험했던 혼란스럽고 예측 불가능한 시나리오를 상상할 수 있다.

가족생활을 조직하는 방법 중 더 나은 방법을 말하려는 것이 아니다. 그저 사람들이 견고하고 지속적인 가족 구조를 원하는 이유를 이해하려고 노력하는 것뿐이다. 이론적으로 무엇이 옳고 그른지, 젊을수록 더 자유로운지, 더 엄격한지, 개방적인 사고를 해야 할지, 전통을 고수할지를 토론하는 것은 아무 의미가 없다. 중요한 것은 우리가 유년기 공포에서 살아남는 데 도움이 되고 자동 반사 반응의 바탕이 된 환경을 이해하고, 그것의 존재 이유가 무엇인지 이해하는 것이다.

물론 모든 젊은이가 내혼제 가정 속에서 벗어나려고 애쓰지는 않는다는 사실을 분명히 해두고 싶다. 어린 시절에 유대감 없이 외로움을 겪으며 다양한 방법으로 버림받았던 엄마 밑에서 자란 많은 젊은

이가 자신을 숨겨주고 좋은 양식을 주며 마음을 따뜻하게 해주는, 내혼제 가정에 속한 사람과 사랑에 빠지고 싶어 한다. 이렇게 인간은 자신이 알든 모르든 자신에게 부족한 것을 채워주는 환경에서 과거에 얻지 못한 편안함과 즐거움을 보상받기 위해 노력한다. 우리는 늘 이 사실을 염두에 두고, 전체 관계 논리를 자세히 이해해야 한다.

경직성과 복종에 관해

유년기에 경험한 엄마의 광기에서 **살아남기 위해 자주 사용하는 또 다른 메커니즘**을 살펴보자. 원칙적으로 엄격하고 융통성 없는 규칙의 경직되고 딱딱한 조직은 **자신을 진정시키기 위해 믿을 만한 규칙**이 필요한 사람에게는 천국이 될 수 있다. 계급이 분명하고 자유롭게 생각하거나 결정할 필요 없이 복종과 지켜야 할 경계선이 확실한 조직은 이들에게 편안함과 행복의 오아시스가 된다. 전혀 과장된 말이 아니다. 실제로 늘 고통스럽고, 무심하며, 부주의하고, 예측할 수 없는 변화무쌍한 엄마와 유년 시절(뿐만 아니라 평생 그런 경우가 많다)을 보낸 많은 사람이 경직되고 압박감이 높은 조직에 들어가는데, 그곳이 그들에게 위안이 되기 때문이다.

예를 들어, 군대 내무반은 완벽을 추구하는 곳이다. 머리카락 하나도 흐트러뜨릴 수 없다. 가부장제 역사를 통틀어 군대는 모든 곳에 있으면서 명성까지 얻었다. 우리에게 꼭 필요한 곳이기 때문이다. 전쟁에서 이기기 위해 군대가 필요하다는 것은 사실이 아니다. 실제로 오늘날 전쟁이 선포된 국가는 많지 않다. 그러나 더 나은 기분을 느끼려면 군대가 필요하다. 상처 입은 우리 영혼을 최대한 통제하고 관리하며 늘 평화롭게 살아가려면 말이다.

일부 교회도 이와 비슷한 역할을 한다. 거기에도 특정 지위나 계급이 정해져 있고, 꼭 해야 할 의식과 따라야 하는 절차가 있다. 반복적이고 조직적인 모든 일, 특히 영적 피난처 안에 있는 것들은 우리의 상처받은 마음에 향기로운 꽃밭이 된다. 물론 내가 말하는 것은 영성 *spirituality*이 아니라, 우리의 오래된 정서적 장애를 진정시키기 위해 **소속감과 충성**의 영토를 제공하는 일부 교회 기관의 족내혼과 같은 특징이다.

과연 교회 없이 영성이 존재할 수 있을까? 물론이다. 그러나 그러려면 여기저기에서 영적 스승을 찾고, **상식** 선에서 다양한 배움을 비교 확인하며, 자유로운 정신이 흐르게 해야 한다. 그러나 우리는 이미 상식이 여러 능력 중에 그렇게 흔치 않은 것임을 확인했다. 특히 성직자가 권위적이거나 우리의 필요를 확실하게 채워주는 카리스마가 있다면, 대부분 그 조직을 충실히 따른다. 일부 교회에 매우 열심히 붙어 있는 이유는 영적 조화를 추구하기 때문이 아니라, 우리에게 안전함을 주는 매우 엄격한 피난처이기 때문이다.

한편, **복종** 그 자체는 어떤 형태든 **정서적 혼란**을 경험했던 어른을 위한 합법적 벙커가 된다. 우리는 군대 선임과 성직자, 교사, 직장 상사, 정치적으로 높은 사람 또는 배우자에게 복종할 수 있다. 복종과 그것을 유지하게 하는 두려움은 우리 움직임의 범위를 제한한다. 특히 개인이나 기업이 하는 요구가 분명하고 정확할수록 더 좁아진다. 우리가 어렸을 때 예측 불가능한 엄마 때문에 늘 경계심을 가졌다면, 어른이 되어서는 복종의 중압감을 별로 느끼지 않을 것이다. 계속 똑같은 지침을 따르는 것은 무엇을 따라야 할지 모르는 상황보다 훨씬 덜 힘들기 때문이다. 그래서 어떤 어른은 분명하고 영원불변한 지침을 세우고, 하나하나 세밀하게 대응할 수 있다는 사실에 아주 기뻐한다.

통제 강화 대(對) 예측 불가능

우리는 대부분 학창 시절을 잘 보내는 방법은 어른들한테 복종하는 거라고 배웠다. **불안정한 엄마** 손에 자란 사람들은 **복종**에 더 빨리 적응한다. 이들에게 학창 시절은 정의를 위해서가 아니라 선생님과 친구들의 학대와 폭력 때문에 복종했던 것만 빼면 즐거운 기억이 많다. 반대로 학교에서 강요한 복종을 거부한 사람들은 가정에서 광기가 있거나 예측 불가능한 정도까지는 아니더라도 무정했던 엄마의 정서적 영역에서 더 많이 추방당했을 것이다. 이들의 생존 방법은 다르다. 이들은 모든 구조의 외부에서 자유롭게 자신을 정리하도록 초대한다.

우리와 주변 사람의 행동을 관찰해보면, 수많은 태도가 엄마의 애정 결핍에서 살아남기 위해 사용하면서 보호막이 되어준 배역들의 반응임을 확인하게 될 것이다. **엄마가 정신적으로 불안한 경우**라면 거의 늘 **통제 강화**를 위해 무엇이든 최대로 제한하려고 노력할 것이다. 예를 들어, 엄격한 다이어트를 하는 사람들을 살펴보자. 이들은 우리 몸 안에 뭔가가 들어오기만 해도 엄마처럼 우리 몸에 해를 끼칠 수 있다고 여기고, 그것을 아주 세세히 **통제함으로써** 안정감을 얻는다. 거식증에 관련된 내용은 『어머니들의 혁명』에서도 썼지만, 과도한 음식 제한이 어떤 영향을 미치는지 살펴보기로 하자. 물론 과도한 식품 산업화로 식품 오염이라는 고통을 받게 되면서 갈수록 더 많은 식이요법이 생기고 있다. 그러나 여기서 말하는 내용은 그런 원인이 아닌, 음식을 아주 조금 먹을 때까지 **통제하려는** 정서적 욕구이다. 즉, 셀리악병이나 당뇨병 같은 건강 문제가 아니라, **생각의 힘**과 관련된 문제이다. 특히 다이어트를 할 때 엄격한 방법을 선택하고, 생각이나 결정에 매우 신경을 쓰는 것은 이것이 내부의 다른 상황을 진정시키는 효과가 있기 때문이다. **통제** 욕구가 채식, 아유르베다식*, 장수식, 선사시대식 다이어트** 방법보다 더 중요하다.

* 고대 힌두교의 건강관리 체계.
** 선사시대 사람들이 먹었던 음식이 몸에 이롭다는 생각에서 나온 식이요법.

아주 경직되거나 좀처럼 변하지 않는 관계나 상황은 **예측할 수 있기를 바라는** 정서적 욕구와 일치할 수 있다. 변화무쌍하여 예측 불가능한 상황이나 관계가 **우리의 내적 기준을 망가뜨렸고**, 더는 그것을 견딜 수 없기 때문이다.

우리는 자신의 내적 확신은 믿을 수 없지만, 견고하고 안정된 사람들의 지속성과 부동성은 믿는다. 예를 들어, 우리는 어떤 영역(반복되는 집안일이나 엄격한 위생 교육, 자신과 다른 관점을 절대로 용납하지 않는 환경 등)에서 엄격한 배우자와 사랑의 관계를 지속할 수도 있다. 비록 배우자의 권위주의가 불만스럽지만 그 사람을 가장 안전하다고 느끼기 때문이다. 또는 변화가 없고 정확한 규칙이 있는 환경, 즉 아주 제한적인 정서적 환경이나 내혼제 가정에서 자라서 우리를 안심시켜 주는 누군가와 관계를 맺는다. 우리가 배우자의 안정성과 지속성에 어느 정도 만족한다면, 우리에게 요구하는 질서가 그렇게 과하다고 느끼지 않을 수도 있다. 그러나 너무 엄격하면 불평이 생길 수도 있다. 그럼에도 불구하고, 우리는 지금까지 경험하지 못한 수준의 체계나 규칙을 배우자에게 기대한다.

안정감을 얻기 위한 의식 같은 강박관념들

강박관념도 피난처(벙커)가 될 수 있다. 일상생활에서 강박관념이 안 좋은 영향을 끼치면, 강박장애(OCD) 진단을 받는다. 이 질병은 유전이 아니라 **우리가 겪은 정서적 혼란에 대한 지적 반응**이다. 엄마와 비슷한 정신적 불균형을 겪지 않기 위해, 우리는 자신의 능력을 최대한 통제한다. 그리고 우리 영역 밖에는 어떤 작은 흔적도 남기지 않으려고 특별한 주의를 기울인다. 청소와 집 정리, 문 닫기, 엄격한 옷장 정리 같은 일상의 일들을 끊임없이 감시한다. 또한, 어렸을 때 배고픔과 배부름, 숙면과 밤샘 사이에 신체 리듬을 존중하는 일상의 의식들이 없었기 때문에 모든 행동을 의식처럼 만들려고 한다.

어렸을 때는 의식들이 꼭 필요하다. 실제로 어떤 일들이 늘 같은 방식으로 일어난다. 예를 들어, 자기 전에 꼭 이야기책을 읽는다거나, 학교에서 돌아올 때는 꼭 매점에 들른다거나, 탁자에 앉을 때 늘 같은 자리에 앉는다거나 하는 의식들은 우리에게 안정감을 준다. 이런 특정 행동의 반복은 아직 시간과 공간 개념들을 잘 다루지 못하는 어린 시절에 믿을 만한 기준이 된다. 예를 들어, 우리가 점심을 먹는 시간에 엄마가 직장에서 돌아온다는 것은 믿을 만한 기준이다. 아침 일찍 아버지가 개를 산책시킨 후 돌아와 현관문이 열리면 곧 우리를 깨우러 온다는 것도 또 하나의 믿을 만한 기준이다. 그러나 우리가 어렸을 때 누군가 우리를 보호하는 이런 아주 작은 행동들이 없었다면, 더 최악으로 엄마가 예측 불가해서 말이나 행동이 일관적이지 않았다면, 어른이 된 후 **안정감에 대한 욕구를 일부라도 보상해 줄 의식들을 만들어낸다.**

이런 의미에서 **강박관념**은 **우리를 안정시키는** 의식을 만드는 방편이다. 실제로 혼란한 상황에서도 그것들을 지키며, 예상치 못한 일을 막기 위해 확실한 통제가 필요할 때마다 또 그 의식을 한다. 가스 밸브가 잠겨 있는지 거듭 확인해야 한다. 때로는 혼란스러운 생각을 잠재우기 위해 안심되는 생각을 되풀이하고, 걱정거리를 하나하나 확인한다. 강박장애를 겪는 사람들은 종종 자신만의 의식을 행하면서 안정을 찾는다. 그래서 평화롭게 그 의식을 치를 수 있는 고독의 순간들이 필요하다. 이것이 질병이고, 극복해야 한다고 생각하면서도 말이다.

하지만 그것은 잘못된 생각이다. 이것은 질병이 아니다. 이것은 우리가 어렸을 때 보살핌을 받지 못하고 방치되었던 경험을 극복하기 위한 자기 보상적 반응이다. 집에서 나설 때마다 그런 의식을 치르는 것이 피곤하지는 않을까? 물론 피곤하지만, 어린 시절 겪은 잔인하고 사랑받지 못한 경험만큼 최악은 아니다. 그래서 그런 행동을 아주 심각하게 받아들이지 않는다. 오늘날에는 강박장애가 있는 사람을 그렇게 끔찍하게 보지는 않지만, 그들을 통해 우리 유년기가 얼마나 끔찍했는지를 이해할 수 있다.

앞에서 본 것처럼 이런 피난처, 즉 벙커는 아주 많을 수도 있다. 나는 그것들이 파괴적 상황에서 정서적으로 생존하기 위한 통찰력 있는 해결책이라고 생각한다.

보상적 피난처들

엄마의 광기가 사람마다 다른 폐해를 끼칠 수 있는데, 그중 가장 흔한 것이 **경직된 구조에 집착하는 것**이다. 이 경직성이 우리 내면의 모든 창의적이고 사랑스럽고 부드러운 부분을 가두는데도 말이다. 따라서 나는 정신을 위한 운동을 권한다.『휴먼 바이오그래피』에서 설명한 것처럼, 우리가 인간 행동을 이해하려면 각 **시나리오**의 논리를 찾아 이해할 때까지 탐정과 같은 정신으로 냄새를 맡고, 이성과 직감을 갈고닦아야 하기 때문이다. 내가 생각할 때 인간이 자신과 타인을 이해하고 연대를 보여줄 수 있는 유일한 방법은 우리가 하는 일을 왜 하는지, 무엇을 위해서 하는지 이해하는 것이다! 처음 우리 반응들은 **유년기의 보상**이었다. 단, 의식적으로 성숙하게 선택하고 결정하며 이해하는, 즉 두려움 때문이 아니라 좋은 일을 하고 싶은 열망에서 하는 경우는 제외된다.

실제로 우리에게 과한 질서를 요구하는 **시나리오**가 많지만, 그것을 알아채기는 쉽지 않다. 만일 이런 벙커들이 종종 구체적이거나 미묘하고 복잡한 인간의 행동 속에 감추어져 있다면, 어디에 있는지 어떻게 알 수 있을까? 대체로 더 제한적이고 감춰지고 변화 가능성이 적을수록, 보호 벙커로 볼 수 있다. 때때로 우리는 말 그대로 갇혀 있고, 다른 사람과 정신적 또는 노동적 교환을 최소로 하며 혼자 살고, 친구 폭도 좁아서 곁에 있는 지인들도 우리의 정서적 불안을 거의 알지 못한다. 그래서 여러 치료를 전전하지만, 우리 상황을 관찰하는 데 도움이 안 되는 여러 해석에만 집착한다. 그러니까 엄마가 우리가 만든 믿을 만한 일상에서 우리를 끄집어내서 예측이 안 되고 불안정한 곳으로 내던지는, 그 지속적인 두려움을 관찰하는 데는 전혀 도움이 안 된다.

그렇다면 경직된 벙커들을 반드시 다 버려야만 할까? 아니다. 나는 그것들이 **보상과 진정**의 역할을 한다고 생각한다. 다만 사상, 체계, 도덕, 철학, 그 무엇이 되었든 간에 철벽 방어할 필요가 없다는 것은 깨달아야 한다. 그것들은 우리가 살아남도록 도와주는 영토라는 의미에서 고마운 것들이다. 그러나 우리가 아이 같은 반응을 멈추고 더 높은 단계로 나가고 싶다면, 즉 어른으로서 직접 책임질 준비가 되었다면, 적어도 우리를 해쳤던 괴물이 더는 존재하지 않음을 깨끗한 눈으로 바라보아야 한다. 이제는 아무도 우리를 해칠 수 없다. 많은 사람이 우리를 기다리는데, 계속 그 안에 갇혀 있다면 너무 고통스러울 것이다.

충성심의 문제

벙커의 형태는 다양하다. 단단한 것도 있고 약한 것도 있다. 벙커에서 버팀이 되는 내부 구조를 만들 때 우리가 가장 많이 선택하는 방법은 **충성**이다. 인간은 태어나서부터 엄마의 보호에 의존하고, 생존을 위해서는 누군가로부터 **안전**한 보호를 받아야만 한다. 만일 **어렸을 때 기본적인 안전을 보장받았다면**, 지금 그렇게 보호가 필요하지는 않을 것이다. 그러나 이미 물은 엎질러졌다.

우리는 어렸을 때 약했고 생존에 필요한 보호 수준을 알고 있었다. 그러나 불행하게도 욕구를 채워주고 보호해주는 사람이 없었기 때문에 스스로 뭔가를 만들 수밖에 없었다. 이전 책들에서 말한 것처럼 우리는 배역들을 다양한 생존 메커니즘으로 사용했다. 어떤 배역을 맡을 때는 **보호를 받는 조건으로 충성**을 서약하기도 했다. 물론 이 모든 것은 무의식적 태도이다. 그것들은 아주 어렸을 때부터 무의식적으로 만들어졌다. 우리는 왜 그런 일을 했을까? 존립에 필요한 것을 얻기 위해 값을 치를 준비가 되었기 때문이다. 우리는 받은 호의의 대가를 충분히 되돌려 줄 수 있다.

우리 생애 최초의 절대 꺼지지 않는 **충성의 대상은 엄마**였다. 왜일까? 우리가 엄마에게 의존했다. 비록 엄마가 폭력적인 데다 알코올 중독자이고, 우울하고 불평이 많고, 미쳤거나 잔인해도 어쩔 수 없었다. 우리의 행복은 대부분 엄마에게 달려 있었다. 우리는 돌봄을 받아야 했고, 그 사랑의 부스러기를 얻는 대가로 삶을 엄마에게 바쳤다. **엄마에 대한 충성심**은 일상적이기 때문에 그것이 어떻게 작용하는지 깨끗한 눈으로 관찰하기는 어렵다. 엄마를 아주 정확하고 객관적으로 바라볼 만큼 성숙한 감정을 가진 사람들은 거의 없다. 하지만 우리가 아버지와 할머니 또는 이모의 벙커 속에 있었다면 엄마에게 충성하지 않았을 수도 있다. 정말 이런 말을 해서 유감이지만, 엄마와의 전쟁에서 우리를 인질로 잡은 사람에게 충성을 다할 수도 있다. 예를 들어, 아버지에게 충성을 다할 수도 있다. 그러나 그런다고 해서 본질적 문제가 변하지는 않는다.

충신들과 배신자들

우리가 누구에게 충성을 다하는지 어떻게 알 수 있을까? '우리가 말하는 대상의 입을 통해' 알아낼 수 있다. 우리가 엄마의 충신인지 아니면 할머니의 충신인지 어떻게 구별할 수 있을까? **휴먼 바이오그래피**를 살펴봐야 한다. 우리가 충성하는 대상이 없을 수도 있을까? 물론이다. 정서적 추방*emotional exile*이 나타나는 경우에 그렇다. 하지만 이 책에서는 그 경우를 깊이 다루지 않을 것이다. 지금 여기에서는 오로지 생존 욕구 때문에 그 말의 주인에게 **영원한 충성심**을 갖고 감사하는 경우만 생각할 것이다.

엄마의 말을 통해 모든 것을 이해했다면, 우리의 신념 체계는 엄마의 신념 체계를 따를 가능성이 아주 크다. 우리는 순간순간 그것을 확인할 수 있다. 우리는 누군가 엄마에 대해 의문을 제기하면 싫어한다. 그것은 우리에게 모든 것을 해준 엄마에 대한 **배신**이고 무례라고 생각하기 때문이다. 과연 정말 엄마가 우리에게 많은 것을 해주었을까? 엄마 생각에는 분명 가능한 한 최선을 다했을 것이다. 우리가 엄마에 대한 문제 제기를 참지 못하는 이유는 엄마를 향한 충성심이 넘치기 때문이다. 그것은 오래전부터 자주 반복된 협박으로 버림받을지 모른다는 두려움을 먹고 자라던 시절에 시작된 약속이다. "나랑 있으면, 절대 나쁜 일 따위는 벌어지지 않을 거야"라는 약속 뒤에는 "나를 버리고 다른 곳으로 떠나면, 절대 보호해주지 않을 거야. 그러면 결국 위험해질 거야"라는 말이 숨어 있다.

아이들에게는 선택의 여지가 없다. 물론 엄마의 보호가 필요하지만, 그것은 **조건 없는** 보호여야 한다. 아이들은 보호의 대가를 치러야 하는 존재가 아니다. 여기에서 속임수가 생긴다. 유년 시절을 굶주린 아이처럼 보낸 엄마들은 충성의 대가로 자녀들을 보호하고 함께해준다. 그러나 그 대가는 아주 미미한 관심 정도이다.

이런 엄마들을 향한 충성 체계는 이후 다른 개인적 관계와 **집단적 관계**에서도 비슷하게 작용한다. 여기에서 위험한 것은 **그 충성에 타당성이 없다**는 사실이다. 충성이란 **무슨 일이 벌어져도** 그 사람(또는 이데올로기, 도덕, 기업) 곁에 있을 거라는 뜻이다. 그 어떤 자율적이거나 다른 생각도 **배신**으로 간주한다는 뜻이다. **절대적 충성** 아니면 **배신**이다. 중간은 없다. 우리는 어떻게 이런 극단적인 생각을 하게 된 것일까? 삶과 죽음 사이에도 중간은 없다. 엄마가 줄 수 있었던 아주 적은 사랑에 집착하고 정말 실제로 애정 결핍을 경험했다면, 우리가 그 대가로 약속한 것은 조금이 아니라 전부이다. 우리의 삶은 가진 모든 것을 걸 만한 가치가 있다.

배고플 때 가장 먼저 할 일은 음식을 먹는 일이다. 연대감이나 존경심이나 친절을 갖추는 일이 아니다. 엄마의 사랑이 부족할 때도 마찬가지이다. 그 부스러기라도 얻기 위해 전쟁이 날 것이다. 따라서 여기 아니면 저기, 딱 두 가지, **충신이냐 배신자냐**로 굳어진다. 엄마가 그 참호들을 만들었다. **휴먼 바이오그래피**를 따라가다 보면 어슴푸레 보였던 이런 메커니즘들을 대부분 가족의 행동 속에서 분명하게 확인할 수 있다. 예를 들어, 어떤 아이들은 할머니 편에 서고, 어떤 아이들은 엄마 편에 섰다고 하자. 이들은 각자 가족 문제에 대해 부분적인 시선과 **충성심**을 갖고 있다. 현실이 이렇다. 전쟁 중인 어른들은 편을 나누고, 아이들의 관심과 지지를 받는다. 매우 적절치 못한 행동이다.

유년기 두려움에서 거짓 지도자를 향한 충성심까지

충성심은 유년기 초기에 형성되고 이것은 늘 엄마(또는 돌봐주는 사람)와 관련 있다. 자라면서 우리는 모든 애정 관계에서도 똑같은 논리를 만들어낸다. 즉, 연대가 아닌 **동맹**에 근거한 우정을 만들어 간다. 우리 정서 상태를 잘 이해하면서 우정을 유지하려면 친구들의 악마 변호인[*] 역할을 자처할 때처럼 훨씬 더 성숙하며 자신을 잘 알아야 한다. 그러나 우리는 그렇지 못하다. 따라서 더 안정감을 얻기 위해 동맹을 맺는다. 우리가 어느 한쪽 편에 더 가까워질수록(똑같은 음악 밴드나 드라마를 좋아하거나 같은 운동을 하고 있어서) 그 그룹 내의 동맹과 충성심은 더 강해진다. 옛날부터 우정은 서로 안전하다고 느끼고 **충성**을 맹세하는 장소이다. **그 오래된 약속을 배신한 대가**는 추방이다.

집단 속에서도 똑같은 일이 벌어진다. **정치**는 충성과 배신으로 이

[*] 열띤 논의가 이루어지도록 일부러 반대 견해를 보이는 사람.

루어진 게임을 기반으로 하는 것처럼 보인다. 그러나 사실은 유년기의 불안에 근거한 오해들을 기반으로 한다. 실제로 많은 사람이 기본적인 불안을 더 많이 경험할수록 **거짓 지도자**, 이념, 정당 또는 **소속감을 보장하는** 대상에 절대적인 충성을 바친다. 문제는 우리가 어떤 정치적 견해나 이념을 좋아해서가 아니라, 충성심 때문에 그런 행동을 한다는 사실이다. 즉, **안전한 환경을 경험하지 못한 사람들은 유년 시절의 두려움에 사로잡힌 포로들이다**. 여기서 더 안 좋은 일은 누군가 어떤 정당을 포기하고 마음을 바꾸거나, 그 이념에 동의하지 않으면 이유가 무엇이든 간에 바로 **배신자**로 간주한다는 것이다. 이런 경우에는 중간이 없다.

충성심은 또 다른 훌륭한 벙커이다. 거기에는 좋고 나쁜 생각의 범위가 분명히 정해져 있다. 안에 있으면 동맹군이고 밖에 있으면 적군이다. 그런데도 충성심은 문제를 유발하고 우리를 눈멀게 한다. 우리가 충성심이 가득한 군인이라면, 우리를 보호해준 누군가를 지키려고 이성이나 욕구, 기준 없이 힘을 다 쏟아부으면서 주관성을 잃게 된다. 안타깝게도 과도한 충성심은 종종 **엄마의 사랑을 받으려고 그녀의 모든 필요에 촉각을 세우며 하나하나 반응했던** 과거 욕구의 투사이다. 우리가 아무리 노력해도 엄마는 절대적 실존의 공허함을 느끼며 계속 우리를 버려두는 자신의 모습을 바라보고 있었을 것이다. 그러나 충성심은 우리가 엄마와 연결되어 있다는 환상을 계속 갖게 한다. 현재 그 대상은 다른 사람들이 되었을 수도 있다.

충성심은 거짓 생존 조약이다. 누구도 우리가 원하는 정서적 보호를 해줄 수 없다. 비록 우리가 희망의 끈을 놓지 않는다고 해도 말이다. 이런 것들이 우리가 평생 갖는 오해이다. 이런 오해는 **조금만 사랑을 주기로 해도 그것을 약속한 대상을 위해 목숨을 바치는 군대**를 만들고 피난처를 찾는 사람들처럼, 제대로 사랑받지 못한 다른 많은 사람의 이야기와 관련 있다. 이런 불쌍하고 미성숙한 사람들 속에서 정치인들은 엄마가 자녀들을 보호하기 위해 사용하는 것과 같은 메커니즘을 사용한다. **충성하게 되면, 자유는 없다.** 또, 자발적이거나 창의적인 생각은 존재하지 않는다.

반대로 생각해보자. 만일 우리가 진짜 능력 있고 의식이 깨인 통치자나 기업인이라면, 즉 우리가 성숙했다면, 누구에게도 충성을 요구하지 않을 것이다. 진짜 힘이 있다면 자신의 참을 수 없는 욕구를 만족시키기 위해 다른 사람을 복종시킬 필요가 없기 때문이다. 진짜 힘은 오히려 유년기의 욕구를 버리고 **다른 사람을 사랑하고 섬기는 능력이다.**

충성과 배신의 게임은 다른 사람에게 충성을 요구하는 사람들뿐만 아니라, 충성을 다하는 사람들도 만든다. 권력의 영역에서 사람들이 우리에게 얼마나 충성하는가는 별로 중요하지 않다. 우리는 절대로 신뢰를 얻지 못할 것이다. 내적인 신뢰는 유년기 초기에 만들어지기 때문이다. 적어도 우리는 자신에게 일어난 일을 이해해야 한다. 그리고 절대 누구도 우리를 돌봐줄 필요가 없음을 수긍하는 어른과 그렇지 못한 아이의 차이점을 이해해야 한다. 이제 우리가 성장했기 때문에 더는 나쁜 일이 벌어지지 않을 거라는 사실을 깨달아야 한다.

우리에게 충성을 요구하는 통치자들은 신뢰할 만한 사람들이 아니다. 그들은 다른 사람의 조화와 풍요를 위하지 않고 자기 안락만 찾기 때문이다. 어떤 약속도 지키지 않을 것이고, 오히려 소속감을 유지하려는 우리의 엄청난 욕구와 우리가 치러야 하는 대가만 생각할 것이다. 충성심으로 인해 개인뿐만 아니라 공동체 속에서 자신이 얼마나 미성숙하고 조작당하며, 변할 수 있는 존재인지 확인할 수 있다. 소속된 곳이나 존경의 대상 또는 관계를 다 버리라는 뜻은 아니다. 그렇다면 이 문제를 어떻게 해결할 수 있을까? 가장 먼저, 일관적 기준이 없는 엄마에게서 자란 결과 우리에게 발생한 정서장애와 존재적 공허함을 인식해야 한다.

좋은 의도로 시작된 초기 사회 혁명들은 지도자를 향한 강한 충성심을 근거로 이루어졌기 때문에 역사적으로 실패했다. 그런 충성심은 국민의 모든 자유를 박탈한다. 자유와 자율적인 사고, 개인적 기준 없이는 **혁명도 불가능하다**. 어떤 이데올로기가 더 많은 공감을 일으키는지는 별로 중요하지 않다. 문제는 소위 이념이 아니라, 아이의 두려움에 기초한 집단적 작용이다. 따라서 역사를 통틀어 백성은 충성심의 영역에서 조금도 벗어나지 않고, 비인간적이고 잔인하며 잔혹하고 불합리한 상황에서도 리더들을 충실히 따랐다. 그러나 그런 충성심은 두려움의 결과이기 때문에 폐해를 낳을 수밖에 없다. 충성심이 다른 가치보다 우위에 있다면, 그것은 우리가 길을 잃었기 때문임을 잊지 말자.

우리가 누구 또는 무엇에 대한 충성심 없이도 살 수 있을까? 개인 취향이나 의견, 또는 생각이 있으면 나쁠까? 사실, 우리의 유일한 충성심은 **자기 자신, 자아**와의 조화 속에서 만들어져야 한다. 우리가 태어난 시점으로 돌아가서 우리 본질과 조화를 이룰 수 있다면, 그 때 그 나쁜 일이 어른이 된 지금은 일어날 수 없음을 이해할 수 있다면, 엄마를 객관적으로 보면서 그녀의 삶의 이야기와 장애들을 이해할 수 있다면, 어떤 영역에서든 자유롭게 결정하고 어떤 것도 오염되지 않은 깨끗한 눈으로 바라볼 자유가 생길 것이다. 두려움 없이, 대가를 치르지 않고, 누구에게도 복종하지 않고, 오직 우리 자신에게만 충실하고, 우리에게 벌어질 수 있는 일을 이해하는 데만 충실하면서 말이다. 개인 탐구에 바탕을 둔 이런 진실을 깨닫는다면, 우리는 타인을 지지하는 행동을 할 수 있을 것이다. 두려움에서 자유로운 사람이 될 것이다. 모두와 함께 흘러가면서.

흔한 시나리오와 배역들

수십 년 전부터 이 일을 해오면서 갈수록 나아지고 있기는 하지만, **휴먼 바이오그래피** 방법론을 가르치는 일은 여전히 어렵다. 내 바람은 잘못된 시선에서 벗어나 진짜 자기 모습을 바라보고 싶어 하는 사람들에게 도움을 주는 방법을 전파하는 것이다. 나는 이 방법을 찾고 체계화하고 이론화하는 것이 내 의무라고 생각한다. 이것은 효과적이고 구체적인 도움을 주는 도구이기 때문이다. 사람들의 삶은 저마다 특별하고 독특하다. 하지만 이 방법을 오래 사용하면서 사람들의 삶에서 일치하는 부분들을 발견하였다.

모든 방법론은 내 책 『휴먼 바이오그래피』에 나오기 때문에, 개념을 반복할 필요는 없을 것 같다. 이 방법이 점점 더 나은 기준을 바탕으로 전문가들의 작업에 가이드 역할을 해주고 있는 것만은 분명하다. 하지만 아직은 **인간 영혼을 살피는 탐정들**로 변모하는 데 필요한 **절대 후각**을 발달시키는 방법을 찾지는 못했다. 나는 전문가들이 스스로 이런 방법들을 찾아 사용하기를 바란다. 원칙적으로 그 후각은 진정한 자아를 찾고자 애쓰는 사람들에게 지속적인 관심을 가지고 함께하는 경험과 실습으로 훈련할 수 있다고 말해왔다. 그런 후각 없이는 자신을 발견하고 싶어 하는 사람들의 전체 모습을 바라볼 수 없기 때문이다.

휴먼 바이오그래피 작성에 참여하는 일은 삶의 일대기 속에서 찾아야 할 특정 순서와 그것을 유지하는 논리, 어린 시절의 시나리오, 아이부터 어른이 될 때까지 보호와 관심을 얻기 위해 가졌던 배역들이 섞인 예술이다. 모든 인간의 삶에서 보이지 않는 이야기를 관통하는 상상의 끈에도 나름 논리가 있다. 그것은 우리가, 특히 그 삶의 주인이, 그것을 이해하고 무엇이든 자신과 타인에게 유리한 의식적인 결정을 내릴 수 있게 하려면 꼭 발견해야 한다.

하지만 **휴먼 바이오그래피**는 정신적으로 뭔가를 만들어가는 과정이 아니다. 이것을 확률 계산으로 바꾸는 것은 위험하다. 다른 체계, 특히 전통적 심리학의 주장과 같은 (아주 논란의 여지가 있는) 해석을 하게 되기 때문이다. 여기에는 **직감**이 끼어드는데, 특히 전문가와 내담자 사이의 **정서적 융합**이 들어간다. 상대가 느끼는 것을 느낄 수 있는 능력 말이다. 비록, 상대가 그 사실을 인식하지 못한다고 해도. 어떻게 그 능력을 얻을 수 있을까? 원칙적으로 **휴먼 바이오그래피**를 정직하게 따라가면서, 더는 두려워할 필요가 없다는 것을 이해하도록 감정적 벽을 허물면, 그것이 무엇인지 느낄 수 있다. 어린 시절에 두려웠던 이유를 깨닫고, 이후 자신의 반응을 이해하면서 실제 있었던 경험들을 차례대로 정리할 수 있다면 가능하다.

유년기의 반응들, 특히 외로움과 학대, 폭력에 대한 두려움은 그때의 그 기준으로 인식하고 관찰해야 한다. 청년기의 반응은 우리를 보호해준 배역이 만든 것이다. 성년기의 반응은 배역의 숨겨진 혜택(자신에게 유리하지만 타인에게 손해인 경우가 많다)에 대한 적응이다. 끝으로 우리 삶의 그림자와 빛에 대한 더 큰 인식의 반응은 **휴먼 바이오그래피**를 유지하는 논리와 질서를 이해할 때 내리게 될 결정들이다.

유년기 두려움이나 인정 욕구 또는 모든 정서적 욕구를 버리고 비로소 타인과 조화를 이룰 때까지 우리 자신을 자연스럽게 흘려보내야 한다. 그런 내어줌은 **정서적 융합**을 촉진할 것이다. 휴먼 바이오그래피 전문가들은 내담자의 현재 정서 상태뿐만 아니라 과거 경험도 느끼면서, 정돈 상태와 관조적인 시선, 전체 비전에 가까이 다가갈 것이다. 가치 판단 없이, 어떤 의견에 반대나 찬성 없이, 그 누구도 탓하지 않고, 각자 자신의 논리를 이해할 것이다.

휴먼 바이오그래피 속의 질서는 내담자의 유년기 내용에 일관성이 없어 보일 때, 아주 중요한 연결 조각이 된다. 기억을 정돈할 수 없거나 이야기에 일관성이 없을 때는 어린 시절 겪었던 **엄마의 정신**

적 불균형의 폐해를 확인할 수 있다.

일반적으로 내담자와 첫 만남을 할 때 **휴먼 바이오그래피**의 논리와 질서를 세운다. 그러나 아무리 혼란스러운 이야기를 분석해도 질서를 잡을 수 없을 때는 내담자에게 이런 모순된 상황을 알려주고 도움이 될 만한 가설을 제안한다. 어린 시절의 시나리오가 **엄마의 정신적 불균형과 비일관성**에 물들어 있다고 가정하는 것이다. 내담자가 정신적으로 순서에 맞게 정돈할 수 있는 게 아무것도 없기 때문이다. 대부분 이런 경우는 엄마의 **정서장애**로 인한, 예측할 수 없고 비일관적인 말이나 행동, 즉 '**혼돈**'을 표현한 그림(165쪽)을 보여주면 도움이 된다.

혼돈의 내적 경험

우리가 유년기에 다가간다는 것은 **시나리오**를 살펴본다는 뜻이다. 아이들이 태어나는 환경에는 특징이 있다. 가족 유형과 사회 경제 및 문화적 수준 등 많은 특징은 고려해야 할 내용에 큰 영향을 끼친다. 이것을 영화라고 생각해보면 도움이 될 것이다. 만일 영화가 사막 한가운데서 시작한다면, 거기에는 목마름과 먼 거리, 외로움, 그늘이나 시원함의 욕구가 있을 것이다. 영화가 전쟁터에서 시작한다면, 전사들과 생존자, 죽음, 긴장감, 전략, 행동, 참호가 있을 것이다. 영화가 인쇄소에서 시작한다면, 직원들과 활판, 잉크, 종이 뭉치, 소음, 인쇄 기계가 등장할 것이다. 영화가 나쁜 여왕이 있는 성에서 시작한다면 백성과 재물, 배신, 하인, 숨겨진 사랑 이야기 등이 나타날 것이다.

아이가 어떤 시나리오 속에서 태어났는지 객관적으로 확인하고 나면 나중을 이해하는 데 도움이 된다. 아이의 행동과 적응은 반드시 태어난 환경과 일치하기 때문이다. 그러나 그 시나리오 확인이 어려운 경우라면, 기억이 모순되거나 심각한 정신적 불균형(진단 여부와 상관없이)이 있었던 엄마와 관련된 이미지가 있기 때문이다. 그런 경우에는 눈을 크게 뜨고 혼돈을 제대로 관찰하도록 내담자에게 이 그림을 보여준다.

흥미롭게도 그런 내담자에게 이 그림을 보여주면 진정이 된다. 왜일까? 이 그림은 그들에게 실제로 일어났지만, **그동안 아무도 말해주지 않은** 경험을 나타내기 때문이다. 시나리오가 혼란스럽고 무질서하며, 통제와 예측을 할 수 없다는 사실을 입증하면 내담자의 내부에서 미묘한 내적 질서가 생긴다. 그런 다음 기억이 폭포처럼 쏟아지고, 그 기억들이 어린 시절에 경험한 혼돈과 광기와 관련된, 모순된 경험과 들어맞기 시작한다. 어떤 경우에는 엄마가 한 말과 실제 벌어진 일이 너무 달라서 과거에 무슨 일이 일어났는지 알 수 없을 때도 있다. 결론적으로 이 혼돈의 그림은 아무것도 이해할 수 없다는 사실을 **확인시켜준다.**

혼돈

때로는 일상생활 속에서 정해진 일과가 전혀 없었던 아이들도 있다. 또, 어떤 아이들은 상상할 수 없을 정도로 잔혹하게 엄마(또는 엄마의 지지를 받은 아버지)의 폭력과 잔인함을 경험했다. 그 강도가 너무 심하면, 아이들이 그런 상황을 제대로 인식하지 못하는데, **인간의 본성과 맞지 않기 때문이다.** 그런 상황은 정서적, 신체적 기준 없이 우리를 절대적 고립무원 상태로 몰아넣는다. 즉, 실존적 공허함에 빠지게 될 수밖에 없다. 유년기는 우리 본질과 아주 촘촘히 연결되어 있다. 따라서 우리 본성과 맞지 않은 경험을 하게 되면, 우리와 진짜 자아를 연결하는 끈을 그림자 속으로 보내고 적응할 때까지 그런 경험을 자연스럽게 거부한다. 그리고 그에 따른 다양한 증상들이 나타난다.

자기 보호를 위한 선택

종종 우리는 그 **무질서** 상태가 매우 심각함을 깨닫는다. 그러나 우리에게는 이미 어릴 때부터 우리를 숨 쉬게 하는, 공기처럼 의지한 **안전한 피난처**가 있다.

피난처는 종류가 매우 다양하다. 예를 들어, 사랑이 많은 엄마가 따뜻하게 맞아주던 같은 반 친구의 집이 될 수도 있다. 또, 우리를 숨겨주고 상상의 팔로 안아주는 문학 세계로 빠져들게 하는 강박적인 독서가 될 수도 있다. 아니면 일정한 목표를 정하고 그것을 달성하기 위해 열심히 시간표와 규칙을 따르며 하는 운동일 수도 있다. 또, 관심 있는 주제에 관한 강박적 연구가 될 수도 있다. 한편, 말하면서도 안타깝지만, 사랑의 환상 속에서 가까운 가족과 친척들에게 반복적으로 당한 잔인한 성적 학대일 수도 있다. 요점은 우리가 일찍부터 심각한 광기로부터 보호해줄 튼튼한 벙커를 찾는다는 사실이다. 그러나 다른 한편으로 벙커는 그 바깥에서는 살 수 없다고 생각하게 하여 스스로를 고립시킨다.

이런 혼돈 속에서 우리는 종종 내담자들에게 '**혼돈과 피난처**' 그림 (168쪽)을 보여주기도 한다. 그러면 그들은 예전에는 다른 사람의 비난 때문에 설명할 수 없었던, 그러나 이제는 딱 들어맞는 자신의 행동 논리를 깨닫는다.

다시 한번 말하지만, 우리가 하는 일에 좋고 나쁜 기준은 없다. 우리가 태어나고 자라나는 동안의 **시나리오**와 그 산물인 **배역**들과 함께 그 일을 할 뿐이다. 내담자는 '혼돈과 피난처' 그림을 보면서 자신의 반응을 제대로 이해하지 않고 급하게 피난처 속으로 들어갔던 상황들을 떠올린다. 그리고 삶의 전체 이야기를 살펴보고 무장을 해제하며, 안정을 회복한다.

우리는 어렸을 때의 시선으로 관찰하며 그 논리를 찾는다. 그러면 뭔가를 하려고 하기 전에 생전 처음 깨끗한 눈으로 충분히 관찰하는 시간을 보내게 된다.

혼돈과 피난처

잔인함의 허용치 초과

좀 더 깊이 들어가서, 내담자의 이야기에서 엄마 또는 돌봐준 어른의 **잔인함**의 강도가 심할 때는 유년기의 **시나리오**를 분명하게 알아보기 위해 '지옥'을 나타내는 그림(171쪽)을 사용한다. 이 그림이 엄마의 광기 또는 정신적 불균형뿐만 아니라, 상상의 한계를 넘는 폭력이 일어났음을 보여주기 때문이다.

이럴 때는 아주 세밀한 주의를 기울이면서 내담자의 경험을 정리한다. 정서적 지옥을 경험한 아이는 자기 경험을 왜곡하거나 거부했을 가능성이 크기 때문이다. 그렇게 안 했으면 아마도 그 상황에서 살아남을 수 없었을 것이다. 이런 사람들과 이야기를 나누는 것은 정말 쉽지 않다. 끔찍한 어린 시절을 겪은 사람들은 거짓말을 하거나 상상으로 지어내고, 그런 상상을 진짜로 여기는 데 익숙하기 때문이다.

실제로 이런 사람들은 누군가 해준 말을 무조건 모두 받아들인다. 왜냐하면 **자기 기준이 전혀 없기 때문**이다. 개인 탐구에서 핵심은 내담자가 전문가의 말에 동의하는지 확인하는 일이다. 여기에서 우리는 내담자가 본질적 자아와 일치하지 않고 **배역의 기준에 끼워 맞추고 있음**을 깨닫는다. 무엇보다 이 사실을 가장 먼저 분명하게 알려야 한다. 자기 의견이 없다는 사실을 솔직히 말해줘야 한다. **자기 기준이 없는 상태가 위험하다는 것을** 주의 깊게 봐야 한다. 전문가의 의도가 아무리 좋아도, 내담자가 자기 기준이 없다는 것이 심각한 문제라는 사실을 진지하게 깨닫기 전에는 이 과정을 계속해나갈 수가 없다.

공동의 생각을 방어하기 위해 만든 많은 집단과 협회, 교회, 군대, 종파, 정치적 민병대, 종교 단체는 자기 기준을 믿지 못하는 사람에게 위안이 된다. 그들은 다수가 지지하는 생각과 의견을 지지할 수밖에 없다. 그런데 거기에서 문제가 생긴다.

혼란스럽거나 지옥 같은 **시나리오**를 경험한 사람은 **정서적으로 약하기 때문에** 피난처를 찾는다. 더 경직되고 닫혀 있을수록, 안전함을 느낀다. 연약함과 두려움에도 자동으로 반응한다. 자유 의지나 창의력, 잠재력을 펼치는 일에는 전혀 도움이 안 된다. 생각의 범위를 넓히는 일에도 걸림돌이 된다.

이미 말했지만, 스스로 **생각을 하면 자유로워진다.** 그러나 우리 생각이 두려움이나 소속 욕구에 좌우되면, 우리 생각이 아니라 우리를 **보호하는 사람에 대한 충성**만 신경 쓰게 된다. 그런 사람들은 서로 생각에 관해 이야기를 나누지 않기 때문에 이 사실을 꼭 명심해야 한다. 생각은 방어를 위한 게 아니라, 마음을 열기 위한 것이다. 무리하게 생각을 방어한다면 뭔가 다른 일이 벌어진다. 우리가 보호하는 것은 우리의 힘이다. 우리의 피난처, 우리의 구원이다.

한편, 우리가 사용할 생각들은 생존을 위해 선택한 **배역**과 일치

지옥

한다. 이 생각들은 우리의 배역이 가장 좋아하는 대본이며,『휴먼 바이오그래피』에서 말한 것처럼, 자아를 속이는 말을 만든다. 따라서 우리가 하는 말은 정서적 생존 체계의 맥락에서 평가되지 않으면, 별 의미가 없다.

엄마의 정서적 불균형에서 나온 삶의 이야기

이 책에서는 기본적 무질서와 혼란과 관련된 휴먼 바이오그래피들을 함께 나눌 것이다. 엄마의 불균형이나 잔인함은 정신을 황폐하게 만들 수밖에 없다. 이런 유년기 시나리오에서는 그 당시의 공포 수준에 맞춰서 배역을 선택했다.

이 책에서 소개할 휴먼 바이오그래피는 다양한 실제 사례를 선택해 섞은 내용이다. 유사한 시나리오에서 나온 휴먼 바이오그래피 속 비슷한 사건의 양을 확인하고 보니 그런 장면에 속한 사람이 누구인지는 별로 중요하지 않았다. 누군가 나에게 사생활을 자세하게 이야기해줬다고 생각하는 사람들도 있을 것이다. 하지만 아무도 나에게 이런 이야기를 해주지 않았다. 이것은 특정한 사람의 이야기가 아닌 일반적인 이야기이다. 무정함과 학대 또는 잔인함을 경험할 때 사람들은 거의 비슷하게 반응하기 때문이다.

몇 년 전부터 나는 시나리오와 배역들을 설명하기 위해 여러 가지 그림을 사용했다. 그림은 휴먼 바이오그래피를 말로 설명할 때, 전달

해야 하는 다양한 의미나 해석을 놓치지 않도록 추가로 사용하는 중요한 도구이다. 구체적인 그림은 내담자의 설명이나 속이는 말 사이에서 길을 잃지 않고 사용 중인 **배역들**의 논리를 확인하는 데 도움이 된다. 그림은 그 자체가 목적이 아니라, 개인이 삶에서 발견한 것과 찾고 있는 내용에 관한 합의를 끌어내는 데 아주 효과적인 도구이다.

이 책에서는 **무질서**와 **광기** 또는 **공포**와 관련된 세 가지 일반 시나리오를 뽑았는데, 감히 〈광기에 대한 비전통적 연구서〉라는 제목을 붙일 수 있을 것 같다. 이 시나리오들에서 다양한 **배역들**이 나타날 수 있다. 배역은 유년기에 생존을 위해 찾은 방법이다. 『휴먼 바이오그래피』에서 설명한 것처럼, 배역은 주로 엄마나 엄마 역할을 한 사람 때문에 선택한다. 이후 청소년기를 거치며 그것을 더 다듬고 성인 시기에는 완벽하게 자기화시킨다. 배역을 자기 인격으로 착각하는 것이다. 하지만 그것은 오해이다. 배역은 아직 보여주지 않은, 인격이라는 보물을 가리는 **가면**이다.

파즈 마리*가 그린 그림들을 이용해 배역의 예를 보여줄 것이다. 이 과정이 자신과 타인을 이해하는 데 도움이 되기를 바란다. 참고로, 이 그림들은 타로 카드를 참고해서 만들었다.

---

* *Paz Mari*. 아르헨티나 프릴리디아노 푸에이레돈 국립 예술학교 미술학 교수. 정신분석과 예술 연구를 수행하며, 영화를 비롯한 다양한 매체와 함께 작업하는 비주얼 아티스트이다.

졸병

이 배역은 **정서적 혼돈** 속에서 자란 사람들에게 아주 좋은 피난처이다. 자기 자신과 접촉할 수 있는 모든 부분을 차단하기 때문이다. 이들은 평화와 조화를 위해 다른 사람의 요구 사항을 완벽하게 따른다. 실제로 권위주의와 엄격함이 여전히 남아 있는 가운데 혼돈 속에서 복종하는 법을 배웠기 때문에 이런 **배역**이 나타나는 시나리오들이 있다. 그런 환경에서 복종은 우리 의지와는 상관없이 안전지대가 된다. 우리는 혼란 속에서 반항하거나 사라지거나 아니면 정반대의 선택을 한다.

한편 아주 무질서한 환경에서 자랐다면, 가장 **엄격한 질서**가 피난처가 된다. 그런 사람은 알지 못하는 무궁무진한 자신의 정서적 세계와 연결될 필요조차 못 느낀다. 물론 이것이 꼭 위험한 것은 아니다. 우리가 충성스러운 군인이 되었을 때 얻는 혜택은 아주 많다. 누군가 우리 욕구를 채워주기 때문에 안도감과 편안함을 얻을 수 있다. 적어도 놀랄 일은 안 생긴다. 규율과 계층 구조는 늘 똑같기 때문이다. 연대에 속해 있어서 크게 부족한 것도 없을 것이다. 단, 어디가 되었든 떠나고 싶다는 자유를 꿈꾸게 될 때는 어려움이 생긴다.

엄청난 자유가 운명적으로 우리에게 다가올 수도 있다. 예를 들어, 우리와 달라서 도저히 이해할 수 없는 아늘이나 만속을 느끼지 못하는 형편없는 성행위 또는 우리의 통제 범위가 아닌 법의 규제 때문

졸병

얼음 여인

에 경쟁적으로 변하는 직업, 사회 또는 환경적 기회를 통해서 어려움이 생길 수 있다. 어떤 경우든 졸병 배역은 유년기에 예측할 수 없었던 엄마 때문에 생긴 분노를 잠재워준다.

얼음 여인

정서 세계의 냉각은 공포가 일상이었던 유년기에 알게 모르게 많은 도움이 된다. 만일 뜨거운 지옥 속에서 자랐다면, 타는 고통이 사라질 때까지 차갑게 해주는 것보다 처음부터 타지 않는 게 낫기 때문이다.

우리는 감정을 얼려서 애정 관계, 직장 관계, 개인 관심사로 인한 고통을 피하려고 한다. 감정이 얼어붙으면 누군가에게 상처를 준다는 것을 알아채지 못하기 때문이다. 그런데 또 우리는 아주 친절하고, 신중하며, 도움을 주는 사람이 되려는 경우가 많다. 따라서 공격성이나 대립, 갈등이 생기지 않는다. 다른 사람들은 최고의 균형 상태를 보여주는 우리와는 싸울 수 없다고 확신한다. 덕분에 우리는 어떤 고통도 받지 않는다. 이 관계에서 생기는 불이익은 다른 사람들의 몫이다.

이런 경우에는 다른 사람들을 **느끼지 못하는데**, 그들을 우리 인식 영역 밖에 두기 때문이다. 사람들이 우리와 관계를 맺을 방법은 없다. 감정의 얼음 속에서 동요하지 않고 그대로 가만히 있기 때문이다. 따라서 이 배역은 위태로운 감정에서 벗어나게 해준다. 위태롭지 않아서가 아니라 단순히 우리가 모든 감정을 **느끼지 않기 때문**이다.

초고속 열차

극심한 공포를 느낄 때, 도피는 가장 훌륭한 전략이 된다. 우리 중 누군가는 아주 어릴 때부터 이 방법을 사용했을 것이다. 뛰쳐나가거나, 도망치거나, 흔적을 남기지 않고 사라지는 방법이다. 자동으로 이런 반응이 튀어나온다면, 계속 그 방법을 사용할 것이다. 그렇게 해서 좋은 효과를 봤기 때문이다.

언제 그것이 효과적일까? 특히 타인과 접촉할 때 우리에게 정신적 헌신을 요구하며 꼼짝도 못 하게 만들 때이다. 그것은 정말 고통스럽다. 그런 정서적 접근은 우리에게 상처를 주고, 즉시 무력감과 폭력, 굴욕 같은 감각적 기억을 불러일으킨다. 그러나 무작정 모르는 곳으로 달아나는 동안에는 무정함이 우리를 따라오지 못할 거라고 믿는다. 종종 이런 **배역**은 열심히 일하고, 야망과 책임감이 강하며 항상 해결해야 할 문제가 많은 것처럼 위장한다. 즉, 늘 언제라도 뛰어나갈 변명거리가 있다.

신체 운동을 통해 과도한 에너지와 분노, 긴장감을 떨쳐내기도 한다. 실제로 운동선수로 활약하는 예도 많다. 그리고 직장이나 사회

초고속 열차

점검표

에서 눈에 띄게 움직이며 인정받는 혜택을 누린다. 그 에너지는 계속해서 힘을 불어넣어 주기 때문에, 사람들 눈에는 활기 넘치고 재미있는 사람으로 보인다. 하지만 누군가 애정 관계를 요구할 때 허점이 드러난다. 그럴 때 마치 갇혀 있는 것처럼 답답하게 느끼기 때문에, 빨리 벗어나서 다시 자유롭게 움직이기 위해 온갖 전략을 다 사용할 것이다. 이럴 때 고요함과 침묵은 우리를 꼼짝 못 하게 붙잡아 두려는 위험한 괴물들이다.

점검표

무질서하고 예측할 수 없는 엄마는 삶 속에서 자연스럽게 생기는 기본 신뢰를 무너뜨릴 수 있다. 그런 엄마와 함께 살면 불규칙한 움직임을 두려워하고, 삶의 모든 영역에서 최대한 질서와 정확성을 추구하려고 애쓴다. 이런 배역은 모든 것이 제각기 자기 자리를 찾을 때만 진정할 수 있다. 집 안의 물건도 제자리에 있어야 하고 먹거나 자는 시간, 강박적인 일상, 반복적 의식과 같은 절차들이 다 지켜져야 한다.

이게 문제일까? 아니다. 삶의 방식에는 좋고 나쁜 게 없다. 모든 것이 제자리에 있는지 확인하고 싶어 하는 사람들은 그저 자신의 고뇌를 진정시키기 위해 노력하는 것뿐이다. 게다가 이런 통제 욕구 때문에 혜택을 보는 사람도 많다. 우리가 모든 것이 제자리에 있는지 몇 번이고 확인할 사람이라고 생각하기 때문에 안심하는 사람들 말이다. 하지만 때때로 우리는 끝없는 점검의 소용돌이에서 빠져나오지 못해 고통받기도 한다.

폭탄

활력이 넘치는 시나리오(만일 엄마가 통제 불능 상태라면, 열정적이거나 금방 사랑에 빠지거나, 뭔가에 열광하는 사람일 가능성이 있다는 것을 기억하자)를 가졌다면, 그 넘치는 에너지의 경로를 찾아야 한다. 만일 엄마가 자신의 기쁨과 슬픔을 **표출하기만** 했다면, 어린 우리는 그 감정 폭발을 막으려고 계속 경계 상태에 있었을 것이다. 큰 감정 그릇이 깨질 때까지 그 모든 감정을 담아두고 **참는 데** 익숙했을 것이다. 한마디로 폭탄을 안은 셈이다.

이 배역은 자신에게 좋은 일을 하는지, 나쁜 일을 하는지, 자신이 좋아하는 일인지 아닌지를 잘 모른다. 워낙 참는 데 익숙하기 때문이다. 그저 분노와 고통, 두려움, 피로를 한곳에 모아둘 뿐이다. 이런 유형의 피난처는 분명히 감정들을 **표출하지 않을 것**이다. 엄마가 과도하게 감정을 표출한 결과를 이미 많이 경험했기 때문이다. 그러나 뭔지도 모르고 감정들을 하나하나 쌓아두기만 하면, 눈에 안 보여도 그 강도가 점점 커진다. 그러다가 누군가 실수로 도화선을 건드리기만 해도 바로 터질 것이다.

폭탄

분리

이 **배역**의 장점은 얼마 없는데, 스스로 위험하다고 느끼기 때문이다. 그러나 우리는 그 위험을 제압할 수가 없기 때문에 여기저기에서 터진다. 우리는 자신을 예측할 수도, 폭탄을 피할 수도 없다. 위에서 설명한 것처럼, 이 **배역**은 항상 통제되는 게 아니므로, 긴장감의 수위가 어느 정도일 때 참을 수 없을지를 알아야 하고, 터지기 전에 미리 통제하기 위해서 매우 노력해야 한다.

분리

지적 능력을 중요하게 여기고 머리를 발달시키는 데 몰두하는 사람도 많다. 어린 시절 **시나리오**에 극심한 정서적 고통이 나타난다면, 지적 영역으로 도피하는 것만으로는 부족하고, 정서적 세계와 **연결된** 모든 흔적을 **끊어버려야** 한다. 이 배역은 육체와 감정체*Emotional Body*에서 두뇌(지적 능력)를 **분리하고 자르고 끊어낸다**. 감정을 별로 중요하지 않은 하위 영역으로 취급하며, 감정과 관련 없는 아주 높은 영역을 추구하는 생각만 가득하게 된다.

또, 이 배역은 생각과 이론 또는 어려운 철학, 과학적 문제를 다루는 지성과 함께할 때 편안함을 느낀다. 인간의 세세한 부분들인 정서와 분리된 세계가 편안함을 주기 때문이다. 그렇게 깨끗하고 정확한 환경을 확보하면서 인간의 영혼과 관련된 문제를 다룰 필요가 없다는 혜택을 얻는다. 마음의 고통이나 감정이 없다면, 원하는 것을 얼은 셈이다. 그러나 자신이나 타인의 정서적 욕구나 정서적 고통, 상실과의 접촉을 강요받을 때 문제가 생긴다. 그럴 때 어떻게 움직여야 할지 모르고, 그것과 관련된 어떤 훈련도 받지 않았기 때문이다. 그럴 때는 길을 잃고 헤맬 수밖에 없다.

유령 또는 투명인간

우리가 엄마의 광기와 폭발에서 살아남기 위해 선택하는 흥미로운 메커니즘이 또 있다. 바로 **보이지 않게 사라지기**이다. 혼돈이 가득한 집 안에서 우리가 사라져도 아무도 눈치채지 못했다. 우리는 마음대로 나타나거나 사라지고, 밖으로 나가 돌아오지 않아도 되고, 조용히 방 안에 있거나 어두워질 때까지 나무에 올라가 있을 수 있었다. 물론 엄마는 전쟁 같은 결혼 생활 중이라 바빠서 아무것도 눈치채지 못했다. 어떤 가족들은 우리를 '벙어리'라고 부르며 놀렸다. 실제로 우리는 거의 말 한마디 하지 않았다. 서로 이야기를 나눈 적이 없다. 당연히 남들 눈에도 띄지 않았다.

먼저 우리가 선택한 투명인간 배역의 단점을 살펴보자. 일단 유년기와 청소년기에 친구를 잘 사귀지 못했을 것이다. 또래들 사이에서 존재감이 전혀 없었기 때문이다. 마치 학교 운동장에 있는 **사물**과 같은 존재였다. 목소리도, 표현도, 바라는 것도 없는 물건과 같았다. 그래서 우리는 아주 슬퍼하며 이 세상에서 있을 곳이 없다는 느낌을

투명인간

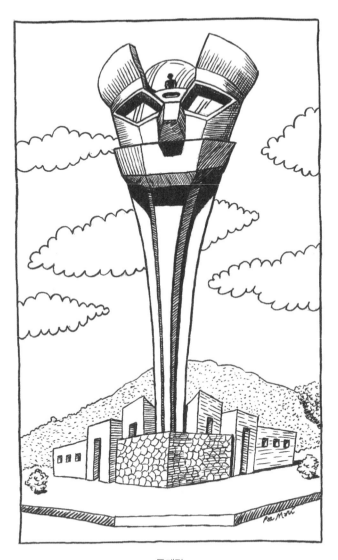

통제탑

받았다. 그렇게 자기 삶을 살고 공부하고 일하고 서로 사귀고 사랑하고 즐기고 함께하며 사회생활을 하는 인간 집단과 철저히 분리된 채 자랐다. 그런 것들은 우리를 위한 게 아닌 것처럼 보였다. 사람들이 서로 연결된 세상은 닿을 수 없는 미지의 영역이었다. 그래서 늘 외롭고 어느 곳에도 속하지 못한 느낌이 들었다.

이 배역의 큰 혜택이라면 **아무것도 책임질 필요가 없다**는 점이다. 그렇게 우리는 없는 존재가 되었다. 어느 곳에도 속하지 않고 그 어떤 관계도 맺지 않았기에 갈등도 없고, 도전할 일도 없었다. 모든 문제는 다른 사람에게 떠넘기면 끝이었다. 투명인간 배역은 엄마의 광기에서 벗어나려는 시나리오에서 나왔고, 우리는 성인이 된 지금도 여전히 밖에 머물며 다른 사람과 인간관계를 맺지 못한다.

통제탑

이 배역은 우리가 경험한 시나리오의 혼돈을 정리하려는 통제, 그 이상의 메커니즘이다. 일반적 통제와 차이점이라면 자신이 다른 사람 위에 있어야 한다는 점이다. 우리는 특정 지위나 권력을 가진 계층으로 올라가서, **위에서** 아래를 관찰하고, 자신이나 타인의 움직임을 엄격하게 통제할 수 있어야 한다. 물론 다른 사람들보다 위에 올라가서 명령하고 결과를 책임질 능력과 따르는 사람을 적절히 배치할 수 있는 지적인 능력이 있을 때 이런 배역이 가능하다.

이 배역의 혜택은 시야와 관련 있다. 시야 밖에서는 혜택을 누리기가 어렵다. 절대적인 통제 속에서 커다란 안정감을 얻는다. 더 높이 올라갈수록 통제 가능 영역이 넓어지고, 안정감도 더 커진다.

이 배역의 단점이라면 고독해진다는 점이다. 그곳에는 혼자만 있기 때문이다. 완벽한 통제와 명령을 하고 유지, 감시하는 사람이 우리 말고는 없다. 따라서 이 감정은 양면적이다. 한편으로 모든 영역을 엄격하게 통제하려고 애쓰고, 또 다른 한편으로 그 통제 영역이 넓어질수록 더 상처받기 쉽다.

그림의 용도

이런 그림들은 하나의 예로 제시한 것뿐이다. 인간은 단순한 **배역**보다는 훨씬 더 복잡한 존재이다. **휴먼 바이오그래피** 속에서 우리를 보호해주는 **배역**을 감지하는 일은 내담자가 하는 말에 속지 않고 실제 있었던 일을 정리해나가는 데 도움이 된다. 배역마다 각각 논리가 있어서, 일단 상담자가 그것을 알아내면 내담자가 하는 이야기 때문에 혼란스러워하지 않아도 되고, 그 피난처가 주는 진짜 권리를 찾을 수 있다.

이 책에서는 **엄마의 무정함 범위**를 더 깊이 다룰 것이다. 단순히 우리가 경험한 외로움과 엄마의 몰이해뿐만 아니라, 지금까지 문제를 일으킬 정도로 심각한 무질서와 잔인함이 나타나는 유년 시절의

휴먼 바이오그래피들을 선택해서 보여줄 것이다. 혹시라도 이런 현실에 환멸을 느낀다면 용서를 구한다. 하지만 이것은 있는 그대로 사실이다.

혼돈

밀라그로스는 스물아홉 살 여성으로 8개월 된 아들을 데리고 처음 이곳에 상담을 요청했다. 콜롬비아의 칼리에 살고 있어서 상담은 스카이프를 통해 이루어졌다. 그녀는 산후 우울증 진단을 받은 상태였다. 그녀와 간단한 대화를 나눈 후에 **휴먼 바이오그래피** 작성을 시작했다.

그녀는 외동딸이다. 부모는 그녀가 세 살 때 이혼했다. 그래서 아버지에 대한 기억은 다른 여성과 다른 집으로 갔다는 것뿐이다. 그녀가 어머니와 함께 지냈던 기억 속으로 들어가자마자, 빗자루나 몽둥이로 맞은 기억이 나타났다. 그녀는 어머니에게 너무 꼬집혀서 몸에 시퍼런 피멍도 들었다. 학교에 갈 때는 상처를 들키지 않으려고 화장을 하기도 했다. 나는 그녀의 기억이 터져 나올 때까지 아주 예민하고 섬세하게 질문을 이어갔다. 어머니는 그녀를 욕실에 가두고 욕조 안에 서 있게 했다. 힘들어서 앉으려고 하면 불같이 화를 내며 전보다 훨씬 더 세게 때렸다. 그녀의 머리카락을 남자처럼 아주 짧게 자르고, 그녀가 악마의 눈을 가지고 있다며 비난했다. 의자에서 일어나거나 움직이지 못하게 하면서 공부를 강요했다.

나는 혹시 그녀가 아버지나 다른 사람에게 이 사실을 말한 적이 있는지 물었다. 그녀는 자신이 어머니를 보호해야 한다는 것을 알았기 때문에 절대 다른 사람에게 말하지 않았다고 했다. 나는 어머니를 보호해야 한다는 그 말은 어머니가 그녀에게 해준 말이라는 것을 분명하게 설명해주었다. 그리고 그녀가 당한 잔인함의 수준도 말해주었다. 불행히도 그녀에게는 이런 형벌을 함께 나눌 형제자매가 없었기 때문에 그 수준이 심각했다. 그렇게 말해주자 갑자기 그녀가 표정을 바꾸면서, 어머니는 때리기는 했지만 좋은 분이라고 강조했다. 나는 그녀를 진정시키면서 어머니를 비난하려는 게 아니라 어린 시절을 떠올려보는 과정이라고 설명했다. 그녀에게 어머니는 이 세상 전부이기 때문에 그렇게 감싸는 것도 충분히 이해가 갔다.

그녀의 어머니가 '단순히' 잔인한 사람인지, 아니면 정신적으로 불안한 사람인지 확인하기 위해서, 그녀에게 어머니가 화내는 시점을 예상할 수 있었는지 자세히 질문했다. 그녀는 어머니가 화낼 때마다 이유가 달랐기 때문에 전혀 알 수가 없었다고 했다. 혹시라도 예상가능한 때가 있었는지 반복해서 질문하는 것은 전혀 의미가 없었다. 어머니가 진정했던 이유가 어떨 때는 분노하는 이유였기 때문이다. 그녀는 무엇을 어떻게 해야 할지 몰랐다. 어머니의 화를 누그러뜨리거나 그 분노에 불을 지피는 '원인'이 계속 변했기 때문이다.

결론적으로 나는 시도 때도 없이 터지면서 언제 잠잠해질지 모르는 어머니의 폭발을 기다리고 있는 어린 소녀의 경험을 말로 표현하기 위해 노력했다.

나는 그녀의 학창 시절을 조사했지만, 어디에서도 피난처를 찾을 수 없었다. 그녀는 같은 반 친구가 집에 초대해도 어머니가 허락하지 않아서 갈 수 없었고, 친구들과 교제도 거의 못 했다. 정말 있었던 일인지 알 수는 없지만 이런 일도 있었다고 그녀가 털어놓았다. 어머니가 생일 파티에 가도록 허락했지만, 집에 돌아왔을 때 몽둥이로 두들겨 맞았고, 이후에는 어떤 초대에도 응할 수가 없었다고.

이런 비슷한 장면을 여러 번 확인한 후, 그녀가 어떤 활동에 관심을 보이며 좋아하면 그것이 어머니를 폭발하게 해서 금지당했다는 사실을 알게 되었다. 어머니는 일하지 않았지만, 아버지가 생활비를 보냈는지, 경제적 상황은 어땠는지 알 수가 없었다. 그녀는 생활이 아주 어려웠지만, 경제적인 도움을 받았는지 못 받았는지는 기억하지 못했다. 그녀는 그저 먹고, 학교 가고 텔레비전을 보고 집 안에 갇혀 지냈다.

나는 다른 질문도 많이 했지만, 대답은 거의 다 비슷했다. 더 무서운 장면이 나타날수록 대답은 불친절해졌다. 기계적으로 대답하거나 마치 그때 그 자리에 없었던 사람처럼 대답하는 경우가 많았다. 나는 그녀의 태도에 당황할 수밖에 없었는데, 그녀는 그러다가도 울면서 구타당했던 일들을 상세히 털어놓기도 했다. 그녀의 어머니는 다른 사람과 단절되어서 아주 외롭게 살았다. 그녀에게는 가족들과 함께하거나 이웃들과 친하게 지낸 기억이 전혀 없었다.

두 번의 상담 후 나는 그녀에게 어린 여자아이의 경험을 나타내는 혼돈의 그림(192쪽)을 보여주었다. 그림을 본 그녀는 놀라고 겁먹은 얼굴로 나를 쳐다봤다. 자녀를 분노를 쏟아내는 그릇으로 사용할 정도로 정신적으로 불균형한 엄마를 경험했을 때 나타날 수 있는 **정신적 폐해**에 대한 이론을 그녀에게 설명해주었다. 이 모든 조사 과정은 절대 쉽지 않았다. 그녀의 기억을 정리한 후, 극심한 광기 속에서 살아남기 위해 어떻게 했는지 함께 살펴볼 거라고 설명해준 다음 한 주 후에 다시 만나기로 했다.

몇 주 동안, 그녀는 우리 기관 비서에게 온갖 변덕을 부렸다. 좋다, 아니다, 한 번 더 상담을 받고 싶다, 그러다가 또 싫다를 반복하고는 상담 중에 했던 대화 요약본을 요청했다. 이제까지 상담했던 내용을 전혀 기억하지 못했기 때문이다. 상담 비용도 냈다고 했는데, 영수증도 찾을 수가 없었다. 그렇게 여섯 달이 지났다.

마침내 그녀와 다시 만나 조사 과정에서 순서대로 정리하는 것이 왜 중요한지 이야기를 나누었다. 또, **휴먼 바이오그래피**를 시작하려면 첫 만남에서 대화한 내용을 어느 정도 정확하게 기억하는 것이 중요하다고 설명해주었다. 적어도 그녀에게 제안한 것이 도움이 되는지, 그녀의 기대에 미치는지 그리고 이 조사를 함께 할 수 있을지 알아봐야 했다. 그녀는 기관 관리자와 적었던 내용과는 다른 설명을 하면서 아주 혼란스러워했다.

그래서 어머니의 정신적 불균형과 정서장애로 인한 어린 시절 **정신적 파괴**라는 분명한 결과와 관련해서 첫 번째 상담에서 나눈 이야기를 차례대로 요약했다. 다시 유년 시절 장면들을 말해주자 똑같은 기억들이 나타났다. 어머니가 샤워 중에 어떻게 때렸는지, 방에서 얼마나 발로 걷어차고 욕을 했는지, 또 얼마나 오랫동안 먹을 것을 주지 않고 가뒀는지.

학교에서는 나쁜 학생이었고, 어머니는 그녀에게 바보 멍청이라고 했으며, 그녀는 어머니의 말을 그대로 믿었다. 나는 그런 무서운 환경에서는 학업 집중에 필요한 휴식을 할 수 없었을 거라며 공감해주었다. 여기에서 문제는 지적 능력 부족이 아니라, 그녀의 모든 자원을 고갈시킨 정서적 현실이었기 때문이다.

그렇게 열여덟 살까지 심한 학대가 계속되었다. 그녀는 아버지에게 같은 집에서 살게 해달라고 전화했던 날을 기억했다. 아버지는 거절하는 대신 돈을 보내기 시작했다. 그녀는 정리되지 못한 혼란스러운 상황 속에서 어머니 집을 나와서 어느 가정집에 들어가 하숙을 했다. 거기에서 한 남자(그 집 아들)를 알게 되었고, 처음으로 성 경험을 했다. 이 부분에 대해서 많은 질문을 했지만, 너무 모순되는 대답을 해서 믿기 힘들었다. 어머니의 광기에서 '해방'된 후 함께했던 모든 남자와 관계를 설명한 내용은 아주 이상했다. 그녀는 남자들에게 복수하기로 했는데, 그녀에게 남자들은 매우 나쁘고, 그녀를 이용만 하는 존재였기 때문이다. 결국, 나는 그녀에게 지금까지 내가 발견한 한 소녀에 관해 말해주었다. 제대로 정돈된 감정 구조 없이 **정서장애**

를 **겪는 엄마** 외에 그 어떤 사람과도 관계를 맺은 적이 없는 소녀, 그래서 깊은 관계가 아니라도 남자와 쉽게 침대로 가는 성적 관계 외에는 안정된 관계를 맺을 수 없는 소녀에 관해 말해주었다. 한편, 그녀가 그 관계들에 대해 내리는 이상한 해석은 실제라기보다 공상에 가까웠다.

나는 어떻게 그런 일이 일어났는지 이해할 수 없지만, 그녀는 심리치료사나 정신과 의사들과 상담을 통해 약물 처방을 받았다고 했다. 처음에는 항불안제만 먹었지만, 점점 다른 약들도 늘었다. 상담 당시에 그녀가 복용하는 약은 산후 우울증 '방지' 약이었다. 그녀에게 있었던 일들과 특별한 전문 상담 경험 또는 남성들과의 경험을 정리해 달라고 내가 요청할 때마다 그녀는 더 혼란스러워했다. 나는 그런 반응이 어릴 때부터 **현실을 왜곡**하도록 강요한 어머니의 광기 때문인지, 아니면 약물 부작용 때문인지 알 수가 없었다. 그녀의 피난처를 찾기 위해 노력할 수밖에 없었다. 그녀는 어머니와 비슷한 **정신장애**를 보였지만, 분노는 없었다. 그리고 더 깊이 조사할수록 더 많은 혼란과 모순이 나타났다.

탐정의 감각으로 생각하기 위해 숨 고르기

이렇게 갈수록 혼란스러워지면 진행하던 과정을 다시 설계한다. **휴먼 바이오그래피**는 열린 눈으로 현실을 바라보기 위해 정리하는 작업이기 때문이다. 이런 정리 과정에서 참을 수 없을 정도로 고통스러운 일이 확실하게 드러나고 **현실 왜곡이 일어난다면**, 정반대 목표를 세운다. 내담자에게 **휴먼 바이오그래피**를 작성할 수 없다고 말할 수도 있다. 이 경우는 그녀가 이 조사를 계속할지, 중단할지 정직하게 말해야 한다는 것을 설명하기 위해서 그렇게 제안했다. 하지만 그녀가 이 제안을 이해했는지도 확신할 수 없었다. 그녀가 대화 내용과 전혀 상관없는 것들만 질문했기 때문이다.

다음 만남에서는 스무 살부터 지금까지 성인이 된 이후의 연대기를 만들어 보자고 했다. 이미 태어난 지 한 달이 채 안 된 아기가 있었고, 전문가 입장에서 볼 때 그녀가 말한 만큼 아주 시급한 문제는 아니지만 가짜 산후 우울증도 있었기 때문이다.

그녀는 여러 분야를 전공하려고 했다지만, 그 말이 사실인지도 알 수 없었다. 어떤 과목을 공부했는지, 그 공부가 어땠는지 등 학업에 관한 질문을 하면 할수록, 대답이 미덥지 못했기 때문이다. 그녀는 아버지에게 학비를 받았다고 했다. 사회학, 조경, 저널리즘, 그래픽 디자인 등 다양한 분야를 전공했다는데, 그런 주장이 진짜인지 의심스러웠다. 남자들과 관련된 이야기도 있었지만, 진짜와 가짜를 구분하기가 힘들었다. 소설 같은 해석으로 가득했기 때문이다. 특히, 그녀는 모든 남자친구가 안겨준 환멸을 말하고, 그들을 버릴 수밖에 없었다며 다 안 좋게 이야기했다. 그녀는 연인 관계가 끝날 때마다 우울해서 다시 약물치료를 받아야 했다. 나는 이런 정보들을 정리할 수 있는 기준이 될 정보를 찾을 수 없었다. 그녀도 약물 복용이 증가했던 기간을 기억하지 못했다. 그래서 나는 지금 알 수 있는 내용이 없어서 어둠 속을 걷고 있는 것 같고, **휴먼 바이오그래피**를 통해 일어난 일의 순서를 찾고 있지만 할 수 있을지 모르겠다며, 이것이 그녀에게 필요한 방법이 아닐지도 모른다는 생각이 든다고 솔직하게 말했다. 그리고 작은 이야기 조각들을 해체하고 다시 맞춰서 논리적인지를 알아보고, 이 과정을 그녀와 함께 아주 정직하게 해나가도록 노력할 거라고 말했다. 나는 그녀가 이 상담을 끝낼지도 모른다는 생각이 들었다.

혼돈이 우리를 잠식할 때

결국, 그녀가 했다는 다양한 분야의 일과 남자친구들을 만난 횟수가 도무지 믿기 힘들어서 최후의 수단으로 남편(아들인 프란시스코의 아버지)과의 관계에 집중하기로 했다. 그녀의 남편은 그녀가 확실히 일한 적이 있는 사업장의 사장이었다. 그녀보다 스물두 살이 많았고, 이미 십 대 자녀가 셋이나 있었다. 나는 상담 초기, 간단한 자기소개 시간에 그녀가 이 부분을 말하지 않았다는 사실에 놀랐다. 이후 그녀는 남편의 학대에 관한 이상한 이야기를 했는데, 결국 그들이 어떻게 함께 살게 되었는지 정확히 이해하기는 힘들었다. 그녀는 그때 일을 아주 상세히 말했고, 나는 실제 장면과 추가한 해석들을 섬세하게 구분했다. 그녀는 계속 남편의 학대에 집중해서 말했지만, 그 대화는 모순투성이었다. 조사하면 할수록, 그녀가 **현실을 왜곡**하고 있음을 확신했다. 아들이 태어났을 때 남편이 그녀를 공격했던 일화를 말했지만 완성된 이야기는 아니었다. 그 이야기 조각들을 맞춰나가려고 할 때마다 그녀가 주장을 계속 바꿨기 때문이다. 나는 남편이 전처와 세 명의 자녀를 떠났을 때 어떤 상황이었는지, 어떻게 그들과 관계를 이어갔는지, 그녀는 그 관계에서 어떤 내용에 동의했는지, 그녀의 임신이 두 사람이 계획하여 이루어졌는지 알아보려고 했지만, 그녀는 계속 이해할 수 없는 설명들만 늘어놓았다. 좀 더 인내심을 갖고 이일에 관해서 설명하며 모순된 부분들을 적어 보여주자, 그녀는 모든 것을 인정하고 순간 조용해졌다. 그러면서 날짜와 이름, 있었던 일을 정리한 종이를 빤히 쳐다보았다. 나는 그녀에게 자동으로 나타날 수 있는 감정 폭발을 지칭하는 단어들을 사용했는데, 그녀는 마치 날씨 이야기하듯 자연스럽게 인정했다. "네, 네, 그건 그래요. 저는 또 정신이 나가서 그를 깨물었어요." 그녀는 대부분 이런 식으로 대답했다.

그래서 다시 **혼돈의 그림**을 사용하기로 했다. 이것은 그녀의 어머니의 모습이 아닌, 고통받지 않으려고 현실과 **접촉하지 않는** 습관을 갖게 된 그녀의 모습이었기 때문이다. 특히 친밀한 관계에서 그녀가 어떻게 행동했는지 확실히 알기가 어려웠다. 그러나 그녀의 어린

아들이 분명 위험한 상태일 거라는 추측은 할 수 있었다. 그것은 사실이었다. 또한, 그녀가 그 어떤 **피난처**도 찾지 못했다는 사실도 알았다. 그녀는 외동딸이고, 어머니가(또한, 어머니의 광기가) 실제로 그녀를 사로잡고 있었기 때문이다. 이것이 바로 심각한 **정서장애**의 원인이었다.

나는 다시 그녀와 함께 **혼돈의 그림**을 살펴보았다. 그녀가 현실을 왜곡했을 뿐만 아니라, 수년 전부터 정신과 약을 먹었다는 것도 확인했다. 이야기를 조직화하면 할수록, 더 혼란스러워졌다는 것도 보였다. 나는 그녀가 한 말과 구체적인 사실을 비교하려고 노력했다. 예를 들어, 남편은 전 부인과 사이에서 낳은 자녀들을 만났는지, 그녀도 그들을 알고 있는지, 특히 그녀가 최근 출산 후에 새롭게 알고 지내는 사람들이 있는지를 알아보았다. 여전히 그녀의 임신과 출산, 산후 경험에는 다가갈 수 없었지만, 정서적 혼란이 **휴먼 바이오그래피**를 발전시키는 데 방해가 된다는 것을 알았기 때문에 더는 조사할 수가 없었다.

신기하게도 그녀는 **혼돈의 그림**을 보자 진정했다. 그래서 이 그림을 컴퓨터 화면에 늘 깔아두라고 말했다. 그녀의 실제적이고 영구적인 느낌이 응축된 그림이었기 때문이다. 나는 자주 말을 바꾸는 그녀의 버릇과 약물치료, 심각한 현실 **왜곡** 성향 때문에 이 과정을 진행하기 어렵다고 설명했다. 그녀는 그간 수많은 치료를 받는 동안 누구도 그런 말을 해주지 않았다며 오랫동안 울었다. 이 모든 게 마음에 크게 다가오고 뭔가 잃어버린 느낌이 든다고 했다. 짧긴 했지만, 그 순간 처음으로 내가 그녀와 연결되었다고 느꼈다. 이후 그녀를 돕는 일이 쉽지 않아서, 우선 계속할 준비가 되어 있는지 물어보았다. 그녀는 계속 울면서 아들과 함께 있는 게 너무 두렵고 그 감정을 견딜 수 없다고 했다. 외롭고 절망적인 느낌이 드는데 뭘 어떻게 해야 할지 모르겠다고 고백했다. 그런 절망감에서 벗어나기 위해 도움이 필요하다고도 했다.

나는 그녀에게 더 자주 만날 것을 제안했다. 무엇이건 특정 논리에 따라 그녀의 이야기들을 해체하고 다시 만들어가는 작업이 필요했기 때문이다. 나는 **그녀가 만들어낸 이야기와 일어났을 법한 현실의 차이**를 살펴보자고 제안했다. 생각을 정리하거나 아들을 잘 대하거나 남편과 솔직한 대화를 나누는 방법을 알려주는 것은 고사하고, 내가 그녀에게 줄 수 있다고 생각한 것은 이게 다였다. 사실 남편에 대한 정보는 너무 희미해서 실제로 그가 실제로 존재하는지조차 확신이 안 들 정도였다.

인내와 연민으로

만날수록 우리는 서로 지쳐갔다. 이후 만남에서는 남편에 관해 자세히 질문했다. 특히 그의 전 부인과 자녀들에 대해 질문했다. 일어났을 법한 장면들을 추가하고 그녀가 그중 일부를 확인할 수 있기를 바라며 이야기를 계속 반복했다. 그러나 그녀의 **단절** 수준은 심각했다. 주변에 자세히 알고 지내는 사람이 한 명도 없었다. 있었던 일들을 하나하나 살피며 그것이 사실과 들어맞을 때마다 그녀는 기뻐하며 만족스럽게 내용을 인정했다. 나는 인내심을 갖고 정직하게 많은 설명을 해주었다. 그리고 마지막 상담 날짜를 정하고, 다시 **휴먼 바이오그래피**를 통해 이해한 모든 내용을 살펴보았다. 그녀가 일상생활에서 할 수 있는 또 다른 방법들도 제안했다. 약속한 마지막 상담 날이 왔고, 그날 우리의 끝인사는 아주 길었다.

놀랍게도 그녀는 10회 상담 후 관리부에 상담비를 턱없이 모자라게 냈다. 어떤 상담에서도 상상한 적 없는 금액이었다. 비서들은 내게 그사이에 요금 정책이 바뀌었냐고 물었다. 많은 금액일 경우 대부분은 통장으로 바로 입금하는 방법을 택하는데, 그녀의 행동은 일반적이지 않았다. 그 뒤부터 나는 내담자와 여러 번 만나야 할 때 비용에 대해 미리 합의하는 것에 주의를 기울인다. 열 번 이상 만나야 하는 경우는 없다는 말도 전한다.

그녀의 이런 자동 반응을 통해 **정신적, 정서적 장애**뿐만 아니라, 다른 사람이 자기 인식 영역 안에 없을 때 어떻게 **보이지 않는 폭력**을 행사하는지 확인했다. 이 메커니즘에 관해서는 내 책 『보이지 않는 중독과 폭력』에서 설명했다. 그녀는 간단한 지시나 합의도 이해하지 못하는 수준임이 분명했다. 이런 최소한의 합의 없이는 이 일을 할 수가 없다. 따라서 이후 그녀와 만났을 때, 상의나 동의 없이 결제한 상담 비용을 포함해 이제까지 살펴본 모든 내용을 대화 주제로 올렸다.

그녀는 이미 말했던 내용을 마치 처음 들었다는 듯이 놀라며 눈을 크게 떴다. 나는 그녀가 책임지고 있는 **아기의 시선에서** 일상생활 장면들을 자세히 살펴보았다. 현실은 절망적이었다. 그녀는 아들의 상태를 생각할 능력조차 없었다. 달랠 수 없는 수많은 울음과 칭얼거림, 신체 증상들을 설명해줘도 소용이 없었다. 그녀에게는 아들과 관계를 맺기 위한 정서적 자원이 하나도 없었기 때문이다. 그런 상황에도 불구하고 아주 간단하고 단순한 장면들에는 다가갈 수 있었다. 나는 그녀에게 낮에 아기를 혼자 두지 말고 함께 있고, 아기와 감정 교감을 나누며 내릴 수 있는 결정들을 기록하는 방법을 제안했다. 이후 그녀는 남편과 하는 대화와 관련해서도 작지만 성과를 얻었다. 그리고 또래 자녀를 키우는 여성과 친해지면서 함께 오후 시간을 보내기도 했다. 물론 그 이상의 관계로는 발전하지 않았지만. 그녀는 움직임을 최소화하고 차분하고 신중하게 행동하면, 아기가 더 잘 반응한다는 사실을 깨달았다. 그러나 그것들은 그녀가 잡을 수 없는 풀린 실이었다. 나는 열 번의 만남 동안 헤어짐도 준비했다. 그리고 그날이 왔다.

있는 그대로 말하기

그녀는 스스로 아들을 돌볼 수 없다는 것을 깨닫고 도움을 청할 두 명의 보모를 고용했다. 나는 시에서 주는 지원금을 받을 방법을 찾아보라고 조언했다. 다행히도 육아 지원금 제도가 있었다. 억제 요법, 보모 고용, 치료 지침 또는 무엇이 되었든, 이것들이 그녀에게 피난처가 되어서, 자동으로 현실과 단절하거나 왜곡하지 않도록 해야 했다.

나는 그녀와 헤어질 때 마음이 불편하고 걱정스러웠다. **정신적으로 혼란한 여성에게 아기를 맡기는 것이 얼마나 위험한 일인지** 잘 알고 있었기 때문이다. 과연 이런 상황에서 내가 무엇을 더 할 수 있을까? 이 여성이 건강한 정신을 찾을 수 있을까? 생각할 수 있는 것은 몇 가지 가설뿐이었다. 물론 나에게는 그녀에 대한 애정이 있었다. 그리고 그녀는 절망 속에서도 아이를 자신이 자랐던 것보다 더 잘 키우고 싶어 했다.

가능한 한 렌즈를 더 당겨서 상황을 자세히 보는 게 좋을 것 같았다. 그녀가 지금 상황을 접하는 방법을 근본적으로 바꿀 수 있을지 의문이 들었다. **그녀에게 현실 왜곡은 생명의 은인과 같았기 때문이다.** 하지만 동시에 그것이 그녀를 미치게 했다. 이것이 그녀 잘못일까? 아니지만, 책임은 있다. 분명 그녀의 어머니는 어렸을 때 그녀보다 더 안 좋은 상태에 있었을 것이다. 그 어머니의 어머니는 더 최악을 경험했을 것이다. 그렇게 세대를 거쳐 **무관심과 두려움의 생활이 이어져 내려왔을 것이다.**

우리는 세대를 거쳐 내려오는 이런 광기를 끊어야 한다. 어떻게 하면 끊을 수 있을까? **일어나는 일을 사실 그대로 말하는** 방법이다. 나는 그녀와 말할 때 단어를 아끼지 않았다. 그녀의 두려운 경험뿐만 아니라, 사실과 그 사실에 대한 잘못된 해석 간의 지속적인 불일치에 관해 계속해서 말로 표현했다. 종종 그녀는 우리가 보여주는 내용과 접촉하며 기뻐했다. 또, 어떨 때는 지속적인 혼돈 속에 있는 사람이라는 자기 배역을 방어하기도 했다. 이런 과정이 그녀에게 도움이 되었을까? 솔직히 잘 모르겠다. 별 도움이 안 되었을 수도 있다. 나는 이 이야기를 통해 여러 세대에 걸쳐 내려오는 새 생명에 대한 **애정 결핍과 그 끔찍한 결과**들을 보여주고 싶었다.

내가 볼 때 그녀는 정신적으로 불균형하지만, 아들을 미치게 만드는 것 이상으로 나쁜 일을 할 능력은 안 되었다. 그녀와 비슷한 수준의 정신적 불균형을 겪지만, 카리스마가 있는 사람들은 집단 전체에 해를 끼칠 수 있다. 심각한 **현실 왜곡**을 바탕으로 세운 신념으로 충격적인 담론을 벌여 다른 사람에게 영향력을 행사할 수 있다. 이런 메커니즘을 통해 우리는 사실을 대조하여 확인하는 법을 배워야 한다. 말과 사실에 다가가서 대조하고 확인하는 일은 모두의 책임이다.

독서 피난처

이그나시오는 아르헨티나 출신이지만, 마드리드에 살고 있어서 스카이프로 상담이 진행되었다. 그는 서른아홉 살의 상냥한 남성으로 직장 때문에 케이프타운과 런던, 룩셈부르크 등 여러 곳에서 지냈다. 약 1년 전부터는 마드리드에서 사는데, 그곳 생활에 만족했다. 결혼했지만 자녀는 없었고, 아내는 아이를 간절히 원했다.

그는 정보과학 업계에서 일하지만, 자신을 단순히 검색하는 사람이라고 생각했다. 다양한 치료를 거쳤지만, 여전히 실존적 불안과 우울증이 있다고 했다. 수많은 분석을 해봤지만, 이유를 알 수 없었고 여전히 불안하다고 했다. 그의 동의하에 **휴먼 바이오그래피** 작성 과정을 시작했다.

유년기 경험과 현재의 불안 사이에서 실마리 찾기

그의 부모는 부에노스아이레스 남부의 가난한 집안 출신이다. 친가에 관한 이야기는 혼란스러워서 우선 그냥 두기로 했다. 외가는 아르헨티나 북서부 몹시 가난한 동네인 카타마르카에서 이주해 온 가족이다. 어머니는 부에노스아이레스로 이주한 이후 태어난 딸들 중 하나이다. 어머니와 아버지는 식품 공장에서 일하다가 만났다. 그들은 아들을 세 명 낳았고, 이그나시오는 그중 중간이었다.

유년 시절 기억은 거의 없고 지워져 있었지만, 자세한 질문을 통해 돈이 없어서 어머니가 불평이 많았음을 알 수 있었다. 그는 어머니가 아이들을 낳은 후 일을 했는지도 기억하지 못했다. 그들은 아주 작고 불편한 집에서 살았다. 그리고 예상대로 조금씩 어머니와 아버지 사이 폭력적인 장면들이 나타났다. 세 아이에 대한 폭력도 잦았다. 기억이 분명하지 않았지만, 가장 '반항'을 많이 했던 남동생에 대한 기억 덕분에 이야기를 재구성할 수 있었다. 어머니는 그의 남동생을 셋 중 가장 '질이 나쁜 아이'라고 비난하며 많이 때렸다.

나는 어머니의 모습을 추측하면서 인내심을 가지고 장면들을 정리해나갔다. 그러자 어머니가 **예측 불가능**한 반응을 했던 기억들이 나타났다. 특히 어머니는 자주 아버지를 심하게 모욕하고 모든 불행을 아버지 탓으로 돌렸다. 그러다가도 아버지를 두둔하고, 자녀들에게 그를 존경하고 존중하라고 가르쳤다.

이그나시오는 아르헨티나의 독재 시절에 유년기를 보냈다. 그의 부모는 당원 시절 친했던 친구들과 여전히 잘 지냈다. 그 친구들이 부모님과 정서적 교류를 나눈다는 점에서 중요했지만, 그들 때문에 부부 싸움을 하거나 서로를 비난하는 일이 잦았다. 그는 부모님이 함께 잠자리에 드는 모습을 한 번도 보지 못했다. 그러나 지금까지도 그들은 결혼 생활을 이어가고 있다. 우리는 이 장면에서 **어머니의 기분 변화**가 모든 곳에서 나타남을 알게 되었다.

그가 열다섯 살이 되었을 때 가족은 중산층들이 사는 마을에서 가장 좋은 아파트로 이사했다. 그 당시 어머니는 학교 친구들이 보기에 아주 화려했다. 친구들이 집에 공부하러 오면, 그녀는 친절하고 교양 있는 사람으로 변했다. 그런 어머니의 모습을 보고 그는 혼란스러웠다. 그는 어머니의 잦은 기분 변화에 분노를 느꼈지만, 새로운 친구들은 젊고 늘 준비가 된 어머니를 부러워했다. 아르헨티나에서 민주주의가 꽃피던 시기, 어머니는 좌파 군인이 되었다. 거기에서 그녀는 다른 무장 세력들과 열띤 토론을 하는 데 모든 에너지를 다 썼다. 그때 그는 있지도 않았던 과거 이야기를 자주 늘어놓는 어머니의 거짓말을 목격했다. 그는 어머니가 그녀 자신을 현실과 접촉이 없었던 사람으로 보이고 싶어 하는 것을 보고 너무 당황스러웠다.

그래서 그는 틈만 나면 책 속으로 숨었다. 특히 판타지 소설을 많이 읽었다. 집에는 재미있는 일보다는 늘 어머니의 친구들로 가득해서 형제들과 방에서 조용히 놀아야 했기 때문이다. 그는 친구가 올 때만 음식을 준비하는 어머니의 모습을 보고 혼란스러웠다. 왜냐하면, 집에 아무도 안 오면, 몇 주 동안 냉장고가 텅 비었기 때문이다. 그의 기억에 아버지는 집에 아주 늦게 왔고 집에서 저녁을 먹은 적이 없었다. 그와 형제들은 잡화 가판대에 잡지를 들고 가서 샌드위치와 바꿔 먹었다. 이런 기억들은 분명하지 않았다. 그가 확실히 기억하는 것은 어머니가 방문한 친구들과 자식들을 전혀 다르게 대했을 때 느꼈던 분노였다. 그 분노가 커질수록 그는 생각과 책 속에 자신을 가두었다.

나는 그에게 **혼란 속 피난처인 독서 그림**(208쪽)을 보여주었다. 그는 그것을 자세히 들여다보더니, 놀라며 늘 마음속에 있었던 경험을 분명하게 보여주는 그림이라고 했다. 더욱이 그는 책 속 판타지 이야기처럼, 종이 속에 묻혀서 다시는 돌아오지 않을 자기 모습을 상상했다고 했다. 그리고 사람이 종이로 변해서 다른 세계로 날아가는 공상 과학 이야기도 썼다고 했다. 이 이야기를 통해 과거 그에게 도움이 되었던 진짜 피난처를 찾을 수 있었다.

그의 청년 시절을 살펴보면서 이미 그때 지금 느끼는 것과 비슷한 **불안에 공격당했다는 것을 알았다. 종종 그는 가슴이 막혀서 숨을 쉴 수가 없었다. 위장이 꼬여서 먹을 수 없을 때도 있었다. 그러나 다른 사람들은 그의 증상을 눈치챌 수 없었다. 그는 자신이 불안하다는 것을 잘 알았지만, 자신에게 무슨 일이 벌어졌는지는 설명하지 못했다. 특히 어머니가 아주 기뻐할 때는 더 그랬다. 그런 상황이 충분히 이해가 갔다. 그는 자신이 기쁨에 도취해 있던 어머니의 눈에 보이지 않는 존재라고 느꼈다.

어머니는 그를 형제들이나 친한 친구들과 잘 지내지만, '과묵한 아이'라고 말했다. 그는 정보과학을 공부했고, 그에게 컴퓨터는 최고의 친구였다. 그는 찾을 수 있는 모든 내용을 읽고 조사하는 데 점점 많은 시간을 보냈다. 이어서 나는 그의 연애 생활을 알아보았다. 특히 아주 외롭게 자란 한 소녀와 어떤 관계였는지 물었다. 그는 그녀와 이십 대부터 삼십 대까지 서로 도와주는 사이였다. 가장 사랑하는 사람이라기보다는 가장 친한 친구였다. 그는 다양한 기업에서 일했다. 그 기간에 그들은 동거했다. 이 커플의 기본 약속은 개인 영역 존중이었다. 그에게 독서와 공부, 쉬는 시간은 아주 성스러운 시간이었다.

삼십 대에 그는 직업적 성장을 위한 첫 번째 제안을 받고, 남아프리카로 가야 했다. 그러면서 연인 관계를 끝내기로 합의했다. 그 제안에 대한 답변을 더는 미룰 수 없었기 때문이다. 그때 그의 **실존적 불안**은 더 심해졌다. 그것이 정서적 피난처의 문을 열 기회였지만, 떠날 때 **정서적 혼돈**이 있었다. 늘 같은 장소인 자신만의 세상에 있었기 때문이다. 머리로는 그 제안이 아주 좋고 그렇게 해야 한다는 것을 알지만, 불안은 그 결정을 가로막았다. 그는 실제로 그 당시 많은 심리 전문가와 정신과 의사에게 상담을 받았다. 그리고 불안한 감정이 있을 뿐만 아니라, 그 감정이 실생활을 제한한다는 사실에 매우 놀랐다.

추방된 성생활

여러 번 만나 보니 그는 똑똑하고 사려 깊은 젊은이였다. 그래서 그가 만든 논리를 함께 생각해보기로 했다. 그의 어머니는 이루지 못할 꿈에 대한 환상을 갖고 살았지만, 무서운 어린 시절을 보내지는 않았다. 하지만 어머니 때문에 너무 불안해진 그는 효율적이고 정돈된 피난처인 책과 정보를 비롯해 정신적인 영역에서 방법을 찾을 수밖에 없었다. 그가 자기 일과 생각을 정리하는 방식은 체계적이었다. 그는 애정 관계에서도 신중했다. 그 부분까지 이야기는 잘 진행되었다. 그는 자기 일을 통제하면서 안전함을 느꼈다. 반대로, 통제를 벗어나면 불안해했다. 나는 이 조사의 가설을 확장해보자고 제안했다. 왜냐하면, 그의 삶에서 제대로 정리되지 않은 일들이 많고, 특히, 정서적 세계는 더 심각했기 때문이다. 정서적 영역에서 그는 어두운 숲에서 길을 잃고 떨고 있는 어린아이 같았다. 그에게 성생활이라는 땅은 아직 탐험한 적이 없는 영역일 가능성이 컸다. 그 땅에는 어둡고 깊으며, 신비한 강이 있기 때문이다. 다른 나라로 직장을 옮기라는 제안은 아직 알려지지 않은 자기 모습으로 들어가는 일이다. 그는 그 경험을 통해 잘 아는 환경과 생각(특히 자기 일 속에 파묻혀서)에 자신을 억지로 집어넣을 수도 있었고, 처음으로 벙커 밖으로 나올 수도 있었다. 왜냐하면, 그 벙커가 이제 어머니가 변덕을 부리거나 강제로 요구한 어린 시절만큼은 필요하지 않았기 때문이다.

그는 잠시 아무 말도 하지 않았다. 그러고 나서 성생활에 '문제'가 있었다고 털어놓았다. 그러나 그 어떤 치료를 하러 가서도 이 이야기는 꺼낸 적이 없다고 했다. 사실 그것은 그의 문제는 아니었지만, 아내는 만족감을 느낄 수 없다며 불평했다. 그럴 때마다 그는 아무도 이해할 수 없는 세상에 혼자 있는 것만 같았다. 그의 상황이 충분히 이해가 갔다. 벙커 속에서 편안하면, 그 누구에게도 문을 열어주지 않는다. 그는 자기 상황을 생각하고 한참 웃다가 그 사실을 분명히 알게 되었다. 아내가 늘 그에게 하던 말이었다. 그의 아내가 '들어오려고' 할 때마다, 그는 문을 더 꼭 닫았다.

이런 그의 행동이 좋을까, 나쁠까? 나는 그런 판단에는 관심이 없다. 그가 어렸을 때는 애정 관계에서 문을 바로 닫아버리는 게 도움이 되었다. 그의 어머니는 종종 그를 '벙어리'라고 불렀다. 실제로 그는 어머니와 거의 대화를 하지 않았다. 그저 분노와 고통 속에 자신을 가두었다. 어렸을 때는 그 배역이 그를 구해주었다. 지금은 전처럼 도움이 안 되기 때문에 정서적으로 먼 곳에 그것을 던져두었다. 나는 그 메커니즘과 이후에 그가 원하는 것을 할 수 있었는지를 살펴보았다.

이후 여러 번 만나서 기억을 정리하고 확인하는 과정을 거치면서 그가 책을 보거나 일할 때 안정감을 느끼고, 변수가 없는 정돈된 상황 속에서도 편안함을 얻는다는 사실을 알게 되었다. 또, 정서적으로 불안한 순간과 그가 말하는 **실존적 불안** 사이에서 일치하는 내용을 발견했다. 우리는 조각이 서로 잘 맞을 때까지 각 사건을 살펴보았다. 취약한 정서 구조가 '상처 입었을' 때, 불안에 대한 경험들이 나타났지만, 그가 벙커로 들어가면 바로 사라졌다.

그는 첫 번째 부임지인 케이프타운에 빨리 적응했다. 그 도시와 사람, 일, 직장 상사, 정보팀을 다 좋아했다. 그의 말에 따르면 상사가 그를 다시 런던으로 보내기 전 6개월간 인생에서 최고의 시간을 보냈다. 그리고 그 연구팀이 해체되었다. 직장은 확실했지만, 그는 호흡 곤란과 피부 습진, 소화 장애가 생겼다. 그는 한 달간 병가를 내고 집에서 독서와 일상생활을 병행하면서 조금씩 무너졌던 균형을 찾아나갔다. 지금 보면 그 벙커는 어느 정도 효과가 있었다. 그러나 당시에 느꼈던 불안이 그의 생각을 잠식해서 거기에서 벗어날 수 없었다.

어쨌든 그는 그때를 '아름다운 기간'이라고 말했다. 그는 아무도 들어오지 않는 완벽한 아파트에서 평화를 찾았다. 그러면서 부담 없이 여러 여자를 만났는데, 그중 하나가 지금 아내인 소피아다. 그녀도 아르헨티나 사람이지만, 독일에서 자랐고, 연기 학교 교환학생으로 남아프리카에 갔다가 그를 만났다. 재미있는 사실은 그녀가 무질서한 사람이라는 점이었다. 그녀는 열정적이고 화려하며 변화무쌍한, 아주 재미있는 여성이었다.

그것은 운명적 사건이었다. 그는 그녀에게 강하게 끌렸지만, 동시에 겁도 났다. 충분히 이해할 만했다. 그리고 8년이 지났다. 그는 소피아가 주는 정서적 부담에 지칠 때마다 그녀와 거리를 두었다. 그가 발견한 방법은 회사에서 제안하는 다양한 발령을 수락하는 것이었다. 그럴 때마다 소피아도 새로운 곳에 적응했다. 그녀는 그를 따라갈 때도 있었고, 아닐 때도 있었다. 소피아는 그가 원했던 사랑과 애정을 분명 어느 정도 주었지만, 동시에 그녀에겐 그의 어머니처럼 불안정하고 유별난 분위기가 있었다. 그는 소피아의 존재가 숨 막히게 할 때 그녀에게 멀리 떨어져 있자고 했다. 거리를 두는 효과적인 방법이 바로 성생활의 냉각기를 갖는 것이었다. 그리고 그는 좁고 험한 생각의 길 속에서 일부러 길을 잃었다.

몇 달 후 그는 다시 이야기를 이어갔다. 이 기간에 그는 어머니의 정서적 불안정을 생각했다. 그는 조각조각이 정확히 맞는다는 사실을 인정하면서 자신에 대해 기억하는 새로운 방법을 진행하기를 원했다. 또한, 그는 정신적 피난처를 깨닫고 자신만의 세상으로 들어가서 문을 잠글 때마다 아내가 쏟아냈던 불만들을 떠올렸다. 아내는 사교적이고 친절했지만, 그는 금욕적인 생활 속에서 자신을 보호했다. 그러나 성생활과 자녀를 원하는 아내의 요구를 받아들일 수밖에 없었고, 그 때문에 극도로 피곤했다. 그래서 그 피난처가 어렸을 때는 그를 보호해주었지만, 어른이 되어서는 성숙하고 사랑하는 데 방해가 된 내용을 계속 살펴보기로 했다. 이후 그가 자신의 정서적 장애물이 어떻게 생겨났는지 알고 이해하게 되면서, 아내와 서로 사랑의 마음을 열고 기쁨을 주고받게 되었다.

화산

메르세데스는 칠레의 발파라이소에서 연락해왔다. 그녀는 마흔두 살로, 6개월 된 딸과 세 살 아들이 있었다. 그녀는 내 책을 거의 다 읽었다. 덕분에 자신의 힘든 삶을 어렴풋하게나마 보게 되었고, 자신의 분노와 조급함을 자녀들에게 물려주고 싶지는 않다고 했다. 그래서 그녀에게 휴먼 바이오그래피가 무엇인지 설명하고 곧장 그 과정을 시작했다.

지옥 경험

그녀의 어머니는 몹시 가난한 집안에서 자라서 초등학교도 마치지 못했다. 열네 살에 결혼하기 전까지 가정부로 일했다. 그 당시 아버지는 전기 분야 사업을 하던 사람이었다. 그들은 결혼해서 아들 하나, 딸 셋을 두었다. 메르세데스는 그중 첫째였다. 아버지는 그전에 이미 결혼한 적이 있었는데, 메르세데스는 그런 사정과 아버지에게 자기보다 나이가 많은 아들 딸들이 있다는 사실을 사춘기에 알게 되었다.

그녀와 형제자매들의 유년기에는 **어머니의 알코올 중독과 우울증, 위협**이 가득했다. 부부싸움을 할 때마다, 어머니는 약을 먹고 며칠 동안 방 안에서 꼼짝도 하지 않았다. 하지만 그럴 때는 어머니가 심하게 때릴 때와 비교하면 그나마 아주 양호했다. 어머니는 자식 중에 세 딸만 때렸다. 그 자리에 늘 남동생은 없었는데, 그녀는 그 이유를 기억하지 못했다. 맞고 난 후에는 종종 아버지가 딸들을 '구출해서' 공원으로 데리고 갔다. 나는 그 상황을 함께 상상하며, 그것은 절대 구출이 아님을 말해주었다. 왜냐하면, 이후에도 집 안에서 폭력은 계속 이어졌기 때문이다. 그 상황에서는 구출 말고 다른 대처가 있어야 했다.

더 자세한 질문을 통해 그녀가 여덟 살 때 이미 요리와 청소, 걸레질, 다림질을 했고 집안일 전체를 책임졌다는 것을 알았다. 그녀는 학교에서 친구가 없었는데, 그 이유를 몰랐다. 그녀는 자신을 '중요하지 않은 존재'로 느꼈다고 했다.

나는 그녀의 유년 시절에서 구체적인 장면과 상황을 찾으려고 노력했다. 그러자 아이들 손에 쉽게 닿는 곳에 놓인 포르노 잡지에 대한 기억과 부모님이 서로에게 크게 소리지르던 기억들이 나타났다. 나는 그녀와 이상한 장면들을 정리하기 위해 여러 번 만나야 했다. 모든 장면이 다 기억과 일치하지는 않았기 때문이다. 나는 그녀에게 아버지가 했을 것 같은 성적 학대에 관해 직접 질문했다. 그 기억들은 혼란스러웠다. 그녀는 과거와 현재의 기억을 섞었다. 그래서 시나리오를 깨끗이 정돈하기 위해 시간과 장소에 따라 사건들을 맞춰보기로 했다.

그녀는 과거의 장면으로 '되돌아가는 것'이 이상한 느낌이 든다고 했다. 실제로 그녀는 늘 다른 또래 여자아이들과 다르다는 느낌을 받았다. 나는 부모님이 주고받는 행동이 격하고 폭력적이며 자녀들이 아무 결과도 모른 채 그런 상황에 참여하도록 강요받았다는 사실을 알려주기 위해 정확한 단어들을 선택했다. 그녀는 아버지를 사랑이 많고 좋은 분으로 기억했다. 그러나 그것은 함께 살펴본 시나리오와는 맞지 않는 기억이었다. 그녀는 계속 아버지를 두둔했지만, 사실이 아니었다.

결국, 그녀는 아버지가 성적 학대를 했고, 어머니가 술에 취한 날이 많았으며, 그때마다 어머니가 구타를 했다는 사실을 인정했다. 나는 그녀와 지옥 그림(171쪽)을 함께 보았다. 그것은 그녀의 내적 느낌과 딱 들어맞는 그림이었다. 뭔가가 그녀 속을 태우고 있었다.

고통을 비우기 위한 폭발

우리는 타는 듯한 시나리오를 함께 보면서 그녀가 그 안에서 어떤 방법을 선택했는지 상상해보았다. 힘과 열정, 에너지, 열, 성욕 등 불타는 욕망이 나왔다. 그녀는 어머니처럼 폭발했을 가능성이 크다. 이 가설을 통해 그녀는 내가 정리했던 내용보다 훨씬 더 안 좋은 상황을 겪었다는 사실에 동의했고, 나는 삶의 연대기를 좀 더 자세히 들여다보자고 했다.

그녀가 드디어 이야기를 털어놓았다. 열세 살 때, 아버지는 뇌졸중으로 돌아가셨다. 왜 이런 중요한 일을 처음부터 말하지 않았을까?

나는 그녀에게 아버지가 일찍 돌아가신 이후 아버지 모습을 이상화시킨 것은 이해가 가지만 그녀의 기억이 의심스럽다고 말했다. 그녀가 한 속이는 말을 그대로 옮기자면, "아버지가 돌아가신 후 저는 제 삶에 화가 나기 시작했어요"였다. 나는 그 말은 아마도 어머니의 입에서 나왔을 가능성이 크다고 말해주었다. 실제로 그녀의 삶은 아버지의 죽음 이후 훨씬 더 어려워졌다. 그러나 우선은 내가 세운 가설이 그녀의 상황과 일치하는지 집중해야 했다. 가설은 어머니의 분노나 감정 폭발이 그녀에게도 생존을 위한 완벽한 메커니즘이 될 수 있다는 거였다.

그녀는 열다섯 살에 이미 남자친구가 있었고, 첫 성 경험도 했다. 그 관계는 끔찍한 구타와 싸움, 화해로 이어졌다. 그녀는 어머니에게 배운 그대로 행동했다. 나는 그 **폭력적 폭발의 끈**을 볼 수 있었다. 그래서 그녀에게 이전에 지옥 한가운데서 폭발해본 사람은 더 잘 폭발한다고 설명했다. 따라서 나이가 들고 결정권이 생기면서 반응들이 더 강화되는 것을 완전히 이해할 수 있다고도 알려주었다. 사실 젊은 시절부터 그녀는 어머니의 정신과 치료와 관련된 일에 주도권을 갖고 있었고, 자매들의 제안은 듣지 않았다. 그리고 어떤 이유인지는 모르지만, 그녀의 남동생은 그 영역 밖에 있었다.

내가 **화산 그림**(218쪽)을 보여주자 그녀는 곧바로 웃음을 터뜨렸다. 그러면서 "저는 안 미쳤지만, 남편에게 이 그림을 보여줘야겠

네요. 우리가 만난 이후로 줄곧 그가 제게 하던 말이거든요"라고 말했다. 그녀에게 이 그림을 보여준 게 무슨 도움이 되었을까? 상황마다 그녀가 내린 해석을 듣는 대신, 앞으로의 장면에 대한 논리를 생각하고 정보를 정리하는 데 도움이 되었다. 그녀는 분명 힘과 체력이 넘쳤다. 이것은 그녀에게 약이었을까, 아니면 독이었을까? 그런 것은 중요하지 않다. 나는 그녀가 그 힘을 착한 일에 사용했는지, 아니면 자신도 모르게 다른 사람들에게 피해를 주는 데 사용했는지를 살펴봐야 했다. 그 화산에는 몇 가지 단점이 있는데, 예고 없이 폭발하는 것과 흐르는 용암의 양이 너무 많아서 닿는 모든 것을 태우는 것이다.

나는 그녀에게 직접적인 말로 설명하며 폭발과 용암의 결과를 확인시켜주려고 애썼다. 그녀는 좀 불편해하면서 말을 돌리더니 자신을 통제하고 갈등에서 벗어나는 것이 이 결과들과 무슨 관계가 있는지 물었다. 그것은 나도 모르는 내용이라 함께 살펴보자고 했다.

참다가 폭발하는 지점

메르세데스는 몇 달간 쉬고 나서 다시 상담을 시작했다. 그녀는 아버지를 깎아내리는 것을 도저히 참을 수 없다며 당분간 시간을 좀 갖겠다고 하고 쉬었던 것이다. 그녀는 자기가 원하는 모습대로 아버지를 기억했다. 나는 물론 그녀가 원하는 대로 아버지를 기억할 수 있고, 그것이 아버지 사랑을 느끼는 데 도움이 되며, 그런 느낌을 바꿀 필요가 없다고 대답했다. 대신 그녀가 자신을 좀 더 잘 이해할 수 있도록 시나리오 전체를 바라보게 도왔다. 나는 절대 그녀나 그녀의 아버지, 어머니를 판단하지는 않았다. 사랑하는 사람이 일찍 죽으면, 그 모습은 종종 좋은 피난처가 될 수 있는데 그 이유는 기억을 만들고 지어낼 수 있기 때문이라고 설명했다. 지금은 없는 누군가에게 사랑을 받았다고 생각하면 마음이 안정될 수도 있기 때문이다. 반대로 아직 살아있는, 이전에 학대했던 사람과 있었던 경험들은 바꾸기가 어렵다.

우선 그녀가 살아남기 위해 자동 반사처럼 폭발했을 가능성을 이해하기 위해 젊은 시절에 있었던 일을 살펴보기로 했다. 그녀는 어렸을 때부터 일을 시작했다. 기업 경영에 관한 공부를 짧게 했고 다양한 회사에서 일했다. 서른세 살까지 그녀의 모든 이야기 속에는 사악한 사장들과 폭력적인 남자친구들, 갑작스러운 일의 변화가 가득했다. 우리는 계속 **화산 그림**(218쪽)을 관찰하면서 이야기를 이어갔다. 특히 그녀가 한계점에 다다를 때까지 불리한 상황에 저항했던 것에 대한 자랑스러움과 폭발, 그리고 또 다른 관계를 맺거나 다른 장소에서 일하기 위해 떠났던 상황들을 파악했다.

그녀는 그간 모든 남자친구가 멍청하고 미쳤으며 정신병자들이었다고 말했다. 아이들의 아버지인 남편이 그녀가 만난 '처음으로 정상적인 남성'이었다. 숙달된 탐정이라면 그 말의 의미를 쉽게 알아챌 수 있을 것이다. 남편은 이전 남자들과 달리 그녀와 심하게 다투지 않았고, 그녀가 마음대로 화를 내도록 공간을 내주었다. 내가 그 사실을 말해주자, 그녀는 아무 말도 하지 못했다.

그녀는 남편이 그녀의 **감정 폭발을 참다못해** 며칠간 집을 나간 적이 있다는 사실을 털어놓았다. 며칠 후 그는 집으로 돌아왔다. 그녀는 그를 미친 사람 취급하고 무시하며 더 많은 돈을 벌어오라고 강요했다. 이런 상황에서 그녀가 첫 임신을 하게 되었다. **휴먼 바이오 그래피**에서 이런 부분을 발견하면 미리 그 논리를 이해하고 정해진 시나리오 안에서 무슨 선택을 했는지 알 수 있다. 화산과 같은 사람은 침묵과 부드러움 속에서 긴장을 푸는 일, 즉 아이를 갖는 일이 쉽지 않다. 화산은 과거의 상처를 태워 아이가 건드린 민감한 부분과 자신의 그림자 앞에서 고통스럽게 폭발할 것이다. 나는 본래 했던 말속으로 들어가기 전에 문제를 제기했다. 강조하지만, 처음 그 말들은 속이는 말들인데, **배역**의 입장에서 표현했기 때문이다. 과연 화산과 같은 여자는 출산했을 때나 그 이후에 무슨 말을 할까? "이 의료진은 전혀 도움이 안 돼!", "이 애를 참을 수가 없어!", "남자들은 다 쓸모없어!" 또는 **내부의 불**을 뿜는 선택을 할 것이다. 따라서 불만을 계속 들어주는 것보다 차라리 이야기의 논리를 관찰하면서 그 여자아이와 어머니의 실제 관계 또는 남편의 도움 없이 어린아이를 키우는 어려움을 살펴보는 게 낫다.

그런데 이 방법은 그녀를 '경기장 밖'에 남겨 두는 것과 같았다. 그녀는 불평하거나 화를 내는 것 외에 무엇을 해야 할지 몰랐기 때문이다. 물론 그녀가 아이와 지낸 처음 몇 년은 아주 힘들었다. 싸움과 대립, 폭발은 불 보듯이 뻔했다. 함께 있을 때마다 그런 일이 생겼다. 그러나 이번에 그녀에게 새로운 변화가 생겼다면, 그것은 바로 그런 감정 폭발이 누군가 예상치 못한 일을 하거나 아이가 요구하는 게 너무 많아서가 아니라, 오래전부터 애정 결핍에서 살아남기 위해 그녀 스스로 선택한 방법이었음을 깨닫게 된 점이다.

그 후 몇 달 동안 일상의 장면들을 살펴보았다. 두 번째 임신과 아들 출산, 조급함, 세상이 자신이 원하는 대로 맞추어야 한다는 그녀의 불합리한 요구들을 살펴보았다. 그녀는 거의 모든 상황에서 다 폭발했다. 따라서 각 장면마다 되감아 보면서, 그런 태도와 어려움 또는 신념이 어디에서 무의식적으로 예전 상처를 건드리고 어떻게 계속 화산이 폭발하는지 감지해나갔다.

조금씩 자녀들에 대한 분노가 줄어들었지만, 어머니에 대한 분노는 커졌다. 이런 상황은 이 과정에 큰 도움이 되지 않았다. 왜냐하면, 폭발 지점이 똑같았기 때문이다. 그렇다면 그녀가 어머니와 만나는 것을 그만두어야 할까? 이 질문에 대한 답변은 크게 중요하지 않다. 실제 어머니가 아니라 내적 어머니를 다루고 있기 때문이다. 즉, 그녀가 이미 감정적으로 구축한 경험을 다루는 것이다. 화산은 늘 폭발하는 이유가 있다. 친정어머니나 시어머니, 남편이 자녀 양육에 도움을 안 주었기 때문이다. 그리고 아이가 심하게 울면서 경련을 일으켰기 때문이다. 그녀는 도움을 요청하거나 친구나 지인들과 교류하거나 자신의 어려움을 살펴볼 기회가 없었다. 그래서 처음에는 **참다가** 결국 **터질 수밖에 없었다**. '참는 일'은 그녀에게 매우 중요한 가치였는데, 그 방법이 효과가 있으면 포기하기 힘들다. 나는 그녀가 분명하게 받아들일 때까지 '참거나 폭발하거나'의 메커니즘이 나타나는 다양한 일화를 살펴보았다.

그렇게 자신이 많이 참는다는 것을 알 수 있을 만한 현재 장면들을 살펴보면서, 그녀는 벌어진 일이나 필요한 일을 분명한 말로 설명하여 좀 더 행복하고 자신감을 느낄 수 있는 길을 찾아갔다. 또 어떤 때는 자동폭발 장치가 예측 가능한 폭발을 일으키기도 했다.

우리는 모든 과정을 함께한다. 내담자가 원할 때, 특히 자신에게 일어난 일을 머리로 이해하지만, 원하는 대로 일상생활을 못 할 때, 휴먼 바이오그래피 전문가는 인내심을 가지고 각 장면을 살펴보며 가짜들을 벗긴다. 그리고 절망으로 인해 자동으로 행동하는 대신, 사랑에 따라 행동할 수 있는 방법들을 제공한다. 이 과정을 하다 보면 평소보다 몇 단계 더 앞으로 나갈 때도 있고, 반대로 뒤로 거슬러 올라가야 할 때도 있다.

처방전

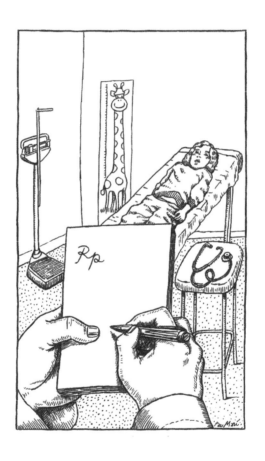

로라는 부에노스아이레스 남부 지역인 바이아 블랑카에서 살았다. 서른여덟 살로 18개월 된 아들이 있었다. 처음 상담하러 왔을 때 그녀는 불안해했고, 하고 싶은 질문들을 적어 왔다. 그녀는 내 책을 다 읽었지만, 휴먼 바이오그래피 전문가의 경험과 갈등 해결, 치료 기간, 정확성에 관한 정확한 답변을 듣고 싶어 했다. 그녀는 그동안 모든 치료를 다 받았다고 했다. 프로이트식, 라캉식, 행동 치료, 총체적 치료 등을 다 거쳤다. 집단 치료도 여러 종류 받았는데, 그중 하나가 중독 치료였다.

그녀는 상담 시작 후 바로 다섯 살 때 있었던 삼촌의 성적 학대에 대해 분명히 밝히고 싶어 했다. 그 사실은 얼마 전에 벽장을 정리하다가 기억해 냈는데, 그때 그녀가 너무 불안증이 심해서 남편이 병원에 전화했고, 그 결과 **경미한 정신분열증** 진단을 받았다. 정신과 의사는 약을 처방했다. 그녀는 이 이야기를 하면서 처방받았던 치료와 안정제들을 쭉 열거했다.

나는 잠시 대화를 멈추고 약물치료 중이면 자기 자신과 접촉이 힘들어서 함께 이 과정을 진행할 수 없다고 설명했다. 이 일에는 가능한 한 분명한 감정 표현이 필요한데, 그녀가 약을 너무 많이 먹어서 이 조사 작업을 할 수 있을지 의문이 들었기 때문이다. 그녀는 자신이 똑똑하기 때문에 이 방법이 자신에게 도움이 된다면 함께할 준비가 되었다고 대답했다. 그래서 그녀와 **휴먼 바이오그래피** 작성을 시작하면서 여러 의문점을 나누기도 했다. 그리고 얼마든지 이 과정을 중단할 수 있다는 사실도 미리 알려주었다.

이야기가 혼란스러울 때

로라의 부모는 스페인 출신의 중산층 집안에서 성장했고, 일과 노력을 중요한 가치로 여겼다. 그녀는 유년 시절 기억이 별로 없었지만, 조사 과정에서 강한 성격에 소리를 많이 지르며 요구하는 게 많았던 어머니가 나타났다. 그리고 네 살 아래 여동생이 있었다. 그녀는 어머니와 외할머니에게 몽둥이로 맞았던 일을 기억했다. 어머니는 그녀가 초등학교에 들어가던 때 직장을 그만두었다. 그녀는 어린 시절 길거리와 공립학교에서 했던 게임들도 기억해냈다. 그 이야기를 할 때는 별 변화가 없이 똑같았지만, 삼촌의 성적 학대만은 강조해서 말했다. 나는 그녀의 이야기를 듣고 그 학대가 가장 중요한 부분은 아닌 것 같다고 말했다. 그리고 외로움과 무관심, 모든 일을 혼자 다 하도록 강요받은 엄격함이 나타나는 **시나리오**를 확인해 보기로 했다. 혼자 있고 제대로 돌봄을 받지 못한 아이에게는 무슨 일이든 벌어질 수 있기 때문이다.

그쯤 그녀는 기억을 뒤섞기 시작했다. 그녀는 몇 달 전에 어머니에게 이 일을 말했지만, 믿지 못하겠다고 해서 화를 많이 냈다. 그리고 며칠 후 버스를 타고 가다가 한 여성의 '이상한' 눈빛을 느꼈다. 바로 그녀에게 '공격을 개시'했고, 바닥에 누워서 소리를 질렀다. 버스 운전기사는 버스를 멈추고 경찰에 신고했다. 혼란스러운 상황에서 누군가가 그녀 가방을 훔쳤고, 결국 그 일은 남편 귀에 들어갔다. 그 후에는 더 자주 정신과 의사를 만나야 했다. 그들은 그녀를 입원시키려고 했지만, 아이가 있다는 이유와 남편이 집에서 잘 주시한다는 조건으로 일이 마무리되었다.

모든 이야기가 너무 혼란스러워서 이야기를 중단시켰다. 나는 그녀에게 정보를 정리해야 한다고 친절히 설명했다. 성인이 된 후 있었던 일은 다루지 않을 거라고도 했다. 그렇게 유년 시절 시나리오를 정리하려고 애쓰자, 그녀의 일대기가 아주 분명하게 드러났다.

믿을 만한 논리 찾기

다시 그녀의 유년 시절로 거슬러 올라가자 혼란스러운 이야기들이 나타났다. 어머니가 그녀와 여동생에게 진짜로 그렇게 악랄했는지 아니면 그녀의 상상인지 분간할 수 없을 정도였다. 또 아주 일찍, 열세 살부터 겪었던 성 경험 이야기도 혼란스러웠다. 어머니가 생식기에 관해서 해준 '수업들'과 현재 오르가슴이 느껴지지 않는다는 이상한 이야기들도 섞여 있었다. 전혀 관련 없는 이야기들이었다.

그래서 다시 그 해석의 진위를 가리기 위해 믿을 만한 기준이 필요하다고 설명했다. 유년 시절에 대한 분명한 시나리오가 없는 상태에서는 어머니에게 정신적인 문제가 있었는지 알아보고, 그녀가 생존을 위해 한 일과 배역을 통해 사춘기에 어떻게 세상으로 나오게 되었는지 살펴볼 필요가 있었다. 하지만 우리의 대화는 무질서한 미로에서 길을 잃었다. 그러자 그녀는 다시 어머니가 그 당시 자기 남자친구들에게 전혀 관심이 없었다는 딴소리를 하며 불평하기 시작했다. 나는 다시 그 이야기를 중단시켰다. 가장 먼저 어머니가 제정신이었는지, 약을 드셨는지 확인해야 하며, 이제까지 대화에서는 사실적인 이야기를 얻지 못했다고 설명했다. 이대로는 이 작업을 계속해나갈 수 없다고 말할 수밖에 없었다.

초기 만남에서는 실제 사실을 정리하기가 정말 어려웠다. 그래서 어머니의 분명한 모습을 알아야 한다고 재차 강조했다. 다양한 질문을 통해 어머니가 최면에 걸린 사람처럼 온종일 텔레비전만 보고 있었다는 것을 알아냈다. 어머니가 약물치료를 받는 중이었을 가능성이 크다고 설명했지만, 그녀는 전혀 아는 게 없었다. 대부분 자녀들은 어머니의 이런 상황에 대해서 모른다. 그래서 어머니가 일하지 않는 날에 무엇을 하는지 물어보았다. 집안일을 안 하는 것은 물론 아이들을 돌보지도 않았기 때문이다. 그녀는 그런 사실도 전혀 모르고 있었다. 그녀가 기억하는 것은 어머니가 '말할 때 전혀 거르지 않고 거침이 없었다'는 사실이다. 어머니는 결과를 전혀 생각하지 않고 아무 말이나 했다. 결론적으로 어머니는 그 당시 아주 가까운 사람들을 포함해 시누이들과 이웃 또는 지인들에 대해 안 좋은 말을 했다. 그러지 않을 때는 밤늦게까지 최면에 걸린 사람처럼 텔레비전 앞에만 있었다.

나는 여전히 희미한 안개 속에서 조사를 이어갔다. 내가 세웠던 주요 가설은 어머니의 정신적 불균형이었다. 왜냐하면, 그녀의 반응에는 전혀 논리가 없었기 때문이다. 그녀에게 어머니의 혼돈 시나리오 결과인 정신적 황폐함을 설명했다. 혼돈의 그림(192쪽)을 보여주자, 그녀는 바로 그 사실을 인정했다. 그녀는 삶을 정리해가면서 어머니에게 '정신분열이 나타났다'라는 의견을 뒤섞으려고 했지만, 나는 아직 정확히 모르는 사실이라며 말을 막았다. 그리고 간신히 유년 시절의 시나리오를 이해하는 쪽으로 방향을 맞추었다. 우선 그녀가 계속 유지할 수 있는 논리를 찾는 일에 주력했다. 혼돈 속에 있던 어머니는 분명 약물 중독이거나 알코올 중독일 가능성이 컸다. 그러자 그녀의 얼굴이 갑자기 환해졌다. "맞아요, 엄마는 의자에 앉아 졸았고, 아침마다 머리가 아프다고 했어요." 결국, 우리는 수차례 만남을 통해 여러 장면을 정리하고 이름을 붙이고 싶었지만, 이 일을 더 해나갈수록 상황은 더 안 좋아졌다. 분명히 어머니는 병원에 자주 갔고 증상만 완화하는 약물치료를 계속 받고 있었다. 실제로 로라도 이미 열세 살에 피임약부터 시작해서 피부과 치료제와 체중 감량제, 항알레르기제를 계속 먹었다.

정서 조정을 위한 약물치료

이 과정 중에 문제가 생겼다. 로라의 어머니는 꽤 심각한 정신적 불균형을 겪었을 가능성이 컸다. 당연히 어머니에게 로라는 정서적으로는 없는 존재였고, 어머니는 **정서 조정을 위해 약물치료**를 받고 있었다. 어머니가 다른 사람과 관계를 맺는 방법이 바로 약물치료였기 때문이다. 어머니는 모든 상황에 다 약물 요법을 사용했다. 로라도 그 방법을 사용했다. 어느 정도인지는 알 수 없지만, 다양한 약을 많이 먹었다. 그것은 어머니가 그녀에게 줄 수 있었던 정서적 양식이었다. 이런 대증 요법은 신체의 건강한 증상을 마비시키고 무감각하게 한다. 결국, 이 조사 과정에서 나온 내용에는 혼란뿐만 아니라, 수년간 지속된 약물치료가 함께 들어 있었다. 게다가 로라는 정신병 진단이라는 문제까지 더해졌다.

나는 계속 눈을 가린 채로 조사를 해나가는 느낌이었지만, 그래도 그녀의 일대기를 따라가보기로 했다. 그녀는 열일곱 살에 처음으로 정신분열증이 나타나면서 고통을 받았다. 나는 다른 전문가들이 붙이는 병명에는 별로 관심이 없다고 말해주었다. 그리고 각 상황에서 정확히 무슨 일이 벌어졌는지 확인해보자고 했다. 과연 그 병은 어떻게 '출현'했을까? 구체적으로 무슨 일이 있었을까? 자세한 질문을 했지만, 돌아온 대답은 여전히 모호했다. 어머니는 그녀의 남자친구를 마음에 들어 하지 않았고, 그녀가 산부인과 의사를 찾아갈 때마다,

남자친구를 만나지 말라고 강요했다. 그래서 그녀는 집에서 나오려고 했다. 그녀는 '정신분열 증상을 느끼지 못했지만', 다음 일화를 말해주었다. 그녀가 항알레르기 주사를 거부하자, 어머니가 다른 의사에게 데리고 갔고, 그때 이 정신병이 '출현'했다고 했다. 우리는 그말이 정말인지 확인할 수 없었다. 왜냐하면, 그 이야기를 정돈하고, 최소한의 논리를 찾으려면 꽤 시간이 오래 걸리기 때문이었다. 우리가 아는 것은 그저 그 당시 그녀가 부모 집을 나오지 못했고, 심리 상담가를 다시 바꿨다는 사실뿐이었다.

그녀는 짧은 기간 간호학을 공부했다. 그리고 마침내 스물네 살에 집에서 나와 독립했다. 정원에 채소를 기를 수 있는, 도시 외곽의 작은 집이었다. 물론 부모의 경제적 지원은 받았다. 하지만 독립하고 얼마 안 된 어느 날 밤에 악몽을 꾸고 나서 또다시 정신병이 '출현'했다. 그녀가 그 이야기를 시작했을 때 나는 우선 중단시켰다. 그 병이 '출현'했는지는 정확히 모르지만, 적어도 정서적 지원을 거의 받지 못하고 외딴집에 혼자서 지내며, 약물치료를 받는 젊은 여성에게 나타날 수 있는 것은 바로 두려움이었을 거다! 우리 중 누구라도 그런 비슷한 상황에 있었다면 두려웠을 것이다. 우선 구체적으로 일어난 일을 확인해보았다. 그녀는 경찰서로 이동하기 전까지 한밤중에 거의 속옷만 입고 거리를 배회했다. 과연 그 병이 '출현'했기 때문일까? 물론 평범한 사람은 '그런 일'을 하지 않는다. 하지만 그 어떤 보호도 받지 못한 미성숙한 젊은 여성이 고립된 집에 혼자 있었다면 밤에 두려웠을 수밖에 없다. 결국, 그 일 때문에 찾아간 전문가들의 의견은 각양각색이었다. 하지만 그녀가 사실을 왜곡했는지, 지어냈는지, 아니면 이 모든 일이 '정신병 출현'이라는 진단과 일치하는지는 알 수가 없었다.

외로움을 생각하는 대신 진단과 약물 복용

여기에서 중요한 것은, 로라가 진단 결과에 자신을 맞추었다는 사실이다. 그녀는 수많은 정신과 의사와 심리 상담가를 찾아갔다. 그녀는 그들에 관해서는 다 좋게 말했다. 왜냐하면, 모두 그녀를 '도와줬기' 때문이다. 물론 그들 모두 그녀에게 도움을 주었고 좋은 의도였다는 사실은 의심하지 않는다. 그래서 지금까지 그녀는 30년 이상 끊임없이 약물치료를 받았다.

나는 그녀에게 이 조사를 계속하기 전에 새로운 의견 조정을 해야 한다고 설명했다. 그녀에게 '정신병이 나타났는지' 믿을 수가 없었기 때문이다. 오히려 내가 볼 때 그녀는 전문가들이 내린 약 처방 속에서 보호와 피난처, 관심과 돌봄을 찾았다. 그런 처방들을 받고 안정감을 느꼈기 때문이다. 그녀가 왜 어머니가 항상 사용하던 방식을 그대로 따르는지 충분히 이해가 갔다. 유년 시절에 그녀가 원했던 사랑에 대한 요구와 필요한 욕구들을 어머니가 제대로 해석하지 못하

236

고, 대신 딸에 대한 애정의 표시로 의사에게 데리고 갔다는 생각이 들었다. 어머니는 약물 복용에 사랑이라는 이름을 붙였다. 하지만 사랑에 대한 필사적인 요구에는 '정신병 출현'이라는 부적절한 이름을 붙였다. 과거에 그 진단은 어머니에게 더 적합한 이름이었다. 그러나 그것은 어머니 자신을 더 이해하는 데 전혀 도움이 되지 않았다.

그녀는 내 말에 좀 더 집중했다. 이런 진단은 처음 들어본다고 했다. 요즘도 그녀가 정신과에 가면 의사는 순서에 따라 두세 가지 질문을 하고 같은 약을 처방한다고 했다. 가끔 처방을 바꿀 때도 있었고, 그럴 때는 그다음 달부터 바로 바뀐 약을 먹었다고 했다. 나는 의사들이 어떤 질문을 했는지 물어보았다. 그들은 그녀에게 무슨 이상한 소리가 들리는지 물었다. 그러나 그런 적은 한 번도 없었다. 그리고 죽음에 대해 생각했는지, 즉, 자살을 생각했는지도 물었다. 확언하건대 그녀는 절대 그런 생각을 안 했을 것이다. 오늘 날짜를 알고 있는지도 물었다. 하지만 날짜를 헷갈렸을 리도 없다. 그녀는 그런 질문에 분명하게 대답했지만 정신과 의사는 한 달치 약을 처방했을 뿐이다.

나는 그녀가 이 새로운 의견을 잘 이해했는지 확인해보았다. 그럴 거라는 확신이 들지 않았기 때문이다. 그러나 그녀는 조금씩 정신병 출현'이라고 해석된 과거의 '이상한' 에피소드들과 외로웠던 상황을 연결지었다. 그 결과, '이성을 잃고 미친 것 같은' 모든 절망적인 반응 앞에는 늘 외로움이 존재했다는 것을 알게 되었다. 마침내 그녀는 자신이 혼자, 아주 외로운 상태임을 인식했다.

자기 자각에 대한 신뢰 회복하기

로라와 **휴먼 바이오그래피**를 진행하는 과정은 더디고 힘들며 혼란스러웠다. 이야기하다 보면 그녀의 진짜 삶에 접근한 것인지 헷갈릴 때가 많았다. 한편, 그녀가 직관적이고 똑똑하지만, **자기 자각을 신뢰하지 않는다**는 사실을 알게 되었다. 그래서 '이상한 에피소드'를 하나하나 분석하면서 '정신병 출현'에 대한 부분은 줄이고, 정서적 영역에서 무지한 어머니 때문에 보호받지 못한 한 소녀의 힘든 환경과 그 속의 상황에 집중했다. 그러자 조금씩 함께하고 싶고 이해와 사랑을 받고 싶어 하는 자신의 필사적인 요구 속에 담긴 논리를 이해하기 시작했다. 그렇게 에피소드들을 살펴보면서 구체적인 뭔가를 얻으려는 확실한 순간에 폭발하는 한 소녀의 분노를 알게 되었다. 이 모든 발견이 그녀의 내면을 울렸다. 이 새로운 관점은 분명하고 희망적인 결과를 낳았다.

마침내 그녀는 "저는 한 번도 제가 정신병자거나 분열증이라고 생각한 적이 없어요. 하지만, 의료 전문가들이 제 정신 건강에 관해 한 말을 의심하거나 질문하거나 조정한 적은 없어요. 한 번도 그런 적이 없어요. 최근에서야 그 생각을 하게 되었는데, 그러니까 겁이 났어요"라고 고백했다. 그 순간 처음 그녀에게서 희망의 빛을 보았다. 그녀 안에서 뭔가 변화가 일어나고 있었다. 나는 그녀에게는 의료 전문가들의 의견에 의문을 제기할 만한 도구가 하나도 없었을 거라고 말해주었다. 그녀의 어머니도 훨씬 더 힘들고 잔인한 어린 시절을 보냈기 때문에 어쩔 도리가 없었을 것이다. 처음으로 그녀는 울고, 울고 또 울었다. 수많은 눈물이 얼굴에 흘렀는데, 마치 슬픔의 수도꼭지가 열린 것 같았다. 나는 그녀가 진실한 무언가와 연결되고 있다는 사실을 축하해주고, 동시에 한마음으로 울어주었다. 그녀의 마음에 말로 표현 못 할 뭔가가 울렸다. 나는 다시 모든 에피소드를 함께 살펴보았다. 지금 여기에서 다 말하지는 않겠지만, 그녀의 솔직한 반응인 어린 시절의 분노 속에는 더 많은 의미가 들어 있었다.

나는 그녀에게 미쳤다는 생각을 버리고 계속 **휴먼 바이오그래피**를 작성해보자고 했다. 그녀는 동의하며 그동안 잘못된 진단을 **따르고** 있었다고 했다. 그래서 **약 처방전 종이가 크게 나오고**, 어린아이라서 어떤 결정도 내리지 못한 채로 누워 있는 그림(228쪽)을 보면서 조사를 이어가자고 제안했다. 그녀가 동의했다.

추측한 정보 투사 혹은 자신과 만남

나는 그녀의 **휴먼 바이오그래피**에 다른 사람들이 **추측한 정보가** 투사되었을 거라는 점을 늘 염두에 두면서 연대기를 따라갔다. 물론 그 정보의 주제는 건강이지만, 다른 영역에서도 똑같이 작용할 수 있기 때문이다. 다른 사람들이 아는 것을 그녀는 몰랐다. 왜냐하면, 그녀가 미쳤거나 장애를 가지고 있다고 정해졌기 때문이다. 그러나 그것은 **속이는 말**이었다.

그녀는 서른 살 즈음에 남편 알레한드로를 만났다. 그녀는 그에게서 보호받는다고 느꼈다. 그는 그녀의 건강에 신경 쓰고 약 먹는 시간까지 챙기면서 필요를 채워주었기 때문이다. 그녀는 그의 매우 정돈되고 책임감 있는 모습에 반했다. 그 외 자세한 상황은 알 수가 없었지만, 그녀에게 그는 지루하긴 해도 바르고 안정적인 일을 하며 사랑이 많은, 분에 넘치는 사람이었다. 실제로 그와 함께 지낸 처음 몇 년 동안은 그녀에게 어떤 정신병도 '출현'하지 않았다. 그녀는 그가 자신과 함께한다는 것을 느끼면서 어떤 요구도 하지 않았다.

이후 그녀는 임신했고, 그때도 별문제 없이 지나갔다. 남편이 지극정성으로 그녀를 돌보았기 때문이다. 그녀는 시간제 일을 하며, 약물을 최대한 줄이고 태교에 전념했다. 아주 많은 곳을 방문한 후 선택한 병원에서 전통적인 방법으로 아이를 낳았고, 똑똑한 소아과 의사가 아이 몸무게를 늘리도록 공식적인 우유를 처방하기 전까지는 모유 수유도 했다. 그녀는 의사의 말을 잘 들었다. 나는 여기에서 이야기를 잠깐 멈추고 그녀를 바라보았다. 그리고 그때 정말 아기의 상태나 몸무게를 걱정했는지 질문했다. 당연히 아니라고 대답했다. 물론 아기가 아주 건강하긴 했지만, 그녀는 단 한 번도 전문가의 의견을 전하는 것 말고 스스로 생각한 것을 말한 적이 없었다.

그때부터 그녀가 내적으로 알거나 감지한 것, 즉 버려뒀던 자기 기준의 범위와 흰색 가운을 입은 사람의 말이라면 무조건 따르는 것 사이에 차이점을 확인하는 일에 집중했다. 그 결과 그녀는 정신병도 아니고 아프지도 않았다. 그녀의 유일한 문제는 벽에 자격증을 걸어 둔 모든 사람에게 매우, 무조건 복종하는 것이었다. 나는 그녀에게 아무것도 지시하거나 가르치지 않으려고 조심했다. 실제로 그녀는 자주 아이와 관련된 질문을 했지만, 그럴 때마다 나는 대답하는 대신 다시 질문했다. 그러자 놀랍게도 그녀는 자기 생각을 확신하며 결정을 내릴 수 있었다.

여기까지 그녀를 이해하는 데 넉 달이 걸렸다. 이후 2년간 조사가 더 이루어지면서 조금씩 그녀가 어떤 상황에서 누구의 의견을 자동으로 따르는지, 무슨 도움이 필요한지 정확히 모르면서 개인적인 질문을 할 때 어떤 어려움이 있었는지 알게 되었다. 다른 사람들이 그녀에 대해 설명하는 내용이 그녀의 본모습과 어울리는지, 그 차이가 얼마나 나는지 내적으로 비교하며 확인했다.

그녀의 아들은 벌써 두 살이 되었다. 나는 인내심을 가지고 아기의 시점을 통해 사실을 따라가보았다. 그리고 아이가 앓았던 질병 개수와 정기적으로 다양한 의사들을 방문했던 사실을 확인하면서 별로 놀라지 않았다. 그녀는 소아과 의사들의 지시와 자신의 느낌을 조금씩 비교해보기 시작했다. 그녀는 여전히 다양한 의사들과 상담하기는 했지만, 지시 사항을 듣는 시간에는 자기 생각을 덧붙였다. 이것은 그녀에게 중요한 변화였다. 이 과정이 힘들고 눈에 잘 드러나지 않아 지치는 작업이었지만, 다행히도 그녀 삶에 변화가 일어났다. 그녀 자신의 생각과 경험과 느낌이 일상을 채워가기 시작했다. 그녀의 뿌리 깊은 외로움도 점점 나타나지 않았다. 지금 그녀 옆에 남편이 있어서가 아니라, 자기 생각을 믿었기 때문이며, 나타날 이유가 없는데 '때아닌 출현'을 하는 유령들을 멀리했기 때문이었다.

그녀는 자주, 아주 많이 울었다. 앞으로 나가다가도 뒤로 물러서기를 반복했다. 거의 반사적으로 나의 동의를 구했지만, 그럴 때마다 나는 그럴 필요가 없다고 알려주었다. 그러면서 천천히 약물치료를 줄였다. 정신과 의사도 그녀가 약을 거의 먹지 않았는데도 상상할 수 없을 정도로 상태가 좋아졌다는 것을 알았다. 나는 이전에 적어두었던 오래된 노트를 다시 살펴보았다. 이제까지 그녀가 뭔가 나쁜 일이 일어날까 봐 두려워하며 습관적으로 남편 말에 복종했던 부분도 살펴보았다. 그녀는 시시각각 무의식적으로 자동적인 원래 반응으로 돌아가기도 했다. 나는 그녀의 유년 시절의 욕구를 이해하면서, 그녀가 맡은 **배역**이 자기 생각을 멈추고 그저 필요한 약만 먹으며 정해진 치료법을 따르는 모습임을 보았다. 나는 그녀에게 자기 생각과 느낌이 없다는 사실을 반복해서 말해주었다. 그녀는 과감하게 마음에 드는 동종요법* 의사를 찾아갔다. 하지만 이번에는 두려움 때문이 아니라, 스스로 원하는 게 있어서였다. 그녀에게 병원들은 여전히 세상에서 가장 따뜻한 **보호를 제공하는** 곳이기 때문에, 끊으려고 하다가도 그러지 못하는 핑계를 대기도 했다.

그렇게 그녀가 민감한 자기 기준에 따라 경험하는 법을 배우고 성숙해지도록 그녀의 욕망과 타인의 욕망을 번갈아 계속 확인해나갔다.

---

* 어떤 질환과 같은 증상을 일으키는 약제를 소량 투여하여 그 질환을 치료하는 방법.

도피

곤살로는 부에노스아이레스에 살았다. 마흔한 살로 아내와 사이에 두 살 된 아들 쌍둥이를 두었다. 그는 아버지와 함께 운영하는 음료 공급 회사의 대표였다. 자녀가 태어나면서부터 소리를 지르거나 몸싸움을 하는 등 아내와 다툼이 잦아졌다며 상담을 요청했다. 그는 자신이 평정심을 잃을 거라고 상상도 못 했다며 혼란스러워했고, 차라리 집을 나가는 게 낫겠다고 생각했다. 하지만, 어떤 결정이든 내리기 전에 좀 더 상황을 알아보고 이해해보려는 노력을 하고 싶다고 했다. 그는 이미 내 책들을 읽었기 때문에, 짧은 대화 후에 바로 **휴먼 바이오그래피** 과정을 시작했다.

잔인함으로 인한 정신분열증

곤살로의 유년 시절에 접근하자, 그는 마치 누군가를 **배신할까 봐** 두려워하는 사람처럼 말을 아꼈다. 나는 그 '누군가'가 **어머니**라는 사실을 눈치채고, 어린 시절의 경험을 찾는 과정에서는 아무도 판단하지 않을 것이고, 지금 과거의 장면을 살펴본다고 무슨 일이 생기지는 않는다고 설명했다. 그는 이 말을 이해하고는 집에서 일어났던 일을 말하는 것이 마치 어머니를 발가벗기는 일처럼 느껴진다고 고백했다. 그리고 한 번도 그런 이야기를 해본 적이 없다고 했다. 어머니가 외부에 보여주려고 애쓴 모습과 집 안에서 보여주는 모습이 아주 달랐기 때문이다. 그는 늘 자신이 이성을 잃고 미치게 될까 봐 두려웠다고 했다. 누가 그런 말을 해줬을까? 아무도 하지 않았다고 했다. 아무도 안 했다면 왜 그렇게 생각했을까? 믿을 수가 없는 대답이었다. 만일 어린아이가 미칠까 봐 두려웠다면, 그것은 누군가가 그럴 가능성을 말해주었거나 어머니가 감정이 폭발해서 아이를 비난했기 때문이다. 다시 어머니의 감정 폭발 가능성에 관해 오래 이야기를 나누었다. 그가 기억의 수문을 열어서 중요하다고 생각하는 장면을 말해주기 바라서였다.

그는 아버지가 어느 날 밤에 침대에 있던 그를 깨워서 호텔로 데리고 가서 재웠던 날을 기억했다. 그때 형인 페데리코는 감정 폭발한 어머니가 잠잠해지기를 바라며 함께 있었다. 그러나 이 일에 대해서 아무도 설명해주지는 않았다. 그는 형이 학교로 찾으러 왔고, 함께 집으로 돌아오는 길에 싸웠는데, 그때 아주 두려웠던 기억을 꺼냈다. 혼자 집에 가는 방법을 몰랐기 때문이다. 이후에 그는 학교 선생님에게 형이 아프다고 설명하려고 애썼던 일을 기억해냈다. 선생님이 이유를 물었지만, 그는 어떻게 대답해야 할지 몰랐다.

나는 형이 아팠던 이유를 물어보았다.

"왜냐하면, 형은 정신분열이거든요." 중요한 사실이 나타났다!

"형이 정신분열증 진단을 받았나요?"

"네."

"언제부터요?"

"형이 스무 살 되던 해였어요. 제가 열네 살 때."

그래서 어머니가 특히 형을 얼마나 화나게 했는지 자세히 살펴보기로 했다. 그리고 나서 그와 형에게 무슨 일이 있었는지도 알아보았다. 나는 형이 **정신분열증 환자**가 되려면 수많은 조건이 필요하다고 설명했다. 그래서 다시 어머니와 그녀의 폭력 가능성에 집중했다.

내가 **폭력**이라는 단어를 꺼내자, 그는 그것과 관련된 여러 장면을 연결했다. 어머니는 분노를 형에게 풀었고, 특히 형이 대들면 상황이 더 심해졌다. 아버지가 저녁에 퇴근하면 어머니는 있지도 않았던 일을 꾸며서 말했다. 그는 어머니가 말하는 그 말도 안 되는 일을 지켜본 증인이었다. 예를 들어, 그가 집에 친구를 데리고 오면, 어머니는 마치 특별한 손님이 온 것처럼 친구를 반겨주었다. 그 아이에게 많이 사랑한다는 말까지 했다. 물론 생전 처음 보는 모습이었다. 하지만 친구들이 집으로 돌아가면 그녀는 다시는 친구들을 집으로 데리고 오지 말라며 화를 냈다. 그는 아주 어렸지만, 그것이 잘못된 일임을 알았다.

어머니는 자주 세상 모든 사람을 나쁘게 말했다. 늘 다른 사람을 비난하거나 그들에게 잘못을 뒤집어씌웠다. 그는 지금에서야 한 번도 어머니의 친구들을 만난 적이 없고, 외가 쪽 친척들과도 전혀 교류가 없었음을 깨달았다. 어머니는 자녀들이 태어나기 전부터 사람들과 많이 싸웠기 때문이다. 그래서 가족 모임이 있을 때나 드문드문

친척들을 보는 정도였다. 나는 어머니의 감정 폭발에 관해 자세히 질문했다. 그녀는 두 아이를 모두 때렸지만, 특히 형이 어머니를 더 화나게 했다. 물건들을 집어 던지고 옷장을 싹 비웠으며 자신의 불행을 아이들 탓으로 돌렸다. 그는 어머니에 대해 명확히 기억하지 못했지만, 그녀가 화가 풀릴 때까지 형을 묶어서 차가운 물에 넣어두었던 일만은 똑똑히 기억했다. 물론 형에 대해서 혼란스러운 기억들도 있었다. 형은 어머니가 동생을 찾지 못하도록 위험한 일인지도 모른 채그를 오래된 가구 뒤나 세탁기 속에 숨겨두었다. 어린 시절 그를 보호해주었던 형에 대한 기억들은 사춘기를 지나면서 바뀌었다. 그는형도 두려워하게 되었다.

그런데 그때 과연 아버지는 어디에 있었을까? 그는 기억하지 못했고, 일하고 있었을 거라고만 추측했다. 그래서 아버지가 집에 있었던 주말에도 어머니와 형이 싸웠는지 물어보았다. 그는 대답하지 못했다. 하지만 형의 '정신병'이 처음 출현한 때가 그가 7학년 때였다는 것은 기억하고 있었다. 따라서 그 당시 형의 나이가 열여덟 살쯤이었다고 계산할 수 있었다. 그때부터 그는 형을 무서워했다. 그러나형이 그에게 공격적인 행동을 했다는 기억은 전혀 없었다. 따라서 형이 위험한 존재였다는 것은 가족의 말로 만들어진 기억이 아닌지 의심스러웠다. 그의 형은 지금도 정신분열증을 앓아서 부모님과 함께살고 있다.

나는 어린아이가 그런 수많은 증오에 반응했다는 사실과 집에서 벌어진 일이 심각했음을 확인했다. 형은 그의 **휴먼 바이오그래피** 퍼즐을 맞추기 위한 중요한 안내자가 되었다. 결국, 어머니가 가장 먼저 장남에게 화를 다 쏟아냈고, 그다음 대상이 그였다는 사실을 알아냈다. 그래서 그는 그나마 좀 더 보호를 받을 수 있었다. 많은 만남 끝에 그의 삶의 장면을 정리할 수 있었다. 형이 담배로 태운 양탄자 냄새, 어머니가 형의 머리를 때릴 때 썼던 더러운 신발, 방에 어머니를 가둬두고 때렸던 아버지 등, 모든 기억은 가히 충격적이었다. 그는 커가면서 두려움도 커졌다는 사실을 알았다. 아마도 그때 생각을 더 하게 되어서 그랬을 것이다. 쓰레기로 가득했던 세탁기는 그가 오랫동안 카드를 가지고 놀던 안식처였다.

운동 경기와 훈련

나는 곤살로의 황량한 파노라마를 보았다. 그는 늘 형의 병이 자신의 유년 시절을 망쳤다고 생각했지만, 어머니의 우울증과 울음, 공상과 과도한 행동, 급격하게 나타나는 폭력과 감정 폭발이 가족 **혼란**의 원인임을 깨달았다. 이후 더 자세한 내용은 알 수 없었지만, 그의 형이 강제 입원과 약물치료를 받아들이기 전까지 어머니와 대립했을 거라는 사실은 불 보듯 뻔했다.

나는 그에게 이런 혼란한 상황에 사용하는 **혼돈의 그림**(192쪽)을 보여주고, 어린 시절 이런 불안한 환경에서 살아남기 위해서 무엇을 했는지 조사해보자고 했다. 그는 혼자 등하교를 했고 어머니는 형의 '병'을 챙기느라 바빴다. 그는 학교 친구 덕분에 열여섯 살 때부터 운동을 시작했다. 친구와 스포츠 클럽에 가서 매일 운동을 했다. 어머니는 자주 의사를 찾아갔다. 그녀가 형을 데리고 병원에 가면 꼭 입원 절차를 밟았다. 형 혼자 거리에 나가는 것은 금지되었다. 지금 상황으로 볼 때 어머니는 그에 대해 아는 것도 거의 없었다.

내가 세운 가설은 다음과 같았다. 만일 그가 유년 시절 내내 혼란스러웠다면 모든 곳에서 극심한 **명령**과 **규율**을 추구했을 것이다. 그는 내 말에 완전히 동의했다. 그가 운동 경기에 심취한 것은 선생님의 요구와 앞으로 나아가야 할 분명한 목표 때문이었다. 목표가 무엇이고 어떻게 해야 하는지 분명히 아는 것은 자기 에너지를 펼치는 곳에서 소년이 발견한 삶의 위로였다.

그는 몇 년간 신체 단련에만 공을 들였고, 그 기간에 다른 경험은 거의 없었다. 고등학교를 졸업하고 경제학을 공부했지만, 졸업 전부터 아버지와 일을 했고, 회사가 성장하기 전까지 함께 일했다. 그의 삶의 목적은 경제 발전과 신체 발달이었다. 그는 국내외 마라톤 대회에 나가 성취감을 얻었다.

그에게 규율과 목적은 평화로운 삶을 사는 데 필요한 중요한 부분이었다. 그렇다면 그가 잃어버린 부분은 무엇일까? 탐정의 눈으로 볼 때, 그의 애정 영역이 아주 복잡했을 거라고 짐작되었다. 애정 영역의 경험은 질서 정연하거나 분명하지 않고, 혼란스럽기 때문이다. 나는 그에게 질문도 하기 전에 친밀한 애정 관계에서는 더 많은 혼란을 겪었을 거라고 확신했다.

그는 아주 잘 생겨서 주변에 따르는 여자들이 많았다. 하지만 그는 한 번도 사랑에 빠졌다고 생각한 적이 없었다. 여성들에게 매력을 느끼긴 했지만, 그가 원하는 사람들은 단순하고 '변화가 없는 사람'이었다. 그는 누군가 그에게 뭔가를 요구하거나 주장하면, 바로 관계를 정리했다. 나는 피난처에 대한 이론적 개념과 안정적인 애정 관계 유지를 위해 필요했던 정서적 거리감, 그리고 유년 시절에 생긴 정서적 혼란을 방지하는 방법들에 대해 그와 이야기를 나누었다. 그는 모든 대화 내용에 동의했고, 그런 사실을 이렇게 분명하게 이야기한 게 처음이라고 했다. 그 후 유년 시절과 사춘기 때 기억이 점점 더 많이 나타났다. 그리고 가설, 특히 형이 사랑을 아주 많이 주었지만, 수년 전부터 마음속에 사랑을 '가둬두고 있었다'라는 가설이 사실임을 확인했다.

그와 여러 번 만나는 동안, 그가 여성들과 애정 관계에 있을 때 우정, 업무 목적, 운동에 강박증과 같은 두려움을 많이 느꼈다는 것을 확인할 수 있었다. 그는 단 한 번도 운동으로 감추었던 생각, 즉 병을 통제할 수 없다는 두려움과 몸을 더 잘 관리할수록 아플 일이 적을 거란 확신에 관해 진지하게 생각한 적이 없었다.

처음에는 **혼돈의 그림**을 생각하며 이 조사를 계속할 것을 제안했지만, 달리기하는 사람 또는 도망치는 사람 그림도 추가해야 했다. 그는 자신의 정확한 목표와 규칙을 피난처로 삼고 그 안에서 숨을 쉬고, 거기서 벗어나면 위험하다고 생각했다. 그는 내 말에 동의하면서 자기 내면은 잠재적 위험 때문에 끊임없이 흔들리고 있다고 고백했다. 그런 감정은 비이성적인 데다 구체적인 그 무엇과도 연결이 되어 있지 않아서 정확히 표현할 수가 없다고도 했다. 실제로 그 감정은 여전히 남아 있는 어린 시절의 기억과 관련이 있었다. 그는 과거에 겪은 정신적 상처가 아직도 마음속에 남아 있다는 것을 깨닫고, 그것을 말로 할 수 있다는 사실에 안도감을 느꼈다. 나는 만남 중에 형, 특히 그의 정신분열증 추정에 관한 대화를 많이 나누었지만, 여기에서는 자세히 다루지 않겠다.

쌍둥이의 탄생과 정서적 혼란

이런 모든 개념을 바탕으로 계속 그의 삶의 이야기를 따라갔다. 그는 10년 전, 자주 운동을 하던 체육관에서 아내 안드레아를 만났다. 그들은 운동이라는 같은 취미를 나누고 여가도 함께 즐겼다. 그녀는 공증인으로 삼촌과 두 명의 사촌이 동업하는 아버지의 연구실에서 일했다. 그와 그녀는 늘 잘 지냈다. 그들은 계획적이고 명확한 목표가 있는 삶을 유지했고, 상대의 영역을 침범하지 않는 한 문제는 생기지 않았다. 즉, 그는 자신의 피난처(이후에 알았지만, 안드레아도 자신만의 피난처가 있었다. 여기서는 그녀의 피난처까지 설명하지는 않겠다)가 있었고, 사랑의 관계는 행복하게 유지되었다.

그는 안정적인 직업이 있었고, 신체 운동에 열중했다. 안드레아가 자녀를 낳고 싶어 해서 그들은 함께 살기로 했다. 3년 후 그들은 임신을 준비하면서 불임 클리닉에 상담하러 갔다. 두 번째 시도에서 쌍둥이를 임신했다. 그는 아내의 임신을 살면서 가장 행복했던 일이라고 기억했다. 첫 아이들에 대한 기대와 기쁨 속에는 의학적으로 엄격하게 통제한 임신 과정이 있었다. 즉, 그 둘에게 딱 맞는 완벽한 배역이었다. 그들은 임신 과정을 아주 자세하게 검사하고 조사하고, 측정하고 기록했다.

나는 그 이야기들을 더 자세히 들여다보지 않아도 이후 무슨 일이 벌어졌을지 예측할 수 있었다. 임신 과정은 통제할 수 있었지만, 두 아이가 태어난 후에는 어쩔 수 없이 혼란이 찾아왔을 것이다. 그는 그런 상황이 통제 불가능하고, 예측할 수 없으며, 피곤하고, 무질서해서 달아나고 싶은 마음뿐이었을 것이다. 그의 **휴먼 바이오그래퍼**를 보다 보니 '미래 예측'이 매우 쉬웠다. 당연히 자녀들은 그와 아내가 정성스럽게 쌓아온 기존의 모든 안정된 상황을 흔들어놓았을 것이다. 불 보듯 뻔했다. 내가 그에게 그런 내용을 말해주자, "왜 예전에는 아무도 그런 말을 해주지 않았을까요?"라고 말하며 머리를 쥐어뜯었다. 우리는 그 순간 함께 웃었다. 실제로 아무도 그런 말을 해주지 않는다. 하지만 자녀를 키우는 일은 임신 발달 과정을 조절하는 일 그 이상이다.

제왕절개술은 복잡했고 경막외마취도 잘 안 되어서 그의 아내는 전신마취를 해야 했다. 첫째 아이는 신생아 치료실에 일주일간 입원했고, 둘째 아이는 엄마 손이 닿지 않는 곳에서 이틀을 보냈다. 집으로 돌아온 후 그들의 삶은 두 아이와 함께 혼돈 그 자체였다. 아이들은 울어댔고 아내는 모유 수유하는 법도 잘 몰랐다. 요약하자면, 그당시 이야기는 어머니가 되었지만 여러 상황에 무지하고 자신과 단절된 채 있었던 여성들이 겪었던 수많은 경험과 비슷했다. 아내의 어머니는 그들과 함께 살았고, 우울증이 있었다. 처음에는 육아를 도왔지만, 그녀의 어머니 때문에 가정 상황은 더 불안해졌다. 어머니는 딸이 어머니로서 미숙하다고 잔소리만 했기 때문이다. 그는 주변을 정리하고, 젖병을 준비하고, 시간표를 작성하고, 특히 아내가 미칠 것 같은 상황이라고 느껴지면 바로 곁으로 달려가려고 노력했다.

집에서 아기들과 있을 때의 일상생활을 여기서 더 설명할 필요는 없을 것 같다. 더욱이 쌍둥이라면 상황은 불 보듯이 뻔하다. 그러나 시나리오가 바뀌었다는 사실은 정확히 확인할 수 있었다. 그와 아내는 그런 혼란스러운 상황이 그들이 누리던 안락한 피난처에서 벗어날 기회였음을 깨달아야 했다. 그것은 지금까지의 안락한 삶이 그들이 정상적으로 선택한 삶이 아니라, **유년 시절에 생존을 위해 선택한 피난처**였기 때문이다.

그는 이 부분에서는 내 말에 동의하지 않았다. 물론 그를 설득하려고 애쓰지는 않았다. 그저 부부가 함께 주고받은 요구 사항과 싸움들을 살펴보기로 했다. 그들은 이전에 동맹 관계를 유지했던 균형과 질서가 깨지자 서로를 비난했다. 아이를 키우는 일은 늘 힘들고 질서가 깨지는 일이다. 특히 **완벽한 통제를 피난처**로 삼았던 가정에서 질서가 깨진 것은 그들에게 절망 그 자체였다. 그는 아내가 긴장을 풀고 마음을 편하게 먹고 자녀들과 잘 어울릴 수 있도록 도움을 주었다는 이야기를 많이 했다.

나는 수년간 이어진 약물치료 및 입원으로 멍청하게 된 형이 그가 아내뿐만 아니라 특히 쌍둥이들과 애착 관계를 형성하는 데 정서적인 도움을 줄 수 있었을지도 모르겠다고 말을 꺼냈다. 그는 그 말을 듣고 놀라 눈을 크게 떴다. 그는 그 말을 믿지 못했다. 하지만 결국 형이 조카들을 너무 사랑하고, 아이들도 삼촌과 아주 잘 지낸다고 고백했다. 아이들은 삼촌과 있을 때는 울지 않았고, 아주 잘 지냈다. 더 놀라운 사실은 삼촌이 집에 있다가 돌아가면 아이들을 통제하기가 더 어려워졌다. 의사들은 가족들에게 형이 아이들의 반응에 잘 대처할 수 없으니 아이들을 형과 함께 두면 안 된다고 했다. 그래서 아내는 그의 형이 집에 올 때마다 두려워했다. 나는 그도 형을 두려워했는지 물었다. 그는 형이 한 번도 자신에게 나쁘게 한 적이 없고 아이들에게도 나쁘게 할 리가 없다는 것을 알고 있었다. 하지만 의사들의 지시에는 단 한 번도 토를 달지 않았다. 그는 내가 왜 형을 그렇게 생각하는지 물어보았다. 나는 어렸을 때 형이 **자기감정과 아주 민감하게 연결된** 아이였기 때문에 **어머니의 잔인함을 견딜 수 없었을 거라**고 대답했다. 형은 자기 생각과 조화를 이루기 위해 어머니에게 반항하고 싸우려고 했을 것이다. 물론 사람들이 그를 묶고 병원에 가두기 전까지는 말이다. 그는 극도로 예민한 사람이기 때문에 어린 조카들을 잘 이해했다. 그리고 부부만큼이나 자주 아이들과 시간을 보냈다. 반대로 아내는 아이들을 잘 느끼거나 이해하지 못했다. 남편과 마찬가지로 그녀도 유년 시절에 경험했던 애정 결핍에서 자신을 보호할 벙커로 숨어 있었기 때문이다. 하지만 그들과 달리 형은 상황을 피하지 않고 그냥 그대로 마음을 열고 있었다. 그들은 형이 그들의 생활에서 나가주길 종용했다. 그러나 형에게 두 조카는 잃어버린 사랑과 연민의 천국과 다시 만나게 해주는 예민하고 섬세한 연결 다리였다. 만일 그와 아내가 이런 사실을 알았다면, 자녀들과 연결되는 그 끈을 사랑 많은 어머니와 자애로운 아버지가 될 기회로 만들었을 것이다. 하지만 알 리가 없었다. 그는 그 말을 듣고 감정이 복받쳐서 울음을 터뜨렸다.

그와 만남은 계속 이어졌다. 나는 그의 **시나리오**와 그가 한 선택들, 피난처, 성숙, 사랑의 욕구 등을 살펴보았다. 이후 그의 아내도 함께 상담을 시작했는데, 물론 다른 휴먼 바이오그래피 전문가와 함께 했다.

산 위의 고독 피난처

파코는 스페인 카탈루냐 지방 작은 도시인 예이다에서 원격으로 상담을 요청해왔다. 그는 마흔다섯 살 기혼자이며, 열두 살 아들과 아홉 살 딸을 두었다. 겨울철 스키 강사 외 자잘하게 하는 일이 많았는데 주로 레포츠 관광과 관련된 일을 했다. 그의 아내가 내 책을 다 본 독자였다. 그는 내 책을 한 권도 안 봤지만, 아내가 책에 관해서 하는 이야기에 매료되어 있었다. 특히 보이지 않는 폭력과 관련된 개념에 관심이 많아서 직접 확인하고 싶어 했다. 그는 거구에 대머리이고 수염이 나 있었다. 몸집이 컸지만, 겁에 질린 아이의 모습이었다. 나는 짧은 대화를 나눈 후에 스카이프를 통해 휴먼 바이오그래피 작성 과정을 시작했다.

굴욕

그의 어머니는 예이다 부근의 마을에서 태어났고, 빵집 딸이었다. 아버지는 스페인 남부 안달루시아 지방의 알메리아에서 가족과 함께 그곳으로 이주했다. 그들은 젊은 시절에 만나 결혼해서 아들만 셋을 두었다. 형들은 연년생이었고, 그는 둘째 형과 열 살 차이가 났다. 그에게는 어머니와 삼촌들이 일하던 빵집 기억 외에는 유년 시절에 대한 기억이 많지 않았다. 그는 여러 가지 냄새와 소리 지르는 할머니의 모습을 기억했다. 아주 많이 울었던 기억도 있다. 울었던 이유가 무엇이었을까? 분명 어머니가 그의 긴 머리를 잘라주지 않아서

였을 것이다. 어머니는 그를 딸처럼 키우고 싶어서 머리를 기르게 했다. 그래서 사람들은 어린 그가 남자인지 여자인지 헷갈렸다. 그는 유년 시절 내내 그랬다고 생각했지만, 그것조차 확실하지는 않았다. 우선 그가 당한 어린 시절의 **굴욕**과 **폭력**에 관해 잠시 이야기를 나누었다. 그는 즉시 그 사실을 인정했다. 아무도 그 말을 하지 않았지만, 어린 시절 그는 굴욕을 당했다.

그리고 이것을 통해서 어머니의 폭력적 행동을 알게 되었다. 어머니는 그에게 소리를 지르고 때리고, 그의 긴 머리를 잡아당기거나, 그를 비하하고 무시했다. 이와 관련된 구체적인 장면에 다가가기 위해서 어머니에 대한 기억 중 최악의 기억이 무엇인지 질문했다. 그는 어머니가 망치로 손가락을 내리친 적이 있다고 했다. 나는 그 이야기에 너무 충격을 받아서 할 말을 잃었다. 바로 충격적이라고 말해주었다. 그는 그때 아팠는지는 기억조차 나지 않는다고 고백했다. '돌로 된' 망치라는 것은 기억하면서, 어느 정도 강도였는지는 모른다는 것이 너무 충격이었다. 우리는 피난처와 애정 어린 돌봄을 받고 싶은 아이들의 욕구와 잔인함의 시작에 대해서 오래 대화를 나누었다.

그 당시 그의 아버지가 무엇을 했는지는 알 수 없었다. 아버지는 온종일 일을 하느라 집에 없었기 때문이다. 그는 어렸지만, 형제들은 이미 사춘기였다. 그래서 형들이 그를 놀렸던 것 외에는 그들에 대한 기억도 별로 없었다.

이후 열 두세 살 때 기억을 정리해나갔다. 그 당시 어머니는 '최악'이었다. 최악이란 말은 무슨 뜻일까? 그는 어머니가 치마를 입히고 머리를 땋아준 후에 비웃었고, 아무도 그를 보지 못하도록 화장실에 가뒀고, 나쁜 아이라고 말하며 때렸다는 것을 기억했다. 도저히 상상할 수 없는 장면이었다. 하지만 그는 더이상 기억하지 못했다. 왜 어머니가 그에게 나쁘다고 했는지를 묻자, 그는 더듬거리며 한 일화를 털어놓았다.

그때 그가 무슨 일을 했는지는 모르지만, 어머니는 화가 많이 나 있었다. 그녀는 그에게 다른 곳에 가서 입을 옷을 챙기라고 했다. 그는 작은 가방 속에 셔츠와 바지를 넣었다. 그리고 차에 올라탔고, 어머니는 그를 외곽으로 향하는 길로 데리고 갔다. 그들은 시골에 도착했고, 그녀는 그를 차에서 내리게 했다. 그리고 삶이 얼마나 어려운지, 그를 교육하는 그녀의 노력이 얼마나 소중한지 알도록 혼자 해결하는 법을 배워야 한다면서 혼자 두고 가버렸다. 그는 너무 무서워서 바지에 오줌을 쌌다. 그는 얼마나 혼자 그곳에서 있었는지 기억하지 못했다. 나는 그 이야기를 직접 듣고도 도저히 믿을 수가 없었다. 그는 커다란 손으로 얼굴을 가린 채 흐느껴 울었다. 하지만 그가 있던 스페인과 내가 있던 아르헨티나 사이의 지리적인 거리가 일만 킬로미터가 넘었기 때문에 그를 안아줄 수가 없었다. 그래서 진정할 때까지 잠시 기다려주었다. 다시 조용해지자 그 당시에 실제로 벌어진 일을 알아보기 위해 노력했다. 아버지의 모습은 잘 나타나지 않았고, 할아버지와 할머니는 계셨으나 일했다는 것 외에는 그들에 대해 잘 설명하지 못했다. 그에게는 불안정한 것 외에 뭔가가 더 있었다. 어머니는 가족(부모와 형제들)과 있을 때는 아주 우아하고 재미있는 사람이었으며 말도 많이 했다. 그래서 그는 그 큰 외로움과 공포의 장면을 누구와도 나눌 수가 없었다.

나는 그의 이야기가 너무 가슴이 아파서 **혼돈의 그림**(192쪽)을 보여주었다. 다행히도 그것이 그에게 도움이 되었다. 어른이 된 지금은 어머니가 아주 많이 미쳤던 거라고 생각하지만, 이런 말을 하면 다른 사람들이 그를 과장되게 말하는 사람으로 생각할까 봐 아직 아무와도 그런 이야기를 나누지 못했다.

보상 심리로의 고립

이후 우리가 만나는 동안 새로운 기억들이 나타났다. 나는 그에게 어린아이의 정신세계로 이해하기에는 너무 불균형적인 그 장면을 정리할 기회를 주었다. 그는 어머니가 성적인 농담을 할 때 다 이해하지 못했지만, 뭔가 부끄러웠다고 했다. 또한, 밤에 아주 무서웠는데, 그 시간을 견디기 위해서 무엇을 했는지는 기억하지 못했다.

우리는 대화 중에 어린아이가 느끼는 외로움과 뿌리가 뽑힌 듯한 상실의 느낌들을 구체적인 단어로 자주 언급했다. 나는 그가 그 진절머리 나는 현실에서 빠져나와 성장하는 동안 어떻게 그 문제를 해결할 수 있었는지 상상하려고 노력하며 객관적으로 상황을 보려고 했다. 그때 내가 세웠던 가설은 **정신장애**였다. 그래서 이후 그가 신뢰할 만한 피난처를 찾았는지 알아보기로 했다.

어머니가 자살 시도를 자주 했고 그럴 때마다 형들이 뒷수습했다는 사실을 알게 되었다. 그가 스물두 살 때 어머니는 암으로 죽었다.

상담 내내 그의 내면은 **정서적 혼돈**에 휩싸여 있었다. 내가 그의 상황을 정서적 혼돈이라고 부르자, 그는 그 뜻을 분명히 깨닫고 안도했다. 혹시 그가 찾은 피난처가 있었을까? 있었다. 그는 산을 좋아했다. 그는 나이가 들면서 여름과 겨울에 피레네산 등정에 참여했다. 어느 정도 경험을 쌓은 후에는 혼자 등반을 시작했다. 또, 두 달간 산속 고립된 장소에서 혼자 야영을 자주 했다. 그 **고립 상태**가 그에게 최고의 벙커가 된 셈이다.

나는 그의 청년기를 따라가 보았다. 그는 친구들이 아주 적었다. 수는 많지 않았지만 좋은 친구들이기는 했다. 그는 여자들과 함께한 경험이 거의 없었다. 그에게는 자연과 눈, **침묵하는 산**, **외로움**이 친구였다. 그는 한 번도 또래 친구들이 즐기는 술에는 관심이 없었고, 영화나 음악에도 별 관심이 없었다. 그저 높은 산의 맑은 공기만 좋아했다.

그는 몸이 튼튼해지자 기분이 좋아졌고, 자신감이 생겼다. 하지만 나는 그 말을 다 믿지는 않았다. 그의 몸이 세상에서 가장 튼튼해진다고 해도 원래 **시나리오**를 생각해보면 완전히 보호받는다는 느낌을 절대 받을 수 없기 때문이다. 그러나 그는 과거의 굴욕과 두려움을 극복할 수 있는 환경을 이미 갖고 있었다. 산은 그를 존중했고 그도 산을 존중했다. 그들은 거룩한 계약을 맺고 있었다. 그는 그렇게 생각하기를 좋아했다.

그 고독과 피난처에 관해서 이야기를 나누던 중, 그는 어머니가 죽고 나서 체중이 120킬로그램까지 늘었다고 했다. 음식도 그에게 안전한 피난처가 되었던 것이다. 과체중 때문에 자연스럽게 **고립된 삶**을 살 수밖에 없었고, 스물아홉 살에 처음 마이테를 만나 성관계를 시작했다.

그의 모든 정서적 삶은 고립되어 있었다. 자녀들이 태어나자 웬만하면 산에 가지 않고 돈 버는 일에 집중했다. 나는 그에게 무슨 도움을 줄 수 있을지 물었다. 이미 그는 어린 시절에 경험하지 못한, 정돈된 상태를 보장해주는 침묵과 고독의 의미를 깊이 이해하고 있었기 때문이다. 이 모든 상황에도 불구하고 그는 건강한 삶을 살고 안정적인 결혼 생활을 유지하며 두 자녀를 충분히 키울 수 있었다. 그는 잠시 생각에 잠기더니 삶을 되돌아보고 지나온 모든 일, 특히 자신이 가장 사랑하고 친밀한 아내, 아이들과 얼마나 멀리 떨어져 있었는지 살펴보기로 했다. 그래서 이 만남은 계속되었다.

휴먼 바이오그래피의 다양한 단계

휴먼 바이오그래피에는 두 단계가 있다. 첫 번째는 유년기의 시나리오 구성과 배역 탐지 후 그 배역이 현재 어떻게 활동하는지 관찰하는 것이다. 어떤 내담자는 네다섯 번만 만나도 이런 내용을 확인할 수 있고, 어떤 내담자는 최소 열 번은 만나야 찾을 수 있다. 그다음에는 두 번째 단계에 들어가는데, 내담자들은 여기에서 한 단계 더 멀리 나가서, 얻은 **통찰력**을 현재 상황과 연결하고, 그들의 신념과 내면성*interiority* 사이의 거리를 다시 보고 싶어 한다. 그렇게 소중한 사람들에게 무슨 일이 일어났는지 확인한다. 더 열린 마음으로 관대하게 서로 연결한다. 그리고 좀 더 넓은 시선으로 걱정거리를 나눈다. 이 두 번째 단계에서는 휴먼 바이오그래피 전문가와 내담자가 볼 때 이 만남이 서로를 풍요롭게 한다고 생각한다면 시간을 연장할 수 있다. 파코의 경우가 그랬는데, 그는 이야기를 나누면서 자신을 더 잘 이해했고, 그것이 가족을 사랑하고 이해하는 데 도움이 되었다.

환상 피난처

아드리아나는 멕시코 과달라하라에 살았다. 그녀는 메이크업 아티스트이며 지압 마사지 일도 했다. 쉰세 살로 배우자와 자녀가 없었다. 삼십 대 정도로 보이는 외모가 특히 눈에 띄었는데, 나는 내가 그녀의 나이를 착각한 줄 알고 거듭 되물었다.

만났을 때 그녀의 안색은 어두웠고, 긴 은색 머리는 축 늘어져 있었다. 인터뷰는 스카이프를 통해 이루어졌다. 그녀는 우울한 이유와 남자친구와 갈등하는 이유를 알고 싶어 했다. 나는 첫 만남에서 나눈 대화에서 몇 가지 모순을 발견해서, 혹시 약을 먹고 있는지 물었다. 그녀는 '적은 양'이지만 항우울제와 수면제를 먹고 있었다. 늘 그랬듯 나는 약물 복용은 자기 자신과 접촉하는 것을 차단하고 **휴먼 바이오그래피 작성** 과정에서 많은 것을 하지 못하게 방해하는 요인임을 우선 설명했다. 물론 아무 말 없이 그냥 시작할 수도 있었지만, 처음부터 정직하게 다가가고 싶었다.

말과 현실 사이의 차이

먼저 유년기의 구체적인 시나리오들을 찾기로 했다. 그녀의 부모는 둘 다 가족이 많은 집안에서 태어났다. 어머니는 멕시코 할리스코 북부 지역 시골 출신으로 젊은 시절 도시로 나왔다. 어머니는 아버지를 만나 두 자녀를 두었다. 그녀와 여덟 살 많은 오빠가 있었다.

어머니는 딸이 뭔가를 기억하고 알아챌 수 있는 나이였을 때부터 알코올 중독자였다. 항불안제를 먹었고 입원도 수차례 했다. 물론 이 모든 것은 어머니의 질병과 우울증, 입원과 관련이 있었는데, 그녀는 훨씬 크고 나서 이 사실을 알았다. 그녀의 모든 기억은 부모의 고함과 말싸움으로 가득했다. 아침부터 저녁까지 어머니의 모습이 계속 바뀌었고, 특히 소리를 질렀는데, 참기가 힘들 정도였다. 집 안은 정리가 안 되어서 지저분했지만, 어머니는 외모를 가꾸는 일에 꽤 집착했다. 손톱을 완벽하게 정돈하고 매니큐어를 바르고, 머리는 늘 미용실에서 했고, 구두도 늘 광이 났다. 자신만은 완벽했다.

나는 여기서 이야기를 멈추었다. 어머니가 알코올 중독과 우울증임을 감안하면 그녀가 기억하는 어머니 모습과는 **잘 맞지 않는다**고 설명했다. 나는 그 이야기가 진짜 기억인지 아니면 시간이 지나면서 수정되었는지 알 수가 없었다. 개인 청결과 불결한 집 안을 연결하자니 뭔가 이상했다. 좀 더 정확한 어린 시절 장면들을 찾아보기로 했다. 그녀는 아침에는 학교에 갔고, 저녁에는 집에서 놀았다. 나중에 그녀가 어떻게 어머니를 비웃었는지 이상한 이야기를 했지만, 그 이야기도 믿을 수가 없어서 뒤로 미루었다. 적어도 그녀의 유년기에는 벌어질 수 없는 일이었기 때문이다.

그녀는 아빠가 똑똑한 분이라고 했지만, 그 말도 믿을 수 없었다. 나는 그녀가 하는 말은 별로 신경 쓰지 않고, 정말 무슨 일이 일어났는지 확인할 수 있는 구체적인 일을 찾는 데 주력했다.

그녀는 밤에 무서웠지만 절대 어머니를 깨울 수 없었다. 어머니가 '마치 죽은 사람처럼' 곤히 잠들었기 때문이다. 그렇다고 아버지와 오빠를 찾았던 적도 없다. 아이들이 보호받지 못할 때 두려움이 어떻게 작용하는지 설명하자, 그녀는 마치 이 세상에 천사라도 내려온 것처럼 너무 감탄하며 그 이야기를 들었다. 그녀는 내 말이 과장이라고 생각하는 것 같았다. 그래서 나는 어머니가 심각한 정신분열증이었고, 그 때문에 그녀의 유년기가 혼란스러웠을 것이라 추정된다는 설명과 함께, 이제까지 모은 자료 정리에 도움을 얻기 위해 **혼돈**의 그림(192쪽)을 보여주었다.

다음 만남에서도 그녀는 간단한 설명만 해도 과장된 말이라며 충격을 받는 것 같았다. 최소한의 간섭이라도 하면 꼭 "이건 너무 심하네요!"라고 소리쳤다. 원칙적으로 나는 내가 세운 가설을 확증하기 위한 기억들을 뽑아냈다. 집 안은 곤충들이 가득해서 지저분했고, 그날 사용한 접시들을 그대로 다음 날에도 사용했으며, 집 안을 깨끗이 청소하는 일은 아주 드물었다.

그녀의 청소년기 기억은 훨씬 더 선명했다. 그녀와 어머니 사이에 갈등이 시작되었기 때문이다. 예를 들어, 어머니가 상한 식재료로 요리해서 가족들이 자주 병에 걸렸던 일로 그녀는 어머니를 비난했고, 그 결과 어머니의 폭력이 늘어났다. 언젠가 한번은 뜨거운 다리미를 그녀 머리에 던졌다. 그녀는 아버지가 집에 올 때까지 자주 방문을 걸어 잠갔고, 아버지가 올 때쯤에 어머니는 이미 만취 상태로 잠들었다.

우리는 잠시 어머니와 어린 소녀의 오랜 고통에 관한 이야기를 나누었다. 그 시나리오는 재앙 그 자체였다. 그녀는 그 경험들과 마주하면서, 어머니가 늘 자신의 불행을 한탄하며 우는 것을 보는 일이 고통스럽고 화가 났다고 털어놓았다. 나는 그녀에게 그럴 때 피하던 피난처를 찾았는지, 있다면 무엇인지 물어보았다. 그녀는 고등학교를 졸업하자마자, 여러 상점에서 일을 했다. 미용과 매니큐어, 메이크업 공부도 했다. 이삼십 대는 애인과 함께 멕시코시티로 이주해서 보냈다. 하지만 애인과의 관계를 명확히 알 수 있는 사실은 거의 없었다. 둘은 담배를 자주 피웠고 함께 공상하면서 현실에서 도피했다. 그녀는 주로 애인인 살바도르와 함께 살았지만, 종종 과달라하라에 있는 어머니 집으로 돌아가기도 했다. 그녀가 유기견을 입양하는 바람에 집이 더 지저분해졌고, 그 때문에 그들 사이 싸움이 잦았다. 그녀가 어머니와 살바도르의 집을 왔다 갔다 하며 사는 동안 무려 10년이 지났고, 삶은 여전히 무질서했다. 이런 사실도 그녀와 여러 번 만나고 나서야 알 수 있었다. 그녀가 자기 이야기를 할 때 필요한 것과 중요한 것 사이에서 혼란스러워했기 때문이다. 그녀의 삶은 혼돈 그 자체였다. 그녀는 그 누구를 책임진 적이 없다. 나는 살바도르도 감정적, 경제적, 정서적 안정감이 없다는 것을 알게 되었다. 그래서 그 시나리오는 계속 변함이 없었다.

그녀는 나에게 자기 배역이 무엇인지 물어보았다. 하지만 나도 확실히 알 수가 없었다. 나는 정보를 정리하면서 그녀에게 피난처가 있는지 찾았다. 그녀는 안팎으로 모든 게 다 무질서했다. 그녀는 직장을 잃은 것을 포함해 늘 혼돈 상태였다고 대답했다. 고객들의 순서를 제대로 정리하지 못하거나, 잠을 자느라 약속에 늦는 일이 잦았다. 그녀의 삶은 혼돈에 혼돈을 거듭했다. 그녀도 자신이 그런 사람임을 완전히 인정했다.

이유는 알 수 없지만, 서른다섯 살 즈음에 그녀는 다시 과달라하라로 돌아와 루이스와 함께 살기 시작했다. 물론 이때 삶도 무질서했다. 그들은 가진 게 없었지만, 신용카드를 자주 썼다. 공과금을 내는 것도 까먹어서 전기와 가스가 끊기기 일쑤였다. 그들은 도시 생활을 하면서 기본 문제 해결에도 어려움을 겪었다. 그녀는 전혀 계획 없이 돈을 썼다. 옷과 향수, 신발, 화장품을 사고 본래 모습과 완전 다른 모습으로 살았다.

그녀는 오래 일하면 성장할 수 있는 텔레비전 채널 회사를 포함한 여러 좋은 직장을 자주 바꾸었다. 어떤 곳에서도 안정되지 못했다. 그녀의 말에 따르면(다 믿을 수는 없지만), 마흔다섯 살에 루이스와 헤어졌다. 그 후 우울해졌으며 약을 먹기 시작했다. 많은 질문을 해도 이야기들이 거의 다 혼란스러웠다. 특히 루이스와 헤어진 이유와 과정을 알 수가 없었다. 한편으로 그녀는 우울증이 생길 정도로 그와 그렇게 깊은 관계도 아니었다. 그래서 그녀에게 한 개인이 자신과 단절된 상태에서는 우울증이 생길 가능성이 낮다고 설명했다. 그런 상태에서는 자신의 슬픔과 이루지 못한 욕구, 상실감과 연결될 수 없기 때문이다. 나는 그녀가 그 사실을 받아들일 때까지 아주 쉽고 간단한 말로 설명했다. 그녀는 그 기간을 정확히 기억하지 못했지만, 전문가와 상담 후 약을 처방받았다. 그러나 약을 먹었다고 해도 정말 우울했는지는 확실히 알 수 없었다. 나는 혼돈과 피상성*으로 가득한 바다 위에서, 더 깊은 조사를 하기가 힘들었다.

매혹적인 피상성

나는 그녀에게 이 과정에서 논리적인 단서를 전혀 찾지 못해 절망적인 상황이라고 말했다. 그녀는 그런 혼돈을 알고도 별문제가 아니라고 여기는 것 같았다. 몸속에 있는 작은 혹을 제거하는 수술 때문에 걱정이라고 딴소리를 했다. 그제야 나는 그녀가 최근에 오른쪽 가슴을 두 번 수술했고, 지금은 왼쪽 유방에 또 안 좋은 혹이 생겼다는 것을 알게 되었다. 그것은 전에는 한 번도 말하지 않았던 내용이었다. 뒤섞여 혼란스러운 우선순위는 그녀의 시나리오를 어지럽히는

* *Superficiality*. 깊이 숨겨진 본래의 의미를 파악하지 못하고 겉으로 드러난 모습만 보고 판단하는 성질.

요인 중 하나였다.

나는 그때까지 그녀의 피난처가 주변에서 벌어지는 일들이 만들어낸 환상이라고 생각했다. 그녀의 이야기는 도움이 안 될 때가 많았다. 직업적으로 예술적 광대 행세를 하는 이 배역은 현실 도피와 관련 있다. 이 배역은 살아남기 위한 최고의 방법처럼 보인다. 실제로 나타나는 신체 증상과는 어떤 접촉도 하지 않을 수 있다. 결국 이 배역은 오래전부터 자기 자신과 잘 지내지 못했다는 증거이다.

그녀는 잠시 침묵하더니 처음으로 고개를 끄덕였다. 나는 **혼돈 위에 떠다니는 환상 거품** 그림(266쪽)을 보여주었다. 그녀는 얼굴을 가리며 "최악이에요!"라고 하고, "맞아요, 맞아!"라고 덧붙였다. 오랫동안 조사를 진행하다가 겨우 정박 지점을 발견했다. 그녀는 그 그림을 보면서 더 많은 감정을 찾았다. 살면서 계속 스스로 혼돈을 만들어냈다는 것도 깨달았다. 그래서 다른 사람들에게 무의식적으로 무슨 일을 했는지 살펴보라고 제안했다.

나는 시종일관 혼돈 위에 떠다니는 거품 그림을 생각하면서 최근에 그녀와 헤어진 오라시오와의 관계를 살펴보았다. 오라시오는 예순두 살로 자녀와 손자까지 있었는데, 그녀에게 반했다. 그녀는 그와 2년을 만났다. 처음에 그녀는 공주처럼 대해주는 그의 마법에 취했지만, 시간이 지날수록 그녀의 변덕과 허세가 심해져서 헤어지게 되었다. 그녀는 그가 자녀들, 특히 아직 많이 어린 막내를 책임진다는 사실을 참지 못했다. 의견 충돌이 일어나면 조절이 안 될 정도로 싸웠다. 나는 그녀가 그 남자에게 별 관심이 없었음을 알았다. 분명 이전 연인 관계에서도 똑같은 일이 벌어졌을 것이다. 그녀는 **환상 거품** 속에서 그를 바라봤을 것이다. 내가 오라시오가 어떤 사람인지 구체적인 질문을 하자 그녀는 어떤 질문에도 대답할 수 없다는 사실을 깨달았다. 걱정이나 취미, 문제 등 그에 대해 아는 바가 전혀 없었다. 충격이었다.

그는 경제적으로 안정적이었고, 그녀는 과도한 소비를 하며 사랑받는다고 착각했다. 그녀는 그가 통제할 수 없을 정도로 돈을 썼다. 나는 둘 사이의 오해와 각자에게 했던 기대들을 살펴보았다. 그 결과 그녀는 어린 시절의 배역(모든 배역은 유아적)에 몰두했다. 그것이 유년 시절 어머니의 애정을 받지 못했던 상황에서 살아남기 위해 사용했던 자동적인 메커니즘이기 때문이다. 그녀는 당연히 그에게 돈을 받아야 한다고 생각하고, 얻지 못할 때는 폭발적으로 화를 내거나 의무나 책임이 전혀 없는 변덕스러운 공주처럼 굴었다. 그녀가 그의 돈으로 얼마나 많은 옷을 살 수 있었는지는 중요하지 않았다. 그 돈으로는 어린 시절에 부족했으며 지금도 바라고 있는 어머니 사랑을 대신 메울 수 없다는 것을 알려주고 그녀의 행동에 관해 많은 이야기를 나누었다.

그녀는 나의 예상과 달리 조금씩, 이 과정에 더 깊이 들어가기 시작했다. 스카이프로 대화를 나누는 동안 크게 웃거나 흥분하지 않았고, 갈수록 진지하게 집중하는 모습을 보였다. 여기에 다 기록할 수는 없지만, 대화할수록 유년 시절 기억이 많이 나타났다. 나는 환상 거품 속에 있던 사람들의 모습을 보면서 갈수록 인간이 공포에서 살아남기 위해 사용하는 메커니즘과 정신적 지능이 놀랍다는 생각이 들었다. 처음과 비교하면 그녀는 목소리 톤마저 변했는데, 더 무게감 있게 천천히 말했다.

줄 게 없는 상태

휴먼 바이오그래피를 작성하면서 약물 복용 시기를 살펴보기로 했다. 그녀가 기억하는 것보다 훨씬 더 자주 약을 복용했다는 것을 알았기 때문이다. 실제로, 마치 영화 장면을 '되감기하듯' 폭발하고 변덕스러웠던 순간, 필사적으로 어머니의 사랑을 요구한 순간, 그리고 고통을 줄이기 위해 사용한 약물을 하나하나 분석해보았다.

그 결과 삶의 다양한 순간을 분석할 수 있었다. 그녀에게 공황 발작이 자주 일어났는데, 그럴 때마다 항불안제로 바로 덮었다. 불안과 공포 때문에 침대에서 일어날 수 없었던 때도 있었고, 여러 남자 친구와 아주 심각할 정도로 싸우기도 했다. 이 모든 상황에서 내적으로 무질서하고 타인에게 아무것도 해줄 수 없는 상태임이 드러났다. 여기에서 타인이란 배우자나 친구 또는 맡은 임무가 될 수도 있다.

어린 시절을 보상받으려는 유아적 욕구에 몰두했던 수십 년 동안 그녀는 주변에서 벌어지는 일에는 전혀 신경 쓰지 않았고 자기 환상에 갇혀 살았다. 그렇게 자신도 모르게 다른 사람에게 피해를 주었다는 사실을 그녀는 마침내 크게 깨달았다.

그녀는 과거와 현재, 미래를 더 넓은 렌즈로 바라보면서 현기증을 느꼈다. 그녀 말에 따르면 진퇴양난처럼 느껴졌기 때문이다. 그녀는 이제 절대 그것들을 모른 척할 수 없게 되었다. 계속 변덕스러운 소녀의 환상 속에 갇혀 있을지, 아니면 자기 자신과 주변에 대한 책임을 질지 결정해야 했다. 그녀는 그렇게 조사 과정을 계속해나갔다. 물론 여전히 그녀의 삶은 무질서했지만, 즐거움과 상쾌한 기운이 흘러나오기 시작했고, 그것은 고통스러운 일과 직면하는 데 큰 도움이 되었다. 하지만 갈 길은 멀었다.

개인 관점에서 사회 생각하기

휴먼 바이오그래피를 더 많이 소개할 수도 있지만, 이것으로 독자들을 질리게 만들고 싶지는 않다. 우리 삶은 제각기 다 다르다. 하지만 누구에게나 유년 시절의 다양한 고립무원 상태가 있다. 이 책에서는 특히 많이 나타나는 정신질환 증상과 현실 왜곡, 광기와 관련된 이야기에 집중했다. 이 책을 읽으면서 누군가는 지루할 수도 있고, 반대로 격하게 공감할 수도 있다. 어느 쪽이든 어머니의 정서장애를 이해하게 되었다는 점에는 많은 사람이 동감할 것이다. 만일 우리 이야기가 이 책에 나오는 이야기와 비슷하다면, 어떻게 해야 할까? 이 질문에는 사실 특별히 할 말이 없다. 나는 우리에게 무슨 일이 일어났고, 왜 그런 일을 했는지 이해하기 위해 가능한 한 정직하게 정서적 움직임을 조사할 뿐이다.

각자의 삶에서 무엇을 하고 무엇을 그만두는지는 별로 중요하지 않다. 사랑받기 위해 많은 배역들을 최대한 꾸미며 살아온 많은 우리 어른들이 결국 공동체와 온 문명의 포식자가 되기 때문이다. 내게는 이 사실이 아주 중요하다.

왜 우리가 포식자일까?

그것은 우리에게 **다른 사람을 사랑할** 능력이 없기 때문이다. 그리고 여전히 **엄마나 엄마를 대체할 만한 누군가의 사랑을 갈구하기 때문**이다. 나는 아이들이 늘 모든 상황에서 사랑받을 만한 존재라는 점을 분명히 해두고 싶다. 아이들은 그저 아이라는 이유만으로 돌봄과 정서적 융합, 보호, 영양, 신체적 자유, 사랑이 필요하다. 반대로 어른들은 늘 모든 상황에서 다른 사람을 사랑해야 한다.

그렇다면 무엇이 문제일까? 바로 **우리가 어렸을 때 사랑을 받지 못했다는 것이다.** 그것이 이후 발생하는 모든 고통의 씨앗이다. 우리는 커도 계속 사랑을 받고 싶은 유년기적 욕구가 있다. 나이는 상관없다. 적응이 안 되는 상황 속에서 사랑받기 위해 계속 자신만의 방법을 사용할 것이다. 이것이 바로 이제까지 설명한 **배역**의 기능이다.

배역은 폭발하고 미치고, 과도한 소비를 하고, 소리 지르고, 때리고, 일하고, 힘을 모으고, 숨거나 달아난다. 그러면서 늘 사랑받기 위해 애쓴다. 그러나 절대 사랑받을 수 없을 것이다. 왜일까? 우리와 관계를 맺는 다른 어른들도 우리와 비슷한 환경에 있어서, 자신들을 조건 없이 사랑해 달라고 주장하기 때문이다. 친구들과 배우자 또는 공동체 전체의 돌봄이나 관심을 아무리 받아도 충분하다고 느끼지 않는다. 결국, **우리를 사랑해주는 사람이 엄마이길 바라며**, 존재적 공허함을 느끼기 때문이다.

만일 수천 명의 어른이 사랑받기 위해 각자 배역을 따라 뭔가를 하는데, 사랑해줄 성숙한 어른들이 없다면, 절대 사랑을 받을 수 없다. 따라서 충분한 사랑이 순환되지 않기 때문에, 공리公理에 대한 연대성이나 우선순위가 없고, 관대함이나 이해심도 없다.

우리는 사랑받기 위해 어떻게 할까? 원하는 것을 얻지 못했지만, 어렸을 때 사용했던 유년 시절의 메커니즘을 이용한다. 좋은 결과를 얻지 못했어도 잘 아는 방법이기 때문에 갈수록 더 집착한다.

이런 사실로 볼 때 우리 자녀들은 어디에 있을까? 오늘날 아이들은 어디에 있을까? 아직도 우리가 정서적으로 힘든 유년 시절에서 살아남으려고 애쓰고 있다면, 아이들이 있을 자리는 없다.

또 다른 일도 생긴다. 설명한 것처럼, 포유류인 인간의 자녀는 태어나면 자연스럽게 엄마의 정서와 신체를 느낀다. **정서적 융합**을 이루기 때문이다. 하지만 만일 우리 엄마가 자신의 고통을 피하려고 우리와의 애착을 거부한다면, 우리는 엄마의 **정서적 영역에서 추방당하고**, 바로 거기에서 진짜 재앙이 시작된다. 외롭고 버려지고, 거절당하고, 사랑받지 못한 우리는 스스로 찾은 무언가에 집착함으로써 그것을 보상받으려고 할 것이다.

우리가 얻은 것을 잃어버릴까 봐 두려워하며 정복하고 경쟁하는 문명 속에서 물질적인 것에 집착하는 것만 봐도 바로 알 수 있다. 우리는 돈을 더 많이 벌고, 더 큰 집을 사고, 더 저축하며 물질적으로 더 안정되길 바란다. 물론 그것이 더 좋다 나쁘다 말할 수는 없다. 또, 눈치채기 어려운 집착도 있다. 알다시피 생각에 집착하는 것은 훨씬 더 그만두기 어렵다. 특히 지적 소유에 대한 집착, 박학다식, 사회적으로 인정받는 지위, 유명세, 자부심, 학위, 명성, 다른 사람의 인정, 자기 의견, 신념 같은 것들이 여기에 속한다. 무슨 생각이든 그것을 지키려는 절박함은 우리를 괴롭혔던 어린 시절의 두려움을 확인시켜준다. 다시 혼자 있게 될까 봐 생기는 두려움을 입증하는 대상에 대한 집착은 우리의 생각과 잘 맞는 폐쇄적 장소(클럽, 정당, 전문가 협회들)에 소속될 때 강화된다.

우리는 좀처럼 자유롭게 생각하지 못하고 벙커 문을 닫아야 한다고 주장한다. 그곳은 대포가 갖춰진 중세 요새와 같은 방어 시스템으로 움직인다. 미성숙한 국가의 입법 회의 과정을 들어본 적이 있는가? 그 안에서는 그저 **각자 자기 생각만 방어한다.** 아무도 상대편이 왜 그런 의견을 냈는지, 어떻게 그 생각에 도달했는지 질문하거나, 사고력과 이해력을 향상하기 위해 제안 배경을 이해하려 하지 않는다. 실제로 자기 의견의 정당성만 입증하고, 다수결에 따라 투표한다. 그리고 소수는 안 좋은 결과에 책임이 있는 사람들을 비난하며 화를 낸다. 이 말은 절대 과장이 아니다. 우리는 상대방의 관점, 생각의 원인, 실행 결과를 이해할 능력이 없다.

미성숙한 국가의 지도자와 국민 사이의 귀머거리 게임 속에 **우리의 개별 메커니즘이 드러난다.** 우리는 어린 시절에 경험한 몰이해와 거리감을 그대로 가지고 있다. 그렇게 계속 닫힌 눈으로 사회 현실을 본다. 전체를 보기보다는 지금 눈앞에 보이는 것만 생각한다. 그래서 개인의 삶에서는 속이는 말과 진실의 차이, 그리고 가족 모두의 이야기를 놓치지 않고 따라가야 한다. 집단적 삶에서는 역사의 흐름 안에서 일어난 일을 자세히 바라보며 깊게 생각해야 한다. 특히 **집단적으로 속이는 말과 진실의 차이**를 깨달아야 한다. 우리가 왜곡된 이야기에 의문을 제기하지 못하면, 언론이 수많은 거짓말과 조작을 하고, 우리는 개인의 작은 안위만 지키며 배역에 따라 계속 아이처럼 행동하게 될 것이다. 권력을 쥐는 사람들이 자기방어만 하는 것과 마찬가지이다.

나는 사회의 수많은 불일치와 폭력, 약자에 대한 강자의 군림, 특히 조종이 얼마든지 일어날 수 있다고 주장한다. 왜냐하면, 우리가 살면서 어린 시절 메커니즘을 더 강화해왔기 때문이다. 우리는 사랑받고 싶어 한다. 그리고 인정받고 싶어 한다. 또, 안전하고 편안하게 잠들기 위해 누군가가 해피엔딩 이야기를 들려주길 바란다.

어른이 된 우리가 어릴 때 받지 못한 엄마의 사랑이 더는 필요하지 않음을 깨닫고, 대신 **다른 사람을 사랑하겠다고** 결심하고, 아프지만 현실을 바라볼 준비를 하며, **사랑받으려는 어린 시절 욕구를 깨닫고, 그것을 벗어버리지 않으면** 아무것도 바뀌지 않을 것이다. 우리는 우리 행동에 책임을 져야 한다. 우리 안에서 타인에게 줄 수 있는 최고의 것들을 찾아야 한다. 우리의 열정과 기쁨을 다른 사람을 섬기는 일에 사용해야 한다. 이것이 바로 물질적인 사소한 일을 옆에 내려두고, **우리 안에 있는 영성**을 존중하고 그것을 펼치는 방법이다.

우리는 어떤 주제에 관한 의견을 낼 때 전체 골조를 제대로 살펴보려고 하지 않는다. 세상이 거꾸로 가고 있다. 처음부터 시작해서 정리해나가지 않고, 끝에서 시작해서 생각을 만들어내려고 한다.

인간 행동에 관한 많은 연구와 조사는 **겉모습과 진실의 차이, 말한 것과 사실의 차이**를 인식하지 않고 여기, 지금 있는 것만 살펴보고 있다. 우리 문명은 대부분 인간 문제를 어른에서부터 출발하려고 한다. 그래서 결국 피상적이고 얼토당토않은 결론에 도달하게 된다.

현실에 상처가 될지라도 모든 출발점이 다시 처음이 되어야 한다. 한 인간의 **탄생**은 이후에 펼쳐질 일과 맞춰가며 관찰할 수 있는 흥미로운 출발점이다. 연대기적 실마리를 따라가고 사건마다 연결된 경험을 계속 찾다 보면, 우리 자신을 깊이 이해하게 될 거라 믿는다. 처음 개인의 진실을 살펴보는 것에서부터 더 중요한 사례의 진실에 다가가기 위해 가능한 한 더 넓게 관찰할 때까지 나는 많은 사람의 진실들을 고려할 것이다.

우선 우리가 생존을 위해 계속 갈고 닦은 메커니즘을 찾아야 그것을 극복할 수 있다. 그렇지 못하면 계속 아무것도 할 수 없는 유년기에 머물 수밖에 없다. 개인의 **휴먼 바이오그래피**를 생각하는 것이 미래 우리 문명을 생각하는 일이라고 믿는다. 왜냐하면, 사람들의 상처가 같고, 그 상처가 어린 시절의 반응이기 때문이다.

개인의 삶과 공동체 삶에서 나타나는 자동적인 습관이나 반응은 다양하지만, 대부분 메커니즘이 존재한다. 만일 **엄마가 우리를 모성의 영역에서 추방한** 것이 가부장제 논리 때문이라는 사실에서 출발한다면, 이후 우리의 우선순위는 소속감이 될 것이다. 우리가 어떤 곳에 간절히 속하고 싶다면, 그곳에서 추방되거나 배제될 수 있다는 두려움의 포로가 되어 그곳에 들어가는 데 필요한 대가를 치른다. 그곳은 클럽이나 친구 모임, 공동체, 학교 등 구체적인 영역일 수도 있고, 이데올로기나 도덕 또는 종교적 신념과 같은 보이지 않는 영역일수도 있다. 우리는 소속감을 얻기 위해 가진 모든 자원을 쏟고, 그 때문에 우리의 영적인 삶, 즉 명령에서 자유로운 삶을 살지 못한다.

우리는 타인을 사랑하거나 영적인 양식을 채우는 대신 사소한 일에 시간을 낭비하며 보낸다. 이것이 유년 시절에 사랑을 받지 못해 생긴 폐해이다. 설상가상으로, 우리 생각도 진실하지 못하다. 자기 자신과 접촉하여 자발적으로 생각하는 게 아니라, 두려움에 사로잡혀 있기 때문이다. 그래서 사소한 일에 논쟁하며 속임수에 얽힌다. 유일한 진실은 우리가 어린 시절 **엄마의 사랑 영역에서 추방당했고**, 그때부터 정서적 소속감을 얻고 싶다고 외치고 있다는 사실이다.

아이의 정신을 황폐하게 만드는 것은 **엄마의 속이는 말과 현실의 차이**인데, 진실은 분명한 규칙 없이 혼돈과 차가운 세상 속에 던져 졌다는 것이다. 그런 상황에서 할 수 있는 최고의 반응은 적대적인 환경에서 살아남기 위해 그 현실을 그대로 받아들이는 대신 왜곡하 는 것이었다. 더 세련되고 새로운 속이는 말을 만들어내는 것은 인 간 행동을 다룬 사상가들 사이에서도 혼란을 일으켰다. 분명히 말하 지만, 전 세계 사상가와 지성인들 사이에도 세대 간 속임수와 심각한 무지함이 돌고 돈다.

이 책에서 다룬 문제들을 보며, 우리는 정서적 혼돈의 시나리오에 서 살아남는 것보다 더 불균형한 삶의 이야기는 거의 없을 거라는 사실에 동의할 것이다. 이런 시나리오 속에서 자란 결과 중 하나가 자신의 기준을 신뢰하지 않고, 상대방의 결정만 따른다는 점이다. 여 기서 더 최악은 그 생각과 신념, 이데올로기, 윤리적 또는 심리학적 체계, 의료 또는 종교 체계를 자신의 촘촘한 체에 거르지도 않고, 오 히려 그렇게 하는 일이 옳지 않다고 생각하는 것이다. 또한, 우리에 게는 주변에서 해주는 제안이 우리 기준에 맞는지 판단할 만한 내적 기준이 없다. 그래서 무엇이 되었든 국민은 정치적 혹은 이데올로기적 가치를 이끄는 사람들에게 복종한다. **엄마와의 융합이 단절**되었기 때문에 우리 삶이 시작되는 순간부터 자기 기준이 활성화되지 않았다. 그 결과, 우리에게 벌어질 경험과 인식, 느낌을 거부했다.

자기 자신을 잃어버린 많은 사람은 거짓 내적 명령인 벙커들을 찾게 된다. 그곳만이 안전하다고 믿으며 필사적으로 지키기 위해 애쓴다. 하지만 수많은 거짓 위에 그 모든 것을 쌓았다는 사실을 눈치채지 못한다. 우리에게 벙커가 필요하다는 것과 그것을 지킬 만하다는 것은 거짓이다. 우리는 가장 좋은 정서적, 영적 자원을 탕진해가면서 거짓 생각을 철저하게 방어한다. 따라서 집단뿐만 아니라 개인의 삶 속에서 이런 흐름을 생각해보아야 한다.

우리가 어렸을 때 보호받지 못한 두려움에서 우리를 지키기 위해 낭비하는 에너지와 시간, 걱정 및 힘은 **우리 문명의 진짜 생태적 재앙**이다. 인터넷 시대에 사는 우리는 온갖 종류의 공급을 받을 수 있다. 훌륭한 영적 제안들이 많은데 왜 아직도 불가능에만 메어 있는지를 깊이 생각해보아야 한다. 내가 볼 때는 그러려는 의지가 충분하지 않다. 우리는 의식 상태*consciousness state*에 있어야 하고, 그렇게 되면 가장 먼저 **있는 사실을 열린 눈으로 볼 수 있다**. 즉, 우리의 좁은 눈을 벗어나 전체 줄거리 안에서 완전한 현실을 볼 수 있다.

휴먼 바이오그래피에는 중요한 목적이 있는데, 각 개인이 자기 본질과 접촉하는 것이다. 태어나는 순간에는 보였지만, 이후에는 아무도 알아채지 못했고, 아무도 최대한 발휘하는 데 함께하거나 독려해 주지 않았던, 그리고 여전히 배역 아래 감추고 있었던, 그 본질과 접촉하게 하는 일이다. 우리가 무엇보다도 먼저 자신을 알고 이해해야 함을 깨닫는다면, 무슨 내용이든 우리가 내린 결정에 책임감을 느낄 것이다. 우리가 어렸을 때 적절한 경험을 못 해서 미성숙하다는 사실을 인정한다면, 성숙한 어른이 될 수 있을 것이다. **성숙한 사람은 그 무엇에도 집착하지 않는다. 두려움이 없고, 이 세상에서 유일하게 줄 수 있는 것이 사랑임을 안다.** 즉, 타인을 사랑할 줄 안다.

그렇다면 자녀들과 무엇을 해야 할까? 어떻게 키우면 잘 키울까? 나는 집단적 무의식이 내 자녀 양육에도 영향을 주었다고 생각한다. **하지만, 우리 자녀를 생각하며 탐구를 시작하는 일은 이야기 끝에서 시작해야 한다.** 지금 아이들과 무엇을 해야 할지 생각하기 전에, 먼저 **우리가 어렸을 때 무슨 일이 있었는지 알아야 한다.** 그 후에 우리에게 벌어진 일과 관련해 무엇을 해야 할지 개인적으로 결정해야 한다. 그러지 않으면, 계속 미성숙한 상태로 어릴 적 아이의 감정과 두려움을 느끼며 자녀들을 보살피려고 애쓸 것이다. 최악은 누군가가 우리 자녀를 행복하게 해줄 효과적인 방법을 알려주길 바라는 것이다. 이것이 다 엄청나게 속이는 말들이다. **아이들에게는 깊고 지속적인 의문을 품는 엄마, 아빠만 있으면 된다.** 즉, 더는 자신에게 나쁜 일이 벌어지지 않는다는 사실을 인식하는 두려움 없는 어른들, 자신의 정서적 현실을 책임질 준비가 된 어른들, 그래서 아이 속에 있는 아름다움과 만나기 위해 마음을 열고 움직일 준비가 된 어른들이 필요하다.

한 가지만 더 덧붙이고 싶다. 어린 자녀들에게는 영성을 추구하는 부모가 필요하다. 단지 피난처가 아닌, 진리의 길인 영적인 길을 가기 위해서는 우리가 기억하지 못해도 벌어진 모든 일을 반영하는 우리 현실을 계속 주의 깊게 살펴나가야 한다. 그런 다음에야 우리는 자녀들이 가진 자원과 특별함, 감수성, 지각과 함께 **자녀를 있는 그대로 인정할 수 있다.** 만일 **누군가 우리를 사랑해주는 게 중요한 게 아니라,** 우리가 가진 자원들을 **다른 사람을 사랑하는 데 특히, 아이를 조건 없이 사랑하는 데** 쓰는 것이 중요함을 깨닫고 성숙해진다면, 모든 사람이 그 혜택을 입게 될 것이다. 그 결과 **사랑받은 아이들**이 미래 사회를 세워나갈 것이다. 이해심과 대화, 공감, 동정심, 봉사를 바탕으로 한 공동체를 만들 것이다. 그리고 모두가 간절히 바라는 사랑이 가득한 문명을 만들어갈 것이다.

새로운 시작을 위하여

〈마담 프루스트의 비밀정원〉은 유년 시절의 잃어버린 기억을 찾아 가는 여정을 담은 영화이다. 두 살 때 사고로 부모를 잃고 난 이후부 터 말을 하지 않고 악몽에 시달리던 주인공은 이모들의 정서적 학대 속에 그녀들이 원하는 대로 살다가 공허한 눈빛의 무표정한 어른이 되었다. 왜곡된 기억 때문에 평생 어머니를 그리워하면서도 아버지 를 증오했던 주인공은 모성이 가득한 프루스트 부인을 만나면서 어 린 시절의 진짜 기억과 마주하게 되고 상처를 치유한다.

다행히도 영화 속에서 찾은 기억에는 부모의 사랑이 가득했지만, 우리의 유년 시절은 어땠을까? 문제없이 행복했다고 기억하는데, 왜 지금 우리는 정서적 무질서와 혼란을 경험할까? 과연 우리가 어렸을 때 무슨 일이 있었을까?

저자인 라우라 구트만은 스페인 언어권을 비롯해 유럽, 미국에 이 르기까지 가족 심리 상담 분야에서 저명한 전문가이자 여러 권의 베스트셀러를 쓴 인기 작가이다. 라캉과 함께 프랑스를 대표하는 정신 분석가인 프랑수아즈 돌토의 제자이며, 자연주의 출산에 영향을 준 미셸 오당의 제자이기도 하다. 특히, 초기에 '둘라(출산 시 육체적, 정신적 지지를 제공하는 전문 조력자)'로 오래 일했던 경험 덕분에 여성을 바라보는 섬세한 눈을 가진 상담가이자, 강연에 지지자들을 몰고 다닐 정도로 뛰어난 소통가이다.

국내에 처음 소개했던 저서 『엄마가 한 말이 모두 사실일까』에서는 유년기부터 지금까지 모든 경험을 연대기 순으로 정리하는 작업인 '휴먼 바이오그래피'를 설명하고, 그것을 통해 말과 정서적 현실의 차이를 파악하며, 그 과정의 가장 큰 장애물인 '엄마의 말'이 끼치는 영향의 증거를 담았다. 또, 이러한 논리적 작업을 통해 삶에서 왜곡된 배역을 찾아내고, 거기에서 벗어나 본모습을 찾아가는 일의 중요성을 강조했다. 그 내용을 바탕으로 좀 더 유년 시절을 파고 들어가는 이번 책은 제목(원제: 우리가 어렸을 때 무슨 일이 있었을까, 그리고 그것을 가지고 무엇을 했을까)에서부터 휴먼 바이오그래피의 방법론을 고스란히 보여준다. 이 방법에서 크게 집중하는 두 가지 이미지가 바로 유년 시절의 시나리오와 그 상황에서 살아남는 데 도움이 된 배역의 이미지이기 때문이다. 이번에는 어린 시절 어머니의 사랑과 관심을 받지 못한 채 무력감을 느끼면서 생기는 여러 상처와 그런 상황에서 정서적 생존을 위해 찾은 방법들을 살펴본다. 전작과 궁극적 목표와 방법론이 같기에 서로 연결된 부분이 많지만, 이 책에서는 주로 정신 질환 증상인 광기에 집중한다. 광기는 정상적인 일상생활이나 사회 생활을 방해하는 정신착란으로, 비정상적이고 예측할 수 없는 행동을 일으키는 원인이다. 저자는 이런 왜곡된 삶의 해석인 광기를 잔인한 모성 학대 결과이자 생존을 위한 지능적 메커니즘으로 본다. 그 결과 내담자들은 자기 기준이 없는 삶을 살고 경직된 사고와 엄격한 통제, 정서적 복종, 강박관념과 같은 피난처로 숨게 되었다. 이 책에서는 정서적 무질서와 광기, 공포와 관련된 시나리오들을 바탕으로 이런 내용을 자세히 살펴본다. 특히 다양한 그림들을 통해 어린 시절의 혼란스러운 내적 경험을 좀 더 효과적으로 관찰한다.

이 책은 위로와 불편함을 동시에 안겨준다. 진짜 나를 찾아가는 과정에서 안도감을 느끼지만, 유년 시절에 가장 큰 영향을 끼친 어머니에 대한 부정적 이야기는 거북스러울 수밖에 없다. 또한, 어머니의 관점에서 보면 높은 강도로 정서적 요구를 하는 자녀들에게 온전한 사랑을 주지 못했다는 죄책감이 들 수도 있다. 그럼에도 불구하고 우리는 유년 시절의 판도라 상자를 열어야만 한다. 온갖 재앙이 쏟아지더라도 이것은 누군가를 비난하기 위해서가 아닌, 그 안에 남은 희망을 직접 꺼내기 위해서 꼭 필요한 일이다.

마침내 영화 〈마담 프루스트의 비밀정원〉의 주인공은 이모들이 정해준 꿈인 피아니스트가 아닌 자신이 원하는 우쿨렐레 강사가 되기로 결단한다. 또, 결혼해서 아이를 낳으면서 타인을 사랑하고 책임질 줄 아는 사람으로 변한다. 유년 시절의 진짜 기억을 찾고 온전히 그 사실을 인정한 결과이다. 진정한 나를 찾아가는 과정은 이미 너무 익숙한 주제이다. 하지만 수많은 방법을 접하고도 여전히 답답하다면, 이 책을 가까이 두길 바란다. 사실이라고 굳게 믿었던 모든 것에 물음표를 붙이며 천천히 따라가다 보면 미처 몰랐던 어린 시절이 불현듯 떠오를 것이다. 다시 한번 강조하지만, 여기에서 중요한 기준은 어른이 아닌 아이이다. 어른이 아이에게 배워야 한다. 따라서 이 책은 어머니뿐만 아니라, 유년 시절을 지나온 모두를 위한 것이다. 자기 자신에 대한 억견에서 벗어나 참된 인식 안으로 들어가도록 도와줄 것이다. 무엇보다도 어린 시절에 충분히 사랑받지 못했어도, 자녀를 포함한 타인을 이해하고 사랑할 능력을 회복하도록 도와줄 것이다. 그러면 우리도 영화의 주인공처럼 성장을 거부하며 멈추었던 말하기를 다시 새롭게 시작하게 될지도 모른다.

2021년 4월, 김유경

라우라 구트만의 책들

- *La maternidad y el encuentro con la propia sombra*
  모성과 자기 그림자의 만남 (2003/2017)

- *Puerperios y otras exploraciones del alma femenina*
  산욕기 및 여성의 마음 탐구 (2004/2014)

- *Adicciones y violencias invisibles*
  보이지 않는 중독과 폭력 (2006/2017)

- *La Maternidad*
  모성 (2007)

- *Crianza*
  양육 (2008)

- *La revolución de las madres*
  어머니들의 혁명 (2009/2014)

- *La familia nace con el primer hijo*
  첫 아이가 태어난 가정 (2009/2013)

- *Mujeres visibles, madres invisibles*
  보이는 여성들, 보이지 않는 어머니들 (2010/2017)

- *El poder del discurso materno*
  엄마가 한 말이 모두 사실일까 (2011/2016), (르네상스, 2019)

- *La familia ilustrada*
  그림으로 본 가정생활 (2011/2016)

- *Amor o dominación : Los estragos del patriarcado*
  사랑인가 지배인가 : 가부장제의 폐해 (2012/2017)

- *Conversaciones con Laura Gutman*
  라우라 구트만과의 대화 (2013)

- *La biografía humana*
  휴먼 바이오그래피 (2013/2015/2018)

- *Qué nos pasó cuando fuimos niños y qué hicimos con eso*
  우리가 어렸을 때 무슨 일이 있었을까 (2016), (르네상스, 2021)

- *Una civilización niñocéntrica*
  어린이 중심 문명 (2018)

괄호 안의 연도는 초판/개정판 순이며, 개정판이 여러 번 출간된 경우
최종 개정판의 발행 연도를 표기하였다.

아래 사이트에서 더 많은 정보를 찾을 수 있다.
www.lauragutman.com.ar

우리는 모두 상처받은 아이였다

초판 1쇄 인쇄 2021년 4월 20일
초판 1쇄 펴냄 2021년 4월 30일

라우라 구트만 지음 | 김유경 옮김

펴낸이 박종암 | **펴낸곳** 도서출판 르네상스
출판등록 제2020-000003호
주소 전라남도 구례군 구례읍 학교길 106, 201호
전화 061-783-2751 | **팩스** 031-629-5347 | **전자우편** rene411@naver.com

일러스트 파즈 마리, 박지은 | **디자인** 아르떼203 | **책임편집** 김태희
함께하는 곳 이피에스, 두성피앤엘, 월드페이퍼, 도서유통 천리마

ISBN 978-89-90828-07-1 03180